머리말

수상구조사 교재를 출간하며

2014년 4월 16일 발생한 세월호 사건을 계기로 수상구조사 국가자격이 2017년 신설되어 전세계 최초로 만들어지고 현재까지 수많은 수상구조사를 배출하였습니다. 그리고 2026년부터는 수상구조사 국가자격이 지도사 및 1급과 2급으로 나누어지고 필기시험과 구술시험이 도입되어 보다 세분화된 역할과 방향으로 발전할 것으로 예상됩니다.

수상구조사 국가자격은 이제 대한민국의 수상안전을 지키는 중요한 분야로 자리잡고 있으며, 전세계가 대한민국의 수상구조사 국가자격을 주목하고 있습니다.

앞으로 수상구조사 국가자격은 삼면이 바다로 둘러싸여 있는 해양 강국 대한민국의 수상안전을 책임지는 사명감 있는 직업으로 발전할 것입니다.

저는 수상구조사 국가자격 교재 집필자로서 사명감과 자부심을 느끼고 있으며, 대한민국의 안전을 위하여 연구자로서 더욱 성실하게 노력하겠습니다.

감사합니다.

대표저자

유동균

시험안내

1 수상구조사 국가자격 응시생 Q&A

Q 수상구조사 1급 응시는 반드시 2급 취득 후에 가능한가요?

A

아닙니다.

수상구조사 1급은 사전교육 이수 후 바로 응시가 가능하며, 2급 자격 취득 여부는 필수 조건이 아닙니다.

– 1급 사전교육 64시간 이수

– 1급 필기시험 합격

– 1급 실기시험 합격

위 요건을 충족하면 수상구조사 1급 취득이 가능합니다.

Q 필기시험 또는 실기시험 중 하나가 불합격하면 두 시험을 모두 다시 응시해야 하나요?

A

아닙니다.

불합격한 시험만 재응시하면 됩니다.

– 필기 합격 → 실기 재응시 가능

– 실기 합격 → 필기 재응시 가능

시험 응시 순서는 합격 요건에 영향을 주지 않습니다.

Q 필기시험과 실기시험은 반드시 동일한 날짜에 응시해야 하나요?

A

반드시 그렇지는 않습니다.

필기시험과 실기시험은 별도로 운영되며 응시자는 희망하는 일정과 지역에 맞추어 각각 접수할 수 있습니다. 다만, 시험 일정과 장소가 다르므로 하루에 동시에 응시하는 것은 현실적으로 어려운 경우가 많습니다.

Q 1급 필기 + 2급 실기처럼 급수를 교차하여 응시할 수 있나요?

A

불가능합니다.
급수별 자격 취득 요건은 다음과 같습니다.
- 1급: 1급 필기 + 1급 실기
- 2급: 2급 필기 + 2급 실기
즉, 급수 간 교차 응시는 인정되지 않습니다.

Q 2급 특례시험 접수 시 자격 증빙 절차가 있나요?

A

있습니다.
응시원서 작성 단계에서 보유 자격증 등 관련 증빙 자료를 첨부해야 하며, 시험 당일 현장에서도 보유 자격증 확인 절차가 진행될 수 있습니다.

시험안내

2 필기시험 및 실기시험 운영 핵심 이해

■ 필기와 실기를 따로 응시할 수밖에 없는 현재 시험구조

시험은 동일한 일정에 운영되더라도 시험 장소가 분리되어 있는 경우가 많고, 입실시간 제한이 존재하며 이동 시간 확보가 어렵기 때문에 실질적으로 두 시험을 동시에 응시하기는 쉽지 않습니다.

또한, 응시료와 접수 구조가 분리되어 있어 필기와 실기가 독립적으로 운영되는 시험 체계임을 알 수 있습니다.

3 수상구조사 교육생 BEST 질문!!

다음 내용은 저자들이 수상구조사 사전교육 기관 책임관 및 주강사로 활동하며 수험생 상담 및 현장 교육, 온라인 문의 등을 통해 반복적으로 제기되는 질문을 정리한 것입니다.

Q 수영을 얼마나 할 수 있어야 사전교육에 참여할 수 있나요?

A 자유형 50m, 평영 50m를 속도와 관계없이 쉬지 않고 할 수 있는 수영 실력이면 사전교육에 참여할 수 있습니다. 다만, 수상구조사 1급의 경우 64시간 사전교육에 참여해서 강한 의지와 노력으로 교육을 완벽히 소화할 도전 의식과 수상구조사로서 사명감이 절실히 요구됩니다.

Q 실기시험에서 가장 중요한 평가 요소는 무엇인가요?

A 실기시험은 단순한 수영 능력이 아니라
- 수상구조 개념
- 수상구조 절차 준수
- 안전거리 확보 개념
- 요구조자 호흡 유지
- 구조 장비 활용 능력 등
구조 상황 대응 능력을 종합적으로 평가합니다.

Q 실기시험은 체력시험인가요, 아니면 기술시험인가요?

A

체력 요소가 포함되지만, 핵심은 구조 기술 평가입니다.

단순한 수상구조 영법 속도보다는 다음 사항들이 더 중요한 평가 기준이 됩니다.

– 접근 방법

– 운반 기술

– 풀기 동작

– 의식 있는 요구조자 및 의식 없는 요구조자 상태에 따른 대처 능력

– 구조 절차 준수와 안전관리

Q 시험 준비는 무엇부터 시작하는 것이 좋은가요?

A

다음 순서로 준비하는 것이 가장 효율적입니다.

– 구조영법 안정화

– 수영구조 및 장비구조 반복 훈련을 통한 이해

– 응급처치 개념 이해 및 숙련

– 종합구조 시나리오 훈련

Q 수상구조사 1급과 2급중 어떤 자격이 더 좋은가요?

A

자신에게 필요한 영역에 맞는 급수로 취득하면 됩니다.

다만, 수상구조 관련 분야로 취업이나 전문가를 꿈꾸는 분은 처음부터 1급을 취득하는 것이 장기적인 관점에서 더 적합한 선택이 될 겁니다.

구성과 특징

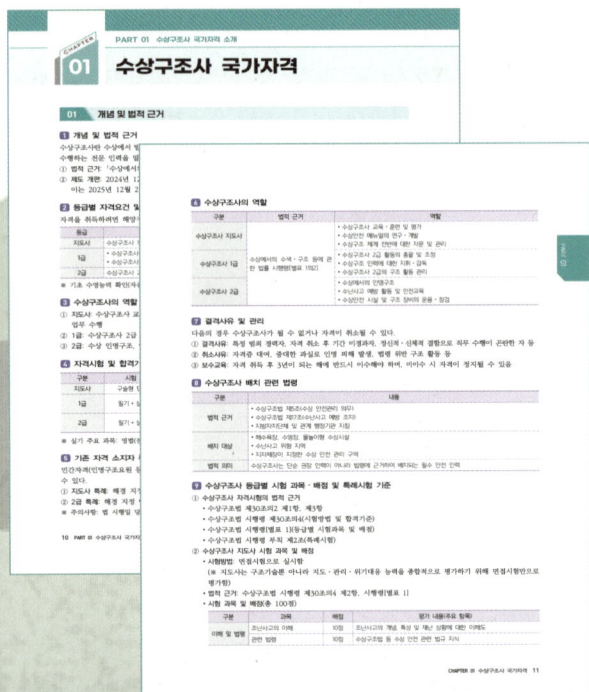

PART 1 수상구조사 국가자격 소개

POINT 1
수상구조사 자격시험의 세부시행 규정과 내용을 완벽하게 반영

POINT 2
시험을 위한 준비사항은 물론 실기시험 배점 영역 내용까지 꼼꼼하게 수록

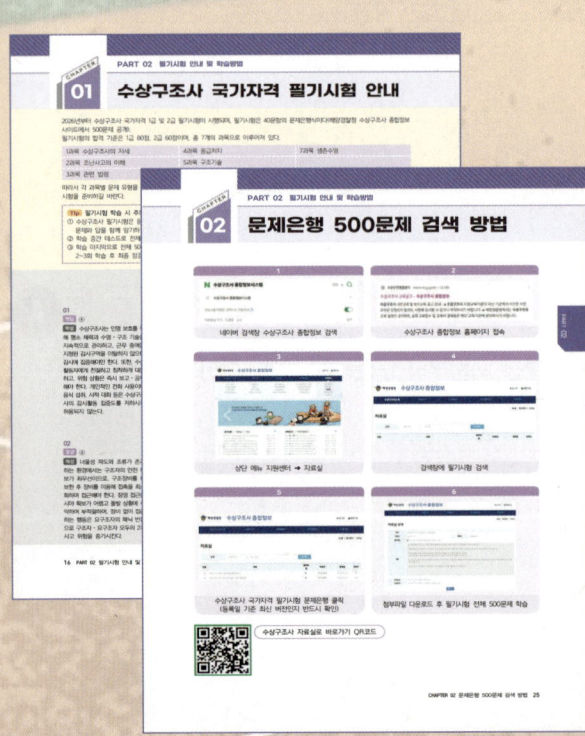

PART 2 필기시험 안내 및 학습 방법

POINT 1
수상구조사 필기시험에 대한 기본정보와 과목별 문제 유형 정리

POINT 2
필기시험 문제은행 바로가기 QR코드 제공

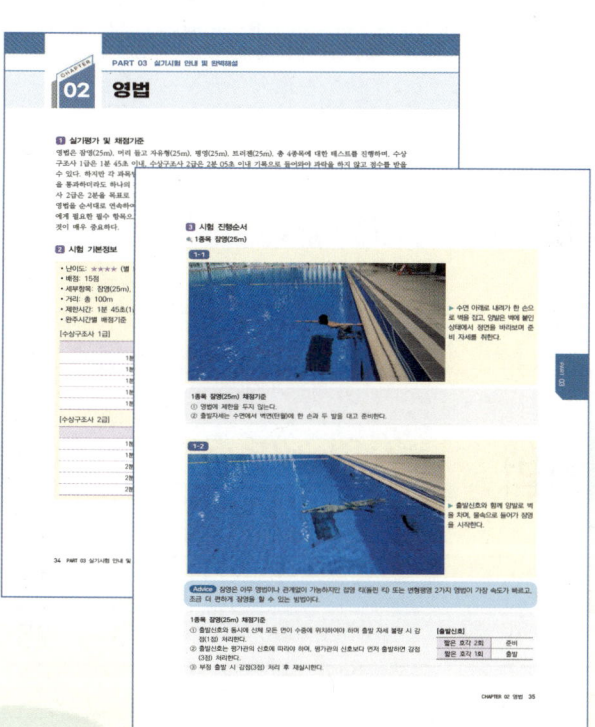

PART 3 실기시험 안내 및 완벽해설

POINT 1
실기시험 합격을 위한 핵심 기초내용 완벽 제공
POINT 2
사진과 함께 영법별 자세한 [Advice]와 [채점기준] 제공

PART 4 수상구조사 실기시험 준비 훈련 방법

POINT 1
실기시험 준비를 위한 트레이닝 방법 안내
POINT 2
동작별 사진과 자세한 훈련 방법 제공

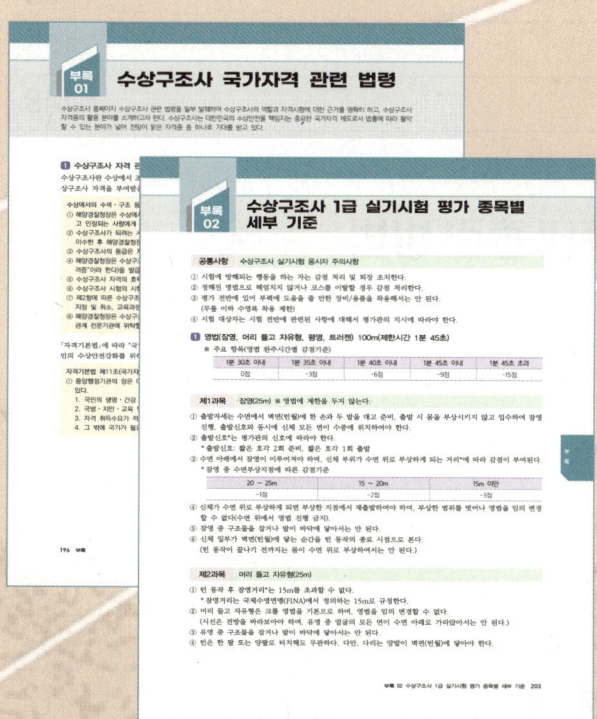

부록 수상구조사 국가자격 관련 법령 및 평가기준

POINT 1
수상구조사 자격시험에 대한 근거가 되는 법령 제공
POINT 2
자격요건과 취득 절차 등 필수 정보 확인 가능

차례

PART
01

수상구조사 국가자격 소개

수상구조사 국가자격

1 개념 및 법적 근거

수상구조사란 수상에서 발생하는 수난사고로부터 인명과 재산을 보호하기 위하여 수색·구조 및 안전관리 업무를 수행하는 전문 인력을 말한다.

① 법적 근거: 「수상에서의 수색·구조 등에 관한 법률」(이하 수상구조법) 제30조의2
② 제도 개편: 2024년 12월 20일 법률 개정을 통해 수상구조사 등급이 지도사, 1급, 2급으로 세분화되었으며, 이는 2025년 12월 21일부터 시행

2 등급별 자격요건 및 교육과정

자격을 취득하려면 해양경찰청장이 지정한 교육기관에서 사전교육을 이수한 후 자격시험에 합격해야 한다.

등급	자격 요건(다음 중 하나에 해당)	사전교육 시간
지도사	수상구조사 1급 취득 후 실무 경력 3년 이상인 자	없음(사전교육 면제)
1급	• 수상구조사 1급 교육과정(64시간) 이수자 • 수상구조사 2급 취득 후 실무 경력 2년 이상인 자	64시간(이론 16시간, 실습 48시간)
2급	수상구조사 2급 교육과정(40시간) 이수자	40시간(이론 8시간, 실습 32시간)

※ 기초 수영능력 확인(자유형·평영 각 50m, 잠영 10m)을 거쳐 교육 적합 여부를 판단함

3 수상구조사의 역할 및 업무 범위

① 지도사: 수상구조사 교육·훈련 및 평가, 수상에서의 안전사고 예방 활동 및 교육에 관한 계획 수립, 1급·2급 업무 수행
② 1급: 수상구조사 2급 활동의 총괄·조정, 구조 인력 지휘·감독, 2급 업무 수행
③ 2급: 수상 인명구조, 안전사고 예방 및 교육, 수상안전 시설·장비 운용 및 점검

4 자격시험 및 합격기준

구분	시험 방법	합격 기준	응시 수수료
지도사	구술형 면접시험	총점 100점 중 60점 이상	50,000원
1급	필기 + 실기시험	• 필기: 80점 이상 • 실기: 60점 이상(과목별 40% 이상 필수)	• 필기: 10,000원 • 실기: 30,000원
2급	필기 + 실기시험	• 필기: 60점 이상 • 실기: 60점 이상(과목별 40% 이상 필수)	• 필기: 10,000원 • 실기: 30,000원

※ 실기 주요 과목: 영법, 수영구조, 장비구조, 기본구조, 종합구조, 응급처치

5 기존 자격 소지자 특례시험(국가자격 전환)

민간자격(인명구조요원 등) 소지자는 2028년 12월 20일까지 한시적으로 특례시험을 통해 국가자격으로 전환할 수 있다.

① 지도사 특례: 해경 지정 단체의 인명구조강사 자격 취득 후 120시간 이상 강사 경력자 → 구술형 면접시험
② 2급 특례: 해경 지정 단체의 인명구조요원 자격 소지자 → 실기형 시험(구조영법, 장비구조, 응급처치)
※ 주의사항: 법 시행일 당시 자격이 유효하거나, 정지된 자 중 갱신을 완료한 경우에만 응시가능

6 수상구조사의 역할

구분	법적 근거	역할
수상구조사 지도사	수상에서의 수색·구조 등에 관한 법률 시행령[별표 1의2]	• 수상구조사 교육·훈련 및 평가 • 수상안전 매뉴얼의 연구·개발 • 수상구조 체계 전반에 대한 자문 및 관리
수상구조사 1급		• 수상구조사 2급 활동의 총괄 및 조정 • 수상구조 인력에 대한 지휘·감독 • 수상구조사 2급의 구조 활동 관리
수상구조사 2급		• 수상에서의 인명구조 • 수난사고 예방 활동 및 안전교육 • 수상안전 시설 및 구조 장비의 운용·점검

7 결격사유 및 관리

다음의 경우 수상구조사가 될 수 없거나 자격이 취소될 수 있다.

① **결격사유**: 특정 범죄 경력자, 자격 취소 후 기간 미경과자, 정신적·신체적 결함으로 직무 수행이 곤란한 자 등

② **취소사유**: 자격증 대여, 중대한 과실로 인명 피해 발생, 법령 위반 구조 활동 등

③ **보수교육**: 자격 취득 후 3년이 되는 해에 반드시 이수해야 하며, 미이수 시 자격이 정지될 수 있음

8 수상구조사 배치 관련 법령

구분	내용
법적 근거	• 수상구조법 제5조(수상 안전관리 의무) • 수상구조법 제17조(수난사고 예방 조치) • 지방자치단체 및 관계 행정기관 지침
배치 대상	• 해수욕장, 수영장, 물놀이형 수상시설 • 수난사고 위험 지역 • 지자체장이 지정한 수상 안전 관리 구역
법적 의미	수상구조사는 단순 권장 인력이 아니라 법령에 근거하여 배치되는 필수 안전 인력

9 수상구조사 등급별 시험 과목·배점 및 특례시험 기준

① 수상구조사 자격시험의 법적 근거
- 수상구조법 제30조의2 제1항, 제3항
- 수상구조법 시행령 제30조의4(시험방법 및 합격기준)
- 수상구조법 시행령[별표 1](등급별 시험과목 및 배점)
- 수상구조법 시행령 부칙 제2조(특례시험)

② 수상구조사 지도사 시험 과목 및 배점
- **시험방법**: 면접시험으로 실시함

  (※ 지도사는 구조기술뿐 아니라 지도·관리·위기대응 능력을 종합적으로 평가하기 위해 면접시험만으로 평가함)
- **법적 근거**: 수상구조법 시행령 제30조의4 제2항, 시행령[별표 1]
- **시험 과목 및 배점(총 100점)**

구분	과목	배점	평가 내용(주요 항목)
이해 및 법령	조난사고의 이해	10점	조난사고의 개념, 특성 및 재난 상황에 대한 이해도
	관련 법령	10점	수상구조법 등 수상 안전 관련 법규 지식

전문 기술	응급처치	25점	심폐소생술(성인·소아·영아), 외상 처치 및 응급의료장비 사용법
	구조기술	25점	구조영법, 수영구조, 장비구조 및 부상자 구조법 지식
지도 및 대응	수상구조 지도 능력	15점	수상구조 교육 방법, 학습 원칙 및 효과적인 의사소통 능력
	사고 관리 및 위기대응 능력	15점	선상 안전, 비상 대응 및 사고 상황에서의 의사결정 능력
합계		100점	

- 합격 기준: 전 과목 총점의 60% 이상 득점
- 법적 근거: 시행령 제30조의4 제3항 제1호
③ 수상구조사 1급 시험 과목 및 배점
- 시험방법: 필기시험 + 실기시험
- 법적 근거: 수상구조법 시행령 제30조의4 제2항, 시행령[별표 1]
- 필기시험 과목 및 배점(100점)

과목	배점
수상구조사의 자세	5점
조난사고의 이해	15점
관련 법령	10점
응급처치	20점
구조기술	25점
수상구조 지도 능력	10점
생존수영	15점

- 실기시험 과목 및 배점(100점)

과목	배점
영법	15점
수영구조	15점
장비구조	15점
기본구조	20점
종합구조	25점
응급처치	10점

- 합격기준
  - 필기시험의 경우 전 과목 총점 80% 이상
  - 실기시험의 경우 각 과목 만점의 40% 이상, 전 과목 총점 60% 이상
④ 수상구조사 2급 시험 과목 및 배점
- 시험방법: 필기시험 + 실기시험
- 법적 근거: 수상구조법 시행령 제30조의4 제2항, 시행령[별표 1]
- 필기시험 과목 및 배점(100점)

과목	배점
수상구조사의 자세	5점
조난사고의 이해	15점
관련 법령	10점
응급처치	20점
구조기술	25점
수상구조 지도 능력	10점
생존수영	15점

• 실기시험 과목 및 배점(100점)

과목	배점
영법	15점
수영구조	15점
장비구조	15점
기본구조	20점
종합구조	20점
응급처치	15점

• 합격기준
  - 필기시험: 전 과목 총점 60% 이상
  - 실기시험: 각 과목 만점의 40% 이상, 전 과목 총점 60% 이상

⑤ 수상구조사 특례시험(일부 면제) 기준

특례 적용의 법적 근거	• 수상구조법 시행령 부칙 제2조 • 수상구조법 개정 부칙 제2조
특례 대상 및 내용	2028년 12월 20일까지 한시 적용

• 수상구조사 지도사 특례

특례 대상	• 수상구조법(2025.12.21) 시행 당시 해양경찰청장이 지정한 단체에서 발급한 인명구조강사 자격 소지자 • 해당 자격 취득 후 120시간 이상 강사 인명구조 강사업무에 종사한 실적이 있는 사람
특례 내용	수상구조사 지도사 자격시험 일부 면제 가능

• 수상구조사 2급 특례

특례 대상	수상구조법(2025.12.21.) 시행 당시 해양경찰청장이 지정한 단체에서 발급한 인명구조요원 자격 소지자
특례 내용	수상구조사 2급 자격시험 일부 면제 가능

• 시험과목 및 내용

자격 등급	시험 방법(배점)	시험 과목(배점)	합격 기준	응시 수수료
수상구조사 지도사	면접시험 (100점)	• 응급처치(30점) • 구조기술(30점) • 수상구조 지도 능력(40점)	전 과목 총점의 60% 이상 득점	50,000원
수상구조사 2급	실기시험 (100점)	• 영법(20점) • 장비구조(40점) • 응급처치(40점)	• 각 과목마다 만점의 40% 이상 • 전 과목 총점의 60% 이상 득점	50,000원

• 수상구조사 2급 특례시험 실기시험 채점 기준

과목	세부 항목	채점 기준	점수	비고(점수 산정)
영법	• 잠영(25m) • 머리 들고 자유형(25m) • 평영(25m) • 트러젠(Trudgen Stroke)(25m)	각 영법 순서대로 실시하며, 정확한 자세로 완주하는지 여부	20	각 영법별 25m 기준 • 25m 이상: 5점 • 23m 이상: 4점 • 21m 이상: 3점 • 19m 이상: 2점 • 19m 미만: 0점
장비구조	• 입수법 • 접근법 • 구조법 • 운반법	주어진 상황에서 각 항목별로 정확하게 구조 방법을 수행하는지 여부	40	–

과목	세부 항목	채점 기준	배점	비고
응급처치	• 심폐소생술(성인) • 심폐소생술(소아/영아 중 택 1) • 의료장비(AED) 평가	심폐소생술 순서와 방법의 정확성 여부 및 의료장비의 정확한 사용법에 따른 심장충격기 사용 여부	40	–
합계			100	

10 수상구조사 실기시험 채점 기준

① 수상구조사 1급 실기시험 채점 기준

1급은 전문적인 구조 능력을 평가하며, 2급에는 없는 '구조장비 사용법(로프 매듭법)'이 포함되어 있다.

과목(배점)	세부 항목	채점 기준(요약)	비고(통과 기준)
영법 (15점)	잠영, 머리 들고 자유형, 평영, 트러젠 (각 25m)	100m 구간을 영법 순서대로 연속 실시하여 제한 시간 내 완주하는지 여부	• 1분 30초 이내: 15점 • 1분 45초 초과: 0점
수영구조 (15점)	입수법, 접근법, 구조법, 운반법, 풀기	주어진 상황에서 각 항목별로 정확한 구조 방법을 수행하는지 여부	앞·뒷목 및 손목 풀기 포함
장비구조 (15점)	입수법, 접근법, 구조법, 운반법	레스큐 튜브 등 장비를 활용한 구조 방법의 정확성	상황별 정확도 평가
기본구조 (20점)	입영, 스컬링	다리만 사용하여 물에 뜨는지(입영), 지정 위치를 유지하는지(스컬링) 등	입영: 5분 이상 시 15점(4분 30초 미만 시 0점)
종합구조 (25점)	머리지지/턱 고정, 익수자 운반, 구명조끼 착용, 퇴선, 구명뗏목 사용법, 로프 매듭법	가라앉은 익수자를 수면으로 띄워 운반하는 거리 및 장비 사용 숙련도	중량물 5kg: 25m 이상 운반 시 15점(19m 미만 시 0점)
응급처치 (10점)	성인/소아/영아 CPR, AED 사용	심폐소생술 순서와 방법의 정확성 및 의료장비 사용 능력	성인 필수, 소아/영아 중 택 1

② 수상구조사 2급 실기시험 채점 기준

2급은 기초적인 구조 능력을 평가하며, 1급보다 영법 제한 시간과 입영 시간 기준이 완화되어 있다.

과목(배점)	세부 항목	채점 기준(요약)	비고(통과 기준)
영법 (15점)	잠영, 머리 들고 자유형, 평영, 트러젠 (각 25m)	100m 구간을 영법 순서대로 연속 실시하여 제한 시간 내 완주하는지 여부	• 1분 50초 이내: 15점 • 2분 05초 초과: 0점
수영구조 (15점)	입수법, 접근법, 구조법, 운반법, 풀기	구조 방법의 정확성 수행 여부	앞·뒷목 및 손목 풀기 포함
장비구조 (15점)	입수법, 접근법, 구조법, 운반법	장비 활용 구조의 정확성	상황별 정확도 평가
기본구조 (20점)	입영, 스컬링	다리만 사용하여 물에 뜨는지(입영), 지정 위치를 유지하는지(스컬링) 등	입영: 2분 이상 시 15점(1분 30초 미만 시 0점)
종합구조 (20점)	머리지지/턱 고정, 익수자 운반, 구명조끼 착용법	익수자 부상 및 운반 능력, 구명조끼 착용의 정확성	중량물 3kg: 25m 이상 운반 시 15점(19m 미만 시 0점)
응급처치 (15점)	성인/소아/영아 CPR, AED 사용	심폐소생술 및 의료장비 사용의 정확성	성인 필수, 소아/영아 중 택 1

③ 주요 차이점 요약

구분	수상구조사 1급	수상구조사 2급
영법 100m 만점 기준	1분 30초 이내	1분 50초 이내
입영 만점 기준	5분 이상	2분 이상
운반 중량물 무게	5kg	3kg
로프 매듭법 시험	포함	제외

PART 02

필기시험 안내 및 학습 방법

CHAPTER 01 수상구조사 국가자격 필기시험 안내

2026년부터 수상구조사 국가자격 1급 및 2급 필기시험이 시행되며, 필기시험은 40문항의 문제은행식이다(해양경찰청 수상구조사 종합정보 사이트에서 500문제 공개).

필기시험의 합격 기준은 1급 80점, 2급 60점이며, 총 7개의 과목으로 이루어져 있다.

1과목 수상구조사의 자세	4과목 응급처치	7과목 생존수영
2과목 조난사고의 이해	5과목 구조기술	
3과목 관련 법령	6과목 지도자의 자질	

따라서 각 과목별 문제 유형을 참고용 예시 문제로 제공하니 필기시험 학습에 참고하길 바라며, 문제은행 500제 전체 문제를 학습하여 필기시험을 준비하길 바란다.

> **Tip** 필기시험 학습 시 주의사항
> ① 수상구조사 필기시험은 문제은행 500문제(해양경찰청 수상구조사 종합정보 사이트에서 무료 다운로드) 범위에서 그대로 출제되니 문제와 답을 함께 암기하길 바란다.
> ② 학습 중간 테스트로 전체 500문제를 풀어보고, 틀린 문제와 답은 오답 노트를 별도로 만들어서 틀린 문제 위주로 학습한다.
> ③ 학습 마지막으로 전체 500문제를 다시 한번 풀어보고, 1급은 80점, 2급은 60점 기준에 미달하는 경우 전체 500문제를 다시 한번 2~3회 학습 후 최종 점검하는 방법이 효율적이다.

1과목 수상구조사의 자세

01

정답 ④

해설 수상구조사는 인명 보호를 위해 평소 체력과 수영·구조 기술을 지속적으로 관리하고, 근무 중에는 지정된 감시구역을 이탈하지 않으며 감시에 집중해야만 한다. 또한, 수상 활동자에게 친절하고 침착하게 대응하고, 위험 상황은 즉시 보고·공유해야 한다. 개인적인 전화 사용이나 음식 섭취, 사적 대화 등은 수상구조사의 감시활동 집중도를 저하시켜 허용되지 않는다.

01 수상구조사의 기본자세에 대한 설명으로 옳지 않은 것은?

① 구조 업무를 위해 평소 체력과 수영·구조 기술을 꾸준히 단련한다.
② 근무 중에는 지정된 감시구역을 이탈하지 않고, 감시를 방해하는 행동을 자제한다.
③ 수상 활동자에게는 친절하고 침착한 태도로 응대하며, 위험 상황은 즉시 상급자와 공유한다.
④ 근무 중 개인용 전화 사용, 음식 섭취, 사적 대화 등은 자유이며 업무와 직접 관련이 없어도 상관없다.

02

정답 ④

해설 너울성 파도와 조류가 존재하는 환경에서는 구조자의 안전 확보가 최우선이므로, 구조장비를 확보한 후 장비를 이용해 접촉을 최소화하며 접근해야 한다. 잠영 접근은 시야 확보가 어렵고 돌발 상황에 취약하여 부적절하며, 장비 없이 접근하는 행동은 요구조자의 패닉 반응으로 구조자·요구조자 모두의 2차 사고 위험을 증가시킨다.

02 너울성 파도와 조류가 있는 약 30m 거리에서 요구조자가 구조를 요청하고 있다. 구조자가 취해야 할 가장 적절한 초기 접근 방법은?

① 요구조자의 시야를 피하고자 잠영하여 접근한다.
② 속도가 중요하므로 장비 없이 곧바로 헤엄쳐 접근한다.
③ 구조자의 수영 능력이 충분하다면 장비 없이 접근해도 무방하다.
④ 구조장비를 확보한 뒤, 장비를 이용해 접촉을 피하면서 안전거리를 유지해 접근한다.

03 조난된 사람의 구조 과정에서 알게 된 비밀을 누설하거나 공개하여서는 아니 된다는 수상구조사의 의무는?

① 포기 의무
② 동의 의무
③ 회피 의무
④ 비밀 준수 의무

04 구조장비 점검의 적절한 주기는?

① 연 1회 점검
② 사고 후에만 점검
③ 점검 필요시만 점검
④ 정기적으로 점검

05 수상구조사로서 갖추어야 할 정신적 자질에 대한 설명으로 가장 적절하지 않은 것은?

① 구조 활동 시 신속한 판단력과 침착함이 요구된다.
② 위기 상황에서 침착한 행동은 구조자의 필수 역량이다.
③ 구조자는 자율성과 책임감을 바탕으로 안전관리를 수행해야 한다.
④ 사고 발생 시 구조자의 감정은 자연스럽게 표현되는 것이 바람직하다.

2과목 조난사고의 이해

01 조난사고와 관련된 설명 중 옳지 않은 것은?

① 수난사고란 뜻밖에 물로 인하여 발생한 불행한 일을 의미한다.
② 재난이란 이미 예상된 일로 인하여 일어난 재앙과 고난이란 뜻이다.
③ 수난이란 비나 홍수 따위의 물로 인하여 생기는 익사, 침몰, 표류 따위의 재난을 말한다.
④ 수난구조란 조난을 당한 사람에게 응급조치 또는 그밖에 필요한 것을 제공하는 활동이다.

03

정답 ④

해설 수상구조사는 구조 과정에서 알게 된 요구조자의 신상 정보 및 사고 관련 내용을 외부에 누설하거나 공개해서는 안 되는 비밀 준수 의무를 가진다. 이는 요구조자의 인격과 개인정보를 보호하기 위한 법적·윤리적 의무로, 구조 활동 전반에서 철저히 준수되어야 한다.

04

정답 ④

해설 구조장비는 사고 발생 여부와 관계없이 정기적으로 점검하여 정상 작동 여부와 파손 상태를 확인해야 한다. 이를 통해 구조 활동 중 장비 고장으로 인한 구조 지연 및 2차 사고를 예방할 수 있으며, 이상 발견 시 즉시 수리 또는 교체 조치를 취해야 한다.

05

정답 ④

해설 수상구조사는 위기 상황에서도 감정을 통제하고 침착하게 상황을 판단·대응하는 정신적 자질이 요구된다. 감정의 표출은 구조 판단과 행동을 흐릴 수 있어 구조 활동에 방해가 되며, 냉정함과 책임감 있는 태도가 구조자의 필수 역량이다.

01

정답 ②

해설 재난이란 자연적·사회적 요인으로 인해 예기치 않게 발생하여 인명이나 재산에 피해를 주는 재앙과 고난을 의미한다. 따라서 '이미 예상된 일로 인하여 발생한 재난'이라는 설명은 재난의 개념에 부합하지 않아 부정확한 내용이다.

02

정답 ④

해설 이안류는 파도에 의해 해안으로 밀려온 바닷물이 해저 지형이나 인공 구조물의 영향으로 좁고 빠른 수로를 따라 해안에서 바다 쪽으로 강하게 빠져나가는 흐름을 말한다. 일반 파도와 달리 유속이 빠르고 폭이 좁아 익수 사고를 유발할 위험이 큰 해양 현상이다.

03

정답 ①

해설 조석 현상에서 달의 인력에 의해 바닷물이 끌어당겨져 해수면 높이가 가장 높아진 상태를 '만조'라 한다. 반대로 달의 인력과 직각 방향에서는 해수가 상대적으로 분산되어 해수면 높이가 가장 낮아지는 현상을 '간조'라고 한다.

04

정답 ②

해설 비중은 어떤 물질의 밀도를 기준 물질의 밀도와 비교한 무차원 수치로, 국제 기준에서는 순수한 물 $4℃$의 밀도를 기준으로 한다. 따라서 $0℃$의 물을 기준으로 한다는 설명은 부정확하다. 인체는 폐의 공기량과 신체 구성에 따라 비중이 달라지며, 공기가 많을수록 비중은 감소하고 부력은 증가한다.

05

정답 ②

해설 「재난 및 안전관리 기본법」에 따른 대비 단계는 재난 발생 이전에 재난 대응 계획을 수립하고, 비상통신망 구축 및 유관 기관 간 협조 체계를 유지하는 단계이다. 이는 재난 발생 시 신속하고 체계적인 대응을 가능하게 하기 위한 사전 준비 과정에 해당한다.

---

02 다음 이안류에 대한 설명으로 옳은 것은?

① 우리나라에서 최초로 관측된 이안류는 09년 8월 13일 강원도 경포대에서 발생하였다.
② 이안류 발생으로 인한 인명 사고는 국내에서는 많이 보고되고 있으나 국외에서는 발생하지 않고 있다.
③ 우리나라 국립해양조사원은 여름철 전국 계곡에서 안전하게 물놀이를 할 수 있도록 이안류 서비스를 제공한다.
④ 바다 쪽에서 해안으로 밀려온 바닷물이 바닷속의 수로와 협곡을 따라 주위보다 유속이 빠르고 폭이 좁은 바닷물의 흐름을 만드는데 이를 이안류라고 한다.

03 조석 현상은 달과 태양의 인력으로 발생하는데 달의 인력에 의해 바닷물이 끌어당겨지는 현상과 인력과 직각 방향으로 바닷물이 낮아지는 현상을 바르게 설명한 것은?

① 만조/간조
② 해류/난류
③ 만조/해류
④ 조류/해류

04 다음 부력에 대한 설명 중 잘못된 것은?

① 다리는 뼈와 근육이 많아서 비중이 크다.
② 비중이란 순수한 물 $0℃$의 비중을 1의 기준으로 정한다.
③ 부력은 양성부력, 중성부력 그리고 음성부력으로 나누어진다.
④ 폐에 공기가 유입되면 비중이 감소하고 부력이 증가하게 된다.

05 '재난 및 안전관리 기본법'에 따라 재난 대응 계획을 수립하고, 비상통신망을 구축하며, 유관 기관 간 협조 체제를 유지하는 단계는 어느 것에 해당되는가?

① 예방
② 대비
③ 대응
④ 복구

01 아래 용어 설명 중 옳지 않은 것은?

① "수상"이란 해수면과 내수면 중에서 해수면을 말한다.

② "구조대"란 수색 및 구조활동을 신속히 수행할 수 있도록 훈련된 인원으로 편성되고 적절한 장비를 보유한 단위조직을 말한다.

③ 수상구조에서 "구조"란 조난을 당한 사람을 구출하여 응급조치 또는 그 밖의 필요한 것을 제공하고 안전한 장소로 인도하기 위한 활동을 말한다.

④ "구난"이란 조난을 당한 선박등 또는 그 밖의 다른 재산(선박등에 실린 화물을 포함한다)에 관한 원조를 위하여 행하여진 행위 또는 활동을 말한다.

02 수상구조사가 될 수 없는 사람이 아닌 것은?

① 미성년자

② 피한정후견인

③ 정신건강복지법에 따른 정신질환자

④ 마약류관리법에 따른 마약 향정신성의약품 또는 대마 중독자

03 선박의 감항성 유지 및 안전운항에 필요한 사항을 규정함으로써 국민의 생명과 재산을 보호하기 위한 법률로 적절한 것은?

① 유도선법

② 선박안전법

③ 낚시어선업법

④ 수상구조법

04 야간 수상레저활동 금지 시간이 옳은 것은?

① 해진 후 30분부터 해뜨기 전 30분까지

② 해지기 전 30분부터 해뜨기 전 30분까지

③ 해진 후 30분부터 해뜬 후 30분까지

④ 해지기 전 30분부터 해뜬 후 30분까지

05 수상레저안전법상 원거리 수상레저활동의 신고는 출발항으로부터 (　)해리 이상 떨어진 거리를 말하는가?

① 3해리

② 5해리

③ 7해리

④ 10해리

01

정답 ①

해설 「수상레저안전법」과 「수상에서의 수색·구조 등에 관한 법률」 제2조에 따르면 '수상'은 해수면과 내수면을 모두 포함한다. 따라서 수상을 해수면으로만 한정한 ①번의 설명은 법적 정의에 부합하지 않아 옳지 않다.

02

정답 ①

해설 「수상에서의 수색·구조 등에 관한 법률」 제30조의3에 따르면 피성년후견인·피한정후견인, 정신질환자, 마약류 중독자 등은 수상구조사가 될 수 없다. 반면, 미성년자라는 이유만으로는 결격사유에 해당하지 않으므로, ①번은 수상구조사가 될 수 없는 사람이 아닌 경우에 해당한다.

03

정답 ②

해설 「선박안전법」은 선박의 감항성 유지와 안전운항에 필요한 기준과 절차를 규정함으로써 해상 사고를 예방하고 국민의 생명과 재산을 보호하기 위한 법률이다. 따라서 선박의 구조·설비·검사·운항 안전을 포괄적으로 규율하는 법으로 가장 적절하다.

04

정답 ①

해설 「수상레저안전법」 제26조에 따르면, 해진 후 30분부터 해뜨기 전 30분까지는 야간 수상레저활동이 금지된다. 이는 야간 시 시야 확보 곤란과 사고 위험 증가를 고려하여 이용자의 안전을 보호하기 위한 규정이다.

05

정답 ④

해설 「수상레저안전법」 제23조에 따르면, 원거리 수상레저활동이란 출발항으로부터 10해리 이상 떨어진 해역에서 이루어지는 활동을 말한다. 이는 장거리 활동 시 사고 위험이 증가함에 따라 사전 신고를 통해 안전관리를 강화하기 위한 규정이다.

01

해설 응급처치는 사고나 급성 질환 발생 시 생명을 유지하고 고통을 완화하며 추가 손상을 방지하는 것을 목적으로 한다. 반면, 면역력 강화나 질병 예방은 장기적인 건강관리 영역에 해당하므로 응급처치의 목적에 포함되지 않는다.

02

정답 ④

해설 성인 심폐소생술에서 가슴압박은 흉골 하부를 손바닥 뒤꿈치(손꿈치)를 이용하여 집중적으로 눌러야 효과적이다. 손바닥 전체로 누르는 것은 압박력이 분산되어 충분한 압박 깊이와 효율적인 혈류 생성이 어렵기 때문에 올바른 방법이 아니다.

03

정답 ③

해설 벌에 쏘였을 때는 냉찜질을 통해 통증과 부기를 완화하는 것이 원칙이며, 따뜻하게 하는 것은 염증과 부종을 악화시킬 수 있다. 또한, 벌 독에 대한 과민반응(애나필락시스)이 나타날 경우 호흡곤란 등을 동반할 수 있으므로 즉시 119에 신고해야 한다.

04

정답 ①

해설 저체온증은 심부체온이 섭씨 35℃ 이하로 저하될 때 발생하며, 초기에는 떨림으로 체온 감소에 대응한다. 물의 온도가 사람의 심부체온보다 낮다면 지역이나 기후와 관계없이 저체온증이 발생할 수 있으므로, 열대 바다에서도 발생할 수 있다.

---

01 응급처치의 목적이 아닌 것은?

① 고통을 덜어준다.
② 추가 손상을 방지한다.
③ 환자의 생명을 유지하게 한다.
④ 면역력을 강화하여 질병을 예방한다.

02 성인 심폐소생술에서 올바른 가슴압박이 아닌 것은?

① 분당 100~120회 속도로 실시한다.
② 최소 깊이 5cm 이상 눌러야 한다.
③ 압박 이전 상태로 충분히 이완시킨다.
④ 가슴 전체를 잘 누르기 위해 손바닥 전체를 사용한다.

03 벌 쏘임에 대한 설명으로 잘못된 것은?

① 벌 독은 사람에 따라서 격렬한 반응을 일으킨다.
② 벌 독에 과민반응이 나타나면 즉시 119에 신고한다.
③ 쏘인 부위를 따뜻하게 하면 통증과 부기를 줄일 수 있다.
④ 이러한 반응을 '애나필락시스'라고 하고 주로 호흡곤란을 동반한다.

04 저체온증에 대한 설명이다. 잘못된 것은?

① 열대 바다에서는 저체온증이 발생하지 않는다.
② 심부체온이 섭씨 35도 이하로 떨어졌을 때 일어난다.
③ 초기에는 몸의 떨림이 발생하여 체온의 떨어짐에 대응한다.
④ 심부체온이 섭씨 30도 아래로 떨어지면 마치 사망한 것처럼 보이기도 한다.

05 기도 폐쇄에 대한 설명으로 옳은 것은?

① 임산부는 안전을 위해 등 두드리기만 시행한다.
② 영아의 경우에는 등 두드리기만으로 해결할 수 있다.
③ 환자가 답답해하면 무조건 복부 밀쳐내기를 시행한다.
④ 완전 기도 폐쇄인지 확인하고 등 두드리기 5회, 복부 밀쳐내기 5회를 반복한다.

05

정답 ④

해설 기도 폐쇄 시에는 먼저 완전 기도 폐쇄 여부를 확인한 후, 등 두드리기 5회와 복부 밀쳐내기 5회를 교대로 반복하여 이물 배출을 유도한다. 이는 의식이 있는 성인 및 소아에게 적용되는 표준 응급처치 절차이다.

5과목 구조기술

01 요구조자를 구조하기 위한 영법의 설명으로 옳지 않은 것은?

① 요구조자를 운반하기 위한 영법은 구조배영과 횡영이다.
② 요구조자에게 접근하기 위해 머리 들고 자유형이나 트러젠을 사용한다.
③ 요구조자를 횡영으로 운반할 때는 항상 시선이 나가는 목표지점(전방)을 향해야 한다.
④ 요구조자에게 가장 빠르게 접근할 수 있는 구조영법은 일반적으로 머리들고 자유형이다.

01

정답 ③

해설 요구조자를 횡영으로 운반할 때는 요구조자의 상태와 이탈 여부를 확인하기 위해 시선을 주로 후방에 두는 것이 원칙이다. 목표지점은 진행 중 수시로만 확인하고 이동해야 하므로, 항상 전방을 주시해야 한다는 ③번의 설명은 옳지 않다.

02 다음 중 물에 빠진 사람을 구조하여 물 밖으로 운반하는 과정에서 부력을 이용한 즉각적인 인명 구조 활동에 주로 사용되는 장비가 아닌 것은?

① 레스큐 캔
② 드로우백
③ 스파인보드
④ 레스큐 튜브

02

정답 ③

해설 레스큐 캔, 드로우백, 레스큐 튜브는 부력을 활용해 물속에서 요구조자를 즉각 안정시키고 구조하는 데 사용되는 장비이다. 반면, 스파인보드는 척추 손상이 의심되는 요구조자를 고정·운반하기 위한 장비로, 부력을 이용한 즉각적인 구조장비에 해당하지 않는다.

03 수영(맨몸)구조 시 요구조자의 목에 부상이 의심된다. 구조자의 행동은?

① 목을 돌려보면서 부상이 있는지 확인한다.
② 구조 후 가능한 한 손목 끌기로 운반한다.
③ 요구조자를 최대한 빠르게 물 밖으로 이동시킨다.
④ 경추를 고정하여 목 부위의 움직임을 최소화한다.

03

정답 ④

해설 수영구조 중 요구조자의 경추 손상이 의심될 경우, 경추를 고정하여 목 부위의 움직임을 최소화하는 것이 원칙이다. 접근 시에는 파장을 최소화하고, 구조 후에도 경추 고정을 유지한 채 신체를 수면과 수평으로 유지하며 천천히 이동해 2차 손상을 예방해야 한다.

04

해설 익수자는 공포와 패닉 상태에서 구조자를 발견하면 본능적으로 매달리거나 붙잡으려는 행동을 보일 수 있다. 이때 구조자는 자신의 안전을 최우선으로 확보해야 하므로, 익수자의 접근을 차단하고 안전거리를 유지하기 위해 밀기(막기) 기술을 가장 먼저 사용한다.

05

정답 ④

해설 해당 수색 방법은 가장 키가 작은 사람이 가장 얕은 수심에 위치하고, 대원이 일렬로 정렬해 이동하며 'ㄹ'자 형태로 회전하면서 대상자를 탐색하는 방식이다. 이는 해안가에서 수상 활동 지역으로 이동하며 수행하는 얕은 수심 지역 수색 방법에 해당한다.

04 요구조자가 구조자를 잡으려 할 때 가장 먼저 사용하는 기술은?

① 잠영
② 끌기
③ 밀기(막기)
④ 운반

05 회전할 때 가장 키가 작은 사람은 가장 얕은 곳에 있고 일렬로 정렬하여 해안가에서 수상 활동 지역으로 이동하면서 "ㄹ"모양으로 구조 대상자를 찾는 방법은?

① 스킨 수색
② 수중 다이빙 수색
③ 깊은 수심 지역 수색
④ 얕은 수심 지역 수색

6과목   지도자의 자질

01

정답 ④

해설 강습 진행 시 강사는 명확하고 체계적인 설명과 시간 관리를 통해 전체 수강생의 이해와 몰입을 이끌어야 한다. 교육은 참가자 중심으로 분위기와 수준을 종합적으로 고려해 운영해야 하며, 특정 수강생 한 명의 진도에만 맞추어 진행하는 것은 적절하지 않다.

02

정답 ④

해설 강의 교안은 강의의 일관성과 통일성을 유지하고, 강의 흐름과 시간을 효율적으로 관리하며, 강사의 노하우를 체계화하기 위한 자료이다. 반면, 교육생 평가의 법적 근거는 교안의 목적에 해당하지 않으므로, ④번은 알맞지 않다.

01 강습 진행 요령에 대한 설명으로 옳지 않은 것은?

① 열정과 인내를 가진다.
② 선명하고 확실한 설명을 한다.
③ 수강생의 정신적 상태를 파악한다.
④ 가장 진도가 느린 수강생에게 맞추어 진행한다.

02 강의 교안 작성 목적 중 알맞지 않은 것은?

① 강의의 일관성 유지
② 자신만의 노하우 유지
③ 강의 시간의 효과적 관리
④ 교육생 평가의 법적 근거

03 강의가 끝난 후 강사의 질문 방식에 대한 수강생들의 가장 올바른 평가를 모두 고른 것은?

> 갑: 강의 내용 중 핵심적인 부분만 짚어 질문해서 좋았어요.
> 을: 답변 후에도 질문자에게 계속 시선을 유지하며 소통하는 모습이 인상 깊었어요.
> 병: 모르는 질문에는 솔직하게 인정하고 다음에 알아봐 주겠다고 해서 신뢰가 갔어요.
> 정: 질문 기회를 공정하게 배분하려는 노력이 보였어요."

① 갑, 을, 병
② 갑, 병, 정
③ 을, 병, 정
④ 갑, 을, 병, 정

04 강사의 지도 시 유의 사항 중 옳지 않은 것은?

① 강사는 독창적이어야 한다.
② 강사는 음성, 음조를 발달시켜야 한다.
③ 불안감을 억제하고 자신감과 용기를 갖는다.
④ 강사는 자신의 자세, 동작, 몸짓을 살펴보아야 한다.

05 매슬로의 동기이론에서 결핍 욕구가 아닌 것은 무엇인가?

① 안전 욕구
② 생리적 욕구
③ 자아실현의 욕구
④ 소속감과 애정의 욕구

PART 02

03

정답 ④

해설 제시된 네 가지 평가는 모두 강사가 질문에 대해 전문성, 성실성, 소통 태도, 공정성을 바탕으로 적절히 대응했음을 보여준다. 이는 강의 종료 후 질의응답에서 요구되는 바람직한 강사의 태도와 지도 역량에 대한 긍정적인 평가이므로 모두 옳다.

04

정답 ①

해설 강사의 지도 시 유의 사항은 명확한 음성과 음조, 안정된 태도, 자신감 있는 표현, 그리고 자신의 자세·동작·몸짓을 점검하는 것이다. 강의는 수강생 중심의 민주적이고 소통적인 태도가 중요하며, 독창성은 필수 요건으로 보기 어렵다.

05

정답 ③

해설 매슬로의 동기이론에서 결핍 욕구는 생리적 욕구, 안전 욕구, 소속감과 애정의 욕구처럼 결핍 시 긴장을 유발하고 충족을 요구하는 욕구이다. 반면, 자아실현의 욕구는 성장 욕구로, 결핍을 메우기보다 개인의 잠재력 실현과 성장을 지향하므로 결핍 욕구에 해당하지 않는다.

7과목 **생존수영**

01 생존수영의 가장 큰 목적으로 알맞은 것은?

① 다양한 수중 경기를 수행할 수 있다.
② 체력을 가장 빠르게 향상할 수 있다.
③ 빠르게 수영하는 기술을 습득할 수 있다.
④ 물에 빠졌을 때 자신의 생명을 지킬 수 있다.

01

정답 ④

해설 생존수영의 가장 큰 목적은 물에 빠졌을 때 자신의 생명을 스스로 지킬 수 있는 능력을 기르는 것이다. 이를 통해 물에 대한 두려움을 줄이고, 위급 상황 대처 능력과 물놀이 안전의식을 함께 향상하는 데 목적이 있다.

02

정답 ④

해설 수상에서 체온을 유지하기 위해서는 얼굴은 수면 위로 유지하고, 열 손실이 큰 목·겨드랑이·가슴 부위를 보호하도록 몸을 최대한 웅크린 자세(HELP 자세)를 취해야 한다. 이는 불필요한 움직임을 줄여 체온 손실을 최소화하기 위한 방법이다.

02 수상에서 체온을 유지하기 위한 자세를 설명한 것으로 알맞은 것은?

① 머리를 수면 아래로 유지한다.
② 체온을 보호하기 위해 이미 젖은 옷은 벗는다.
③ 체온을 유지하기 위해 몸을 움직이며 체온을 올린다.
④ 목, 겨드랑이, 가슴 쪽의 체온을 유지하기 위해 최대한 웅크린다.

03

정답 ④

해설 생존수영의 물에서 떠 있기 동작에는 누워 뜨기, 엎드려 뜨기, 해파리 뜨기, 새우등 뜨기가 있다. 반면, '어깨 잡고 뜨기'는 표준 생존수영 뜨기 동작에 해당하지 않으므로 옳지 않다.

03 생존수영의 물에서 떠 있기 동작이 아닌 것은?

① 누워 뜨기
② 해파리 뜨기
③ 엎드려 뜨기
④ 어깨 잡고 뜨기

04

정답 ②

해설 허들 자세(huddle)는 여러 명이 서로 밀착해 팔을 감싸 체온 손실을 최소화하는 단체 생존 자세이다. 신체 접촉을 통해 열 보존 효과를 높이고 심리적 안정을 제공하여 구조 대기 중 생존 가능성을 높인다.

04 여러 명이 함께 물에 빠졌을 때 체온 손실을 최소화하는 단체 생존 자세는?

① 사각 대형 자세
② 허들 자세(huddle)
③ 일렬횡대 자세
④ 링형 자세

05

정답 ①

해설 바른 매듭은 두 개의 로프 끝을 서로 연결하는 기본 매듭으로, 쉽게 묶을 수 있으면서도 단단하고 풀기 쉬운 특징이 있다. 이러한 특성 때문에 긴급 상황이나 구조 활동에서 널리 사용되는 매듭법이다.

05 두 개의 로프 끝을 서로 잇는 매듭으로 매듭을 맺기가 쉽고 단단할 뿐만 아니라 풀기도 쉬워서 긴급 상황에서 많이 사용하는 매듭법은?

① 바른 매듭
② 고정매듭
③ 에반스매듭
④ 피셔맨매듭

문제은행 500문제 검색 방법

1

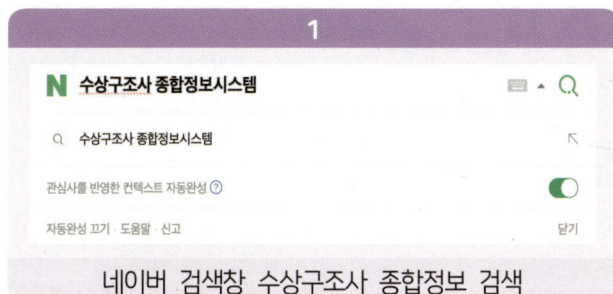

네이버 검색창 수상구조사 종합정보 검색

2

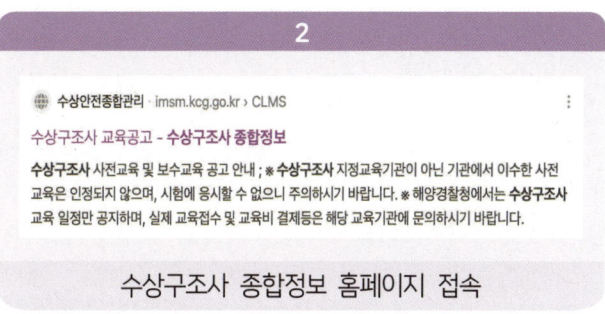

수상구조사 종합정보 홈페이지 접속

3

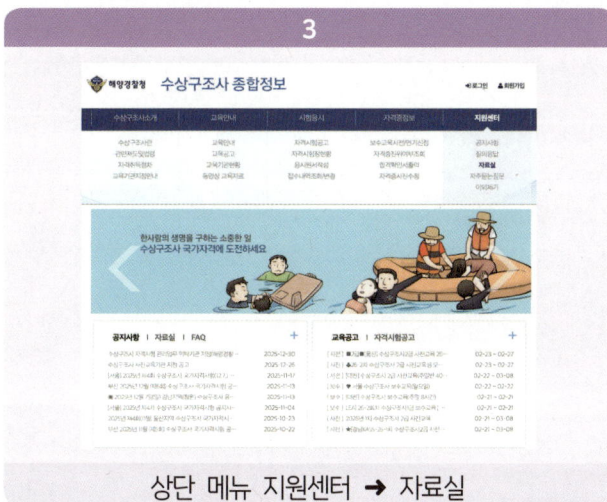

상단 메뉴 지원센터 ➔ 자료실

4

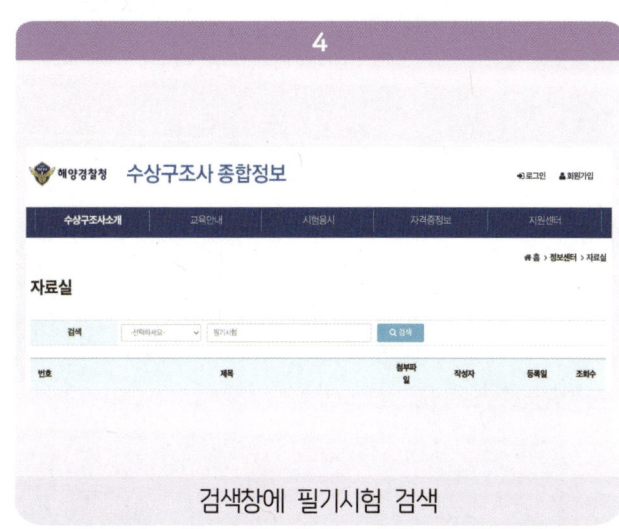

검색창에 필기시험 검색

5

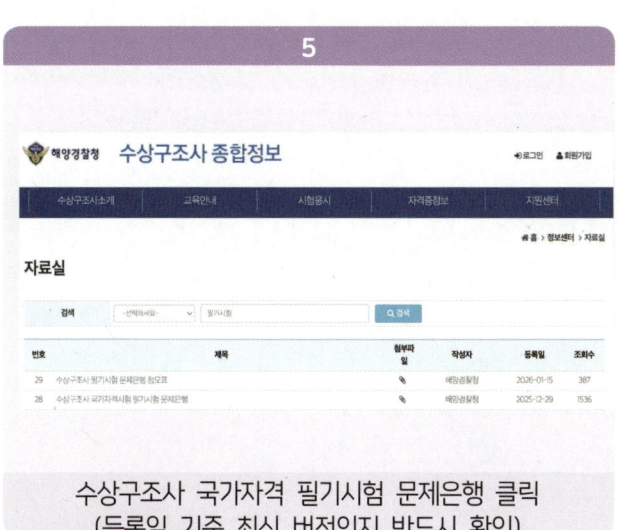

수상구조사 국가자격 필기시험 문제은행 클릭
(등록일 기준 최신 버전인지 반드시 확인)

6

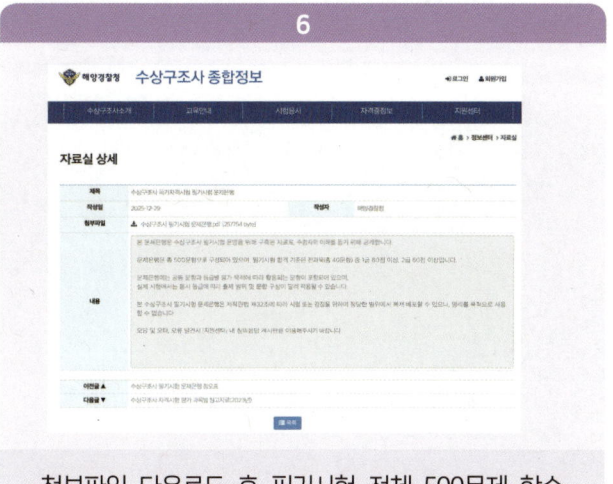

첨부파일 다운로드 후 필기시험 전체 500문제 학습

수상구조사 자료실로 바로가기 QR코드

PART 03

실기시험 안내 및 완벽해설

수상구조사 실기시험의 기초

1 수영 기초상식

수상구조사를 취득하기 위해서는 수영 기초 실력이 필요하기에 수영에 대한 기초상식을 통해서 수영을 간단히 살펴보도록 한다.

수영의 역사를 살펴보면 교통수단, 해양작업, 전투훈련 및 생활수단 등 생활의 수단으로 이용되었다. 하지만 오늘날 수영은 생활수단 및 군사훈련의 목적과 함께 인간의 경제성장을 배경으로 생활수준이 높아짐에 따라 노동시간이 단축되고, 레저시간이 증가함으로써 수영을 스포츠 활동으로 접할 수 있는 기회가 많아지게 되었다.

수영은 인간이나 동물이 자기 스스로의 힘으로 수면 위로 몸 일부를 내어놓거나, 수면 밑을 이동해 잠수해 나아가든가, 일정한 체위를 유지하면서 수면에 머물러 있는 것을 의미한다. 대한수영연맹에서 말하는 '수영'은 단순히 헤엄칠 뿐만 아니라, 체조경기와 유사성이 많은 다이빙경기, 음악과 조화된 동작의 예술적 표현과 구성을 중시하는 수중발레(아티스틱 스위밍), 수중 볼게임인 수구경기, 그리고 물에 빠진 사람들에 대한 구조법 등을 포함한다. 이들 종목은 모두가 수영 동작을 기본으로 하여 성립된다는 공통점이 있다.

수영은 우리에게 특수한 가치를 제공해주고 있으며, 그 가치들을 잠시 살펴보겠다.

생리적 가치	대부분의 운동 및 신체활동은 생체의 발달과정이나 유지에 많은 기여를 하고 있다. 특히, 수영은 심폐기능이나 근육을 강화시키는데 큰 공헌을 하는 활동이다. 물의 저항을 이용하여 지구력을 기르는 활동으로서 신체의 모든 부위를 사용함으로 힘을 유발시키게 하는 효과적인 운동일 뿐만 아니라 심폐를 강화시키는데 보다 효과적이다.
심리적 가치	수영은 물에서 하는 특수한 운동으로 인간이 물속에서 느끼는 부력을 통해 심리적으로 안정을 느낄 수 있다. 지상에서 느끼지 못하는 물이라는 매체 속에서 마치 태아가 엄마 양수 속에 떠있는 것처럼 물에서의 부력을 통해 심리적인 가치를 얻을 수 있는 기회가 된다.
사회적 가치	수영은 성별에 구분 없이 누구나 참여할 수 있는 운동으로 수중활동을 통해 사회적 가치를 제공해 준다. 다양한 형태의 수중활동을 통해 사람들이 모이고 그 속에서 클럽 및 동호회가 형성되며, 이러한 단체가 사회화를 목적으로 주기적으로 모임을 갖는다. 이처럼 수영 활동은 참가자들에게 사회적 가치를 제공해 준다.
안전적 가치	사회가 발달하고. 첨단화 되어가는 시대를 살고 있지만 해마다 익사하는 사람들의 수가 증가해 가고 있는 추세이며, 심지어 실내 수영장에서도 익사사고가 빈번히 발생하고 있는 현실이다. 수영을 배우지 않았거나 실력이 미숙하기 때문에 발생한 사고라고 보기는 어렵지만, 만약 수영을 할 줄 안다면 최소한 1%의 생존 가능성이 더 있었을 것이라 생각한다. 수영은 위급한 상황에서 사고를 대비할 수 있는 능력을 키울 수 있으며 위험사태를 방지해 준다. 사회와 가족의 안전을 위해 자기 자신이 수영하는 것을 배워야 한다.
경쟁적 가치	놀이와 스포츠의 차이점은 바로 스포츠에는 경쟁이 포함된다는 것이다. 즉, 인간은 본능적으로 경쟁적인 면을 지니고 있다. 수영을 통해 다른 사람과 경쟁할 기회가 제공되며, 경쟁을 통해 신체적·정신적 측면을 발달시키는데 도움을 준다.

이외에도 수영은 물이라는 매체에서 행해지는 운동으로, 육상에서 행해지는 운동과는 여러 가지 다른 특성을 지니고 있으며, 그 특성을 잠시 살펴보겠다.

물의 특이성	수영은 물이라는 특이성이 적용되어 자기의 체중을 모두 이용하지 않는 운동이다. 수중에 있는 부피와 같은 물 무게의 부력을 받으며, 이러한 원리 때문에 유아, 아동, 노인, 재활이 필요한 환자 등에게 적합한 운동 중의 하나이다.
전신운동 특성	수영은 물속에서 몸의 밸런스를 유지하는 과정에서 전신을 사용하여 동작을 기교 있게 조합하는 운동이다. 이러한 동작의 원리 때문에 신체 각 부위를 균형 있게 발달시키는데 도움을 준다.
유·무산소성 특성	수영은 일정한 호흡과 운동방법에 따라 유·무산소성의 운동효과를 가져오기 때문에 근육 발달과 동시에 심폐기능 강화에 탁월하다.
교육과 안전의 특성	수영은 스포츠라는 운동종목으로 바라볼 수 있지만, 한편으로는 생명보호기술과 수상안전교육에 수영이 다른 운동에 비하여 체육교육적인 면으로도 다양하게 이용된다.

2 물의 원리

밀도	밀도란, 단위 부피당 무게를 의미한다. 단위는 g/cc 또는 kg/l로 나타내며, 부력과 밀접한 관계를 가진다. 밀도가 높은 유체에서는 보다 많은 부력이 생성된다. 바닷물(1.025g/cc)과 민물(1g/cc)의 차이로 바닷물이 민물보다 밀도가 높아 보다 많은 부력을 생성시킨다.
비중	비중이란, 어떤 물질의 밀도를 4℃인 물의 밀도와 비교하였을 때의 상대적인 밀도를 비중이라 한다. 납과 같은 물질은 물보다 비중이 높아 물속으로 쉽게 가라앉게 되고, 스티로폼은 물보다 비중이 낮아 물위로 뜨게 된다. 인체의 70% 이상이 물로 구성되어 있으므로 물의 비중과 가까워 수면에서 맨몸으로 물에 뜨지도 가라앉지도 않는 중성부력 상태를 쉽게 유지할 수 있다.
부력	부력이란, 액체 속에 잠긴 물체가 떠오르는 힘을 말하며, 그리스의 수학자 아르키메데스(Archimedes)는 "모든 물체가 물에 잠기게 되면 이때 그 물체가 밀어낸 물의 무게만큼의 부력을 갖는다"고 했다. 이때 밀어낸 물의 무게보다 물에 잠긴 물체의 실제 중량이 무거우면 이 물체는 가라앉고, 실제 중량이 가벼우면 이 물체는 뜨게 된다. 부력은 그 물체의 비중과 유체의 밀도에 따라 변하며 밀도가 높은 유체일수록, 비중이 낮은 물체일수록 부력은 커진다. 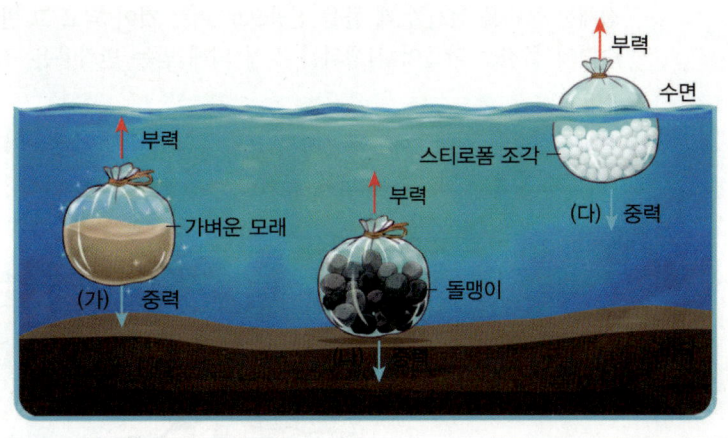
양력	양력이란, 물체의 주위에 유체가 흐를 때 물체의 표면에서 유체의 흐름에 대하여 수직 방향으로 발생하는 역학적 힘이다. 예를 들어 고정익기의 날개 단면을 익형이라고 하는데, 익형으로 된 날개는 항력보다 훨씬 큰 양력을 발생시킨다. 물체의 모양이 익형이 아니더라도 양력이 발생하지만, 발생한 양력에 비해 항력이 훨씬 커 항력 지수가 높게 되고, 결국 양력의 작용은 미미한 수준에 그치게 된다. 수영의 경우 앞으로 전진하면서 수직 상향으로 작용하는 힘인 양력이 발생한다. 즉, 수영을 할 경우 가라앉지 않고 수면 위로 뜨는 힘이 생기는 것이다. 단, 수영 속도가 매우 느릴 때에는 양력이 거의 발생하지 않기 때문에 물에 뜨기 위해서는 양력보다는 부력에 더 많이 의존하게 된다. 그래서 팔과 다리를 움직여서 전진하면 가라앉지 않고 앞으로 나아가는 것이다. 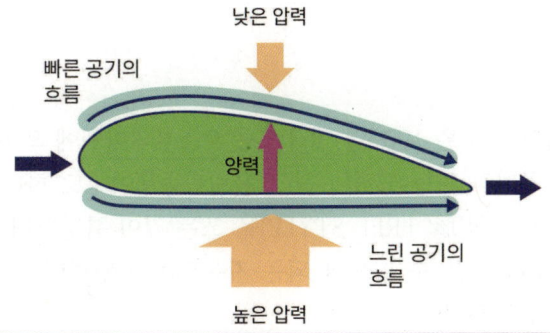
중력	중력이란, 지구 중심 방향으로 끌어당기는 힘이며, 부력은 그 반대 방향으로 작용해 두 힘의 균형에 따라 떠오르거나 가라앉는다. 생존을 위해서는 팔과 다리를 이용하여 앞으로 전진하는 힘을 얻어 양력으로 인해 수면에 뜰 수 있도록 하거나 폐에 공기를 가득 들이마셔 부력을 회복하여 몸을 뜨게 만든다. 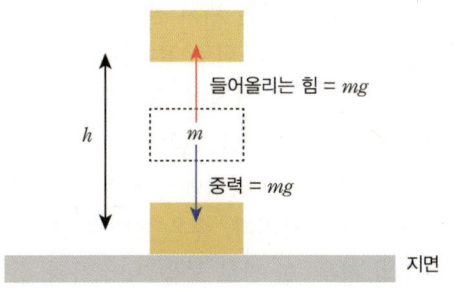

저항이란, 유체속을 운동하는 힘 가운데 진행 방향의 반대 방향으로 작용하는 힘을 말한다. 수영 시 사람의 몸이 물속에서 앞으로 나아갈 때는 그 진행을 저지하려는 힘이 작용한다. 이것은 일반적인 물의 성질, 신체의 크기와 형태, 진행의 속도 등에 의해 차이가 있다. 대체로 저항은 전진 반향의 반대 방향으로 작용하기 때문에 그 크기는 진행의 속도와 관계가 있다. 속도가 늦을 때에는 저항은 속도에 비례하고, 상당한 속도일 때에는 대체로 속도의 2배에 비례하여 증대한다.

신체를 수평으로 유지하고 있을 때에는 저항이 작고 얼굴은 수면 상에 올린 상체를 세우면 저항이 크게 된다.

저항	• 점성

저항

- 점성
  신체가 물속을 진행할 때, 신체의 표면에 접하는 부분의 물의 엷은 층은 신체에 접착하여 신체와 함께 움직이고 먼 부분의 물은 움직이지 않는다. 그래서 속도가 다른 서로 접하는 층의 사이에 속도의 장애가 생겨 점성에 의한 저항력이 나타난다.

- 물의 반작용
  신체는 물속을 전진할 때 물을 전방으로 미는 것이 되고 그 반작용으로써 물이 저항을 받는다. 수면에 물결을 만들어 진행되는 것에 의해 받는 반작용은 조파저항이라 부른다.

- 소용돌이
  신체가 물속을 진행할 때, 그 배후에 저항 부를 만들어 소용돌이가 생긴다. 그 저항은 극히 복잡하지만, 신체를 후방으로 끌도록 움직이는 힘을 갖는다.

3 수영 기초영법

① 자유형(Crawl)

자유형이 최초로 실시된 것은 1902년 영국에서 오스트리아인에 의해 헤엄쳐진 종목이며, 오늘날의 영법으로 발전하기까지는 몇 차례의 변형이 있어 왔고 올림픽종목이기도 하다. 다른 종목과는 달리 헤엄칠 영(泳)자를 쓰지 않고 스타일이라는 형(形: FREE STYLE)을 쓰는 것이 특징인데, 이것은 아주 오래전엔 말 그대로 수영하는 사람 마음대로 빨리만 갈 수 있으면 되는 자유스러운 영법이었으나 차츰 그 모순이 많아져 지금의 영법(Crawl) 형태로 변하게 되었다.

기본 자세는 손발을 펴서 몸을 똑바로 하고 수면에 엎드려 뜬 모습이며, 다리의 동작을 효과적으로 하기 위하여 어느 정도 허리를 뒤로 젖히는 자세가 되므로 속력을 내면 상체가 떠오른다. 무릎을 가볍게 펴서 두 다리를 교대로 아래위로 움직여 물장구친다. 팔은 몸의 중심선에서 바깥쪽이며 어깨넓이보다 안쪽으로 손가락 끝에서부터 물에 넣어 물을 뒤쪽으로 밀어내듯이 젓는다. 팔은 몸의 바로 아래쪽에서 똑바로 움직이고 세차게 물을 밀어젖히며, 어깨 앞쪽에서 팔꿈치를 굽혀 S자 모양 곡선을 그리면서 움직인다. 물을 젓는 손은 힘을 빼고 수면 위 앞쪽으로 돌린다. 손은 교대로 움직여 물을 저으며 한쪽 손의 젓기가 끝나기 전 다른 쪽 손을 물에 넣는다. 호흡의 경우, 한 팔로 물을 저어 몸과 수면이 수직이 될 때까지 진행한 후 코와 입으로 조금씩 내쉬기 시작하여 팔을 들어올리면서 얼굴을 옆으로 돌려 단숨에 내쉬고, 입이 수면에 나왔을 때 단숨에 들이마신다. 두 팔로

1번 물을 젓는 동안에 발은 좌우 각 3회씩 차는 방법이 표준적인 6킥 영법이며, 변칙적인 것으로 4킥 영법이 있다. 최근에는 2킥 영법이 고안되어 중·장거리에 많이 사용된다.

② 배영(Back Stroke)

배영은 자유형을 뒤집어 놓은 형태이며, 호흡이 언제나 가능한 영법이다. 자세는 자유형과 마찬가지로 수평형 태의 유선형 자세가 좋은데 지나치게 수평일 경우 오히려 무릎이 물 밖으로 나오게 되어 효과적이지 못하다. 일반적으로 몸을 눕혀 가슴이 위로 향한 자세로 얼굴을 수면 위로 내어 헤엄친다. 전에는 배영도 평영의 개구리 식 다리동작과 같이 물을 차고 동시에 두 팔을 함께 움직여 물을 휘저어 헤엄쳤으나, 크롤영법이 행해지자 '위 를 향한 크롤'이라고도 하는 현재의 영법이 발달했다. 다리는 크롤의 다리동작을 위로 향한 자세에서 행한다고 할 수 있으며, 손은 어깨 바로 뒤쪽이나 몸의 중심선 바깥쪽에서 새끼손가락부터 물에 넣으며 손바닥을 뒤쪽으 로 돌려 단숨에 허리 부근까지 물을 휘젓는다. 팔은 모든 단계에서 팔꿈치를 약 90° 굽히며 물을 다리 쪽으로 똑바로 눌러 내린다. 호흡은 한 손을 물에 넣고 다른 손으로 젓기를 끝낼 때 입으로 들이마신다. 배영은 다리를 위로 올릴 때 발등으로 세게 물을 뒤쪽 위로 밀게 되므로 허리를 바르게 펴는 자세를 유지하는 것이 매우 중요 하다.

③ 평영(Breast Stroke)

평영은 자유형이나 배영과는 다르게 두 팔과 다리가 동시에 움직인다. 평영은 기술적인 면에서 섬세하고 저항이 큰 영법이라 많은 훈련이 필요하므로 자유형이나 배영을 익힌 후에 배우는 것이 기능 습득에 유리할 것이다. 두 다리는 무릎을 굽혀 몸 쪽으로 끌어당긴 뒤, 다리를 벌리면서 둥글게 바깥쪽으로 쓸듯이 움직여 발바닥으로 물을 차고 양다리를 모으듯이 오므린다. 다리로 차는 것과 동시에 두 팔을 세차게 앞으로 펴고 젓기 시작한다. 물을 아래로 누르듯이 손을 앞으로 펴서 손바닥으로 가볍게 눌러 내리면서 스트로크를 시작한다. 두 팔을 45° 정도 벌린 뒤 구부리기 시작하고, 턱 앞의 수면 아래 20~25cm 정도에서 손바닥을 가볍게 올려 젓기 동작을 마친다. 팔의 젓기 동작에 이어 다리를 몸 쪽으로 끌어당긴다. 호흡은 두 손의 젓기 동작 뒤에 턱을 내밀듯이 하여 입을 수면 위로 내어 숨을 들이마시고 물에서 내쉰다. 평영은 특히, 손과 발의 연계동작이 매우 중요한 영법이다.

④ 접영(Butterfly)

접영은 유연성, 리듬감, 근육의 탄력성, 순응성이 요구되는 종목으로 에너지 소모가 매우 큰 영법이다.

손과 발을 모두 좌우 함께 움직이는 점을 제외하면 영법은 크롤과 비슷하다. 발의 킥은 돌핀킥이 주로 사용되 며, 개구리식 다리동작으로 헤엄칠 수도 있으나 현대의 접영 동작에서는 활용되지 않는 편이다. 돌핀은 돌고래 라는 뜻으로, 돌고래는 수평인 꼬리지느러미를 아래위로 움직여 물속을 다니다가 수면 위에 모습을 나타내는 데, 접영의 다리 움직임은 이와 비슷하다. 보통 손을 1번 휘젓는 동안 다리를 2번 차고 1번 호흡한다. 손을 물 위에서 물속으로 넣을 때와 캐치하고 나서 휘젓기 시작할 때 킥한다. 이 2번의 킥을 연속해서 1번으로 하는 것이 중요하다. 호흡은 손으로 물을 휘젓기 시작할 무렵부터 머리를 들어 올려 젓기 중간쯤에서 턱을 내어 입으 로 들이마시고 물속에서 내쉰다. 접영은 다른 영법에 비하여 에너지 소모가 크고, 팔과 다리 동작의 연결이 어렵고, 복잡하여 오랜 시간 연습이 필요할 것이다.

이 밖에 다른 영법으로 횡영·입영·잠수·트러젠·스컬링·생존수영 등이 있으며, 일반 수영·구조법·아티스 틱 스위밍 등에 널리 사용된다.

4 수영 및 수상구조 주요 질문사항

이번에는 저자가 오랫동안 수영장, 대학교, 교육단체 등에서 수영 및 수상구조 교육을 진행하면서 입문자들에게 받은 질문사항을 정리하여 수영 및 수상구조를 처음 배우는 사람들에게 쉽게 이해할 수 있는 기초상식을 제공하려고 한다.

01 수영을 전문적으로 하려면 언제 배우면 가장 좋을까요?

A 수영은 언제든 배우면 좋습니다. 다만, 수영을 전문적으로 잘 배우고 싶은 학생들의 입문 시기에 대한 답변으로 6세~10세 사이에 수영을 입문한다면 가장 좋은 시기라고 생각합니다. 이유는 너무 어린(6세 이하) 나이에 수영을 시작하면 이해력이 다소 떨어지고, 좀 늦은 나이(10세 이상)에 시작하면 몸의 유연성이 떨어지며, 몸이 물에 적응하는 데 시간이 걸려서 결과적으로 수영을 깊이 있게 하려는 학생들에게 비효율적입니다.

02 일반적으로 수영을 얼마나 배우면 잘하게 되나요?

A 수영을 어떤 목적으로 배우냐에 따라서 기간은 다르겠지만 보통 1년 정도 배우면 일반적인 수준으로 수영을 즐길 수 있습니다.

03 수영을 하는데 왜 다이어트 효과가 없나요?

A 수영은 일반적인 스포츠 활동보다 칼로리 소모가 높습니다. 이유는 공기 중에서 보다 물이 약 770배 밀도가 높아 같은 동작의 운동을 하여도 물의 저항으로 칼로리 소모가 높습니다. 다만, 수영 후 칼로리 소모가 높아 더 배고픔을 느끼다 보니 많은 양의 음식을 섭취하는 경향이 있어 실제 다이어트 효과로 이어지지 않는 것 같습니다. 다이어트가 목적이라면 무슨 운동이든 운동 후 식사량을 조절하는 것이 중요합니다.

04 수영을 빨리 배우는 방법은 없나요?

A 수영은 물에서 하는 스포츠 활동입니다. 따라서 물을 좋아하고, 물에 적응하기 위하여 더 많은 시간을 물에서 활동하고 물을 몸으로 느끼는 과정에 시간을 투자하신다면 다른 사람들보다 조금 빨리 배울 수 있습니다. 최근 수영장 익사 사고와 세월호 사건 등으로 수영 교육에 대한 필요성이 강조되고, 체육교사 임용 실기에도 수영 종목이 포함되면서 수영 교육이 주목받고 있습니다. 따라서 수영 교육의 필요성을 인식하고, 장기적인 안목을 가지고 배우시길 바랍니다.

05 물에서 호흡이 잘 안 되는데 호흡을 잘하는 방법이 있나요?

A 육상에서 하는 호흡과 달리 수영 호흡법은 코로 숨을 내쉬고, 입으로 호흡을 마시는 동작을 자연스럽게 연결해야 하는데 물이 코와 입으로 잘 들어가기 때문에 어렵습니다. 호흡을 조금 가볍게 천천히 하시면 코와 입으로 물이 적게 들어가고 숨도 더 적게 차기 때문에 여유 있는 호흡 연결이 필요합니다.

06 꼭 접영까지 수영을 배워야 수영을 잘할 수 있나요?

A 아닙니다. 영법 중 접영이 가장 어렵고, 그런 이유로 영법 진도 중에서 접영을 제일 마지막에 가르치고 있어 접영을 가르치지만 수영을 전문적으로 배울 목적이 아니라면 평영까지 배우셔도 충분히 수영을 즐기고, 수상에서 자신의 몸을 보호할 수 있습니다.

07 생존수영 교육을 받으면 물에서 안전한가요?

A 아닙니다. 저는 생존수영 교육에 필요성은 공감하지만 생존수영 교육만으로 해양스포츠 활동 시 안전이 보장되지 않는다고 생각합니다. 수영을 잘하는 성인도 몸 상태와 상황에 따라서 익수자가 될 수 있고, 물의 원리를 이해하지 못한 사람이라면 특히, 위험한 것이 물입니다. 따라서 생존수영 교육만으로는 안전이 보장되지 않는다는 것을 인식하고, 꾸준히 수영을 연습하고, 건강을 지키는 스포츠 활동으로 지속적인 수영 교육이 필요하다고 주장합니다.

08 수영을 할 때 다리에 쥐(근육 경련)가 자주 나는데 어떻게 해야 하나요?

A 여러 가지 원인이 있으나 주로 준비운동 부족, 수분 부족, 과도한 긴장 등이 원인입니다. 발끝을 너무 세게 펴지 말고(포인 동작), 물속에서 당황하지 않고 스트레칭(발끝을 몸 쪽으로 당기기)을 하는 대처법을 익혀야 합니다.

09 실내 수영장 수영과 바다(오픈워터) 수영은 무엇이 다른가요?

A 실내와 달리 바다는 파도, 조류, 수온 변화, 시야 확보의 어려움이 있습니다. 따라서 실내에서 완벽한 영법을 구사하더라도, 바다에서는 '헤드업(Head-up)' 영법이나 방향을 확인하는 기술(Sighting)을 추가로 익혀야 안전합니다.

10 구조 영법(트러젠, 헤드업 자유형)은 일반 수영과 왜 다른가요?

A 일반 수영은 '속도와 효율'이 목적이지만, 구조 영법은 '익수자를 시야에서 놓치지 않는 것(시야 확보)'과 '빠른 접근'이 목적입니다. 그래서 머리를 들고 수영하며, 이 과정에서 하체가 가라앉지 않도록 더 강한 킥력이 요구됩니다.

11 수상구조사가 되기 위해 가장 필요한 것은 무엇인가요?

A 가장 필요한 것은 사명감과 체력입니다. 수상구조사로서 매사에 인명을 보호하고 구조한다는 사명감이 가장 필요하고, 수상구조사로서 자신의 안전을 확보하고, 요구조자를 구조할 수 있는 체력이 매우 중요합니다.

12 수상구조사의 직업적인 전망은 어떤가요?

A 앞으로 수상구조사의 직업적인 전망은 매우 좋습니다. AI와 로봇이 대체할 수 없는 분야이고, 구조 상황에서 시시각각 변화하는 현장 상황에 유연하게 대처할 수 있는 부분은 인간만이 할 수 있는 역할이기 때문에 앞으로 4차산업 시대에 유망한 직업 분야라고 생각합니다.

02 영법

1 실기평가 및 채점기준

영법은 잠영(25m), 머리 들고 자유형(25m), 평영(25m), 트러젠(25m), 총 4종목에 대한 테스트를 진행하며, 수상구조사 1급은 1분 45초 이내, 수상구조사 2급은 2분 05초 이내 기록으로 들어와야 과락을 하지 않고 점수를 받을 수 있다. 하지만 각 과목별 만점의 40% 이상을 득점해야 하기 때문에 1분 45초(1급), 2분 05초(2급) 이내로 영법을 통과하더라도 하나의 감점요인이라도 있으면 과락할 수 있으므로 최소 수상구조사 1급은 1분 40초, 수상구조사 2급은 2분 이내를 목표로 하는 것이 좋다.

영법을 순서대로 연속하여 실시하되, 제한 시간 이내에 완주하는지 여부를 기준으로 채점한다. 영법은 수상구조사에게 필요한 필수 항목으로, 4종목의 영법을 동시에 진행하는 만큼 끝까지 체력을 유지하고, 집중력을 잃지 않는 것이 매우 중요하다.

2 시험 기본정보

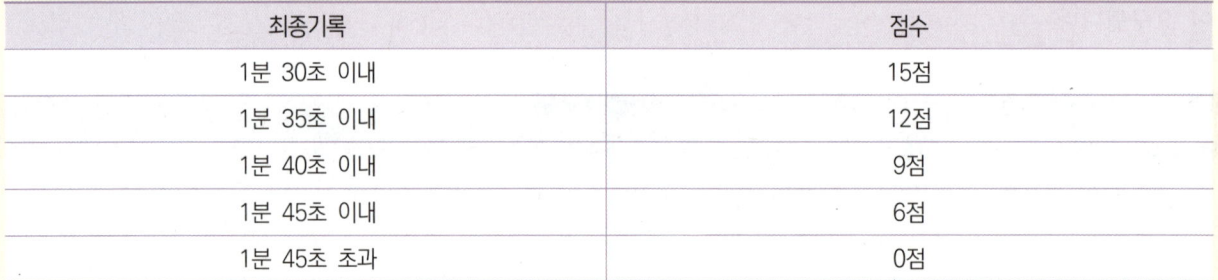

- 난이도: ★★★★ (별 5개를 기준으로 시험의 난이도를 별표로 표시)
- 배점: 15점
- 세부항목: 잠영(25m), 머리 들고 자유형(25m), 평영(25m), 트러젠(25m)
- 거리: 총 100m
- 제한시간: 1분 45초(1급), 2분 05초(2급)
- 완주시간별 배점기준

[수상구조사 1급]

최종기록	점수
1분 30초 이내	15점
1분 35초 이내	12점
1분 40초 이내	9점
1분 45초 이내	6점
1분 45초 초과	0점

[수상구조사 2급]

최종기록	점수
1분 50초 이내	15점
1분 55초 이내	12점
2분 00초 이내	9점
2분 05초 이내	6점
2분 05초 초과	0점

🔍 1종목 잠영(25m)

1-1

▶ 수면 아래로 내려가 한 손으로 벽을 잡고, 양발은 벽에 붙인 상태에서 정면을 바라보며 준비 자세를 취한다.

1종목 잠영(25m) 채점기준

① 영법에 제한을 두지 않는다.
② 출발자세는 수면에서 벽면(턴월)에 한 손과 두 발을 대고 준비한다.

1-2

▶ 출발신호와 함께 양발로 벽을 차며, 물속으로 들어가 잠영을 시작한다.

Advice

잠영은 아무 영법이나 관계없이 가능하지만 접영 킥(돌핀 킥) 또는 변형평영 2가지 영법이 가장 속도가 빠르고, 조금 더 편하게 잠영을 할 수 있는 방법이다.

1종목 잠영(25m) 채점기준

① 출발신호와 동시에 신체 모든 면이 수중에 위치하여야 하며 출발 자세 불량 시 감점(1점) 처리한다.
② 출발신호는 평가관의 신호에 따라야 하며, 평가관의 신호보다 먼저 출발하면 감점(3점) 처리한다.
③ 부정 출발 시 감점(3점) 처리 후 재실시한다.

[출발신호]

짧은 호각 2회	준비
짧은 호각 1회	출발

1-3

▶ 잠영은 공기 중에서 보다 큰 저항(약 770배)으로 물속에서 이루어지는 영법으로, 몸을 최대한 일직선으로 유지하여 물속 저항을 최소한으로 만들어야 빠르고, 편하게 할 수 있다.

1-4

▶ 잠영을 하는 도중 신체 일부가 물 밖으로 나오면 감점되므로 주의하면서 25m 지점 끝까지 수중에서 잠영 동작을 연결한다.

▶ 잠영은 15~20m 지점이 가장 어려운 고비지점으로, 동작을 여유 있게 하여 영법 100m 전체의 체력과 호흡의 조절이 중요하다.

1종목 잠영(25m) 채점기준

① 수면 아래에서 잠영이 이루어져야 하며, 신체 부위가 수면 위로 부상하게 되는 거리에 따라 감점 처리한다.

[잠영 중 수면부상지점에 따른 감점기준]

20~25m	15~20m	15m 미만
−1점	−2점	−3점

② 신체가 수면 위로 부상하게 되면 부상한 지점에서 재출발하여야 하며, 부상한 범위를 벗어나 영법을 임의 변경하여 유영할 경우 감점(3점) 처리한다.

③ 잠영 중 구조물을 잡거나 발이 바닥에 닿는 경우 감점(1점) 처리한다[회당 중복 감점이 가능하며, 지속해서 구조물을 잡고 있을 경우 초당 감점(1점) 처리한다].

▶ 잠영이 끝나는 25m 지점에서는 손으로 벽을 터치하면 잠영 25m 완주가 된다.

▶ 벽을 손으로 터치 후 잠영이 완료되면 다리를 벽으로 끌어와 턴 준비를 한다.

▶ 손으로 벽에 터치 후 상체가 올라와 호흡을 한 번 가다듬고, 바로 턴을 하여 다음 영법으로 연결한다.

1종목 잠영(25m) 채점기준

잠영의 종료 시점은 신체 일부가 벽면(턴월)에 닿는 순간이며, 턴 동작이 끝나기 전 신체 부상 시 감점(1점) 처리한다.

2종목 머리 들고 자유형(25m)

1-9

▶ 잠영에서 턴을 하고 난 후 물속에서 5~10m를 돌핀 킥(접영 킥) 또는 자유형 킥을 차며 연결하여 속도를 유지한다. 영법 100m 종목은 기준 기록 이내에 들어와야 하기 때문에 턴 동작에서 각 속도를 유지하기 위해서는 턴을 신속하게 하는 것이 중요하다.

1-10

▶ 물속에서 나와 신속하게 자유형 킥과 팔돌리기를 하며 머리 들고 자유형을 실시한다.

1-11

▶ 머리 들고 자유형 25m 영법은 정면을 응시하며 진행한다.

1-12

▶ 머리 들고 자유형 영법은 발차기와 팔돌리기의 박자를 맞추어야 잘할 수 있으므로 자신에게 적합한 발차기 속도를 유지하는 것이 좋다.

Advice 머리 들고 자유형 영법은 좌우가 너무 흔들리면 체력소모가 크고, 어깨가 아파서 속도를 내기 어려운 영법이므로 좌우균형을 맞추고, 상체와 하체가 조화롭게 움직여야 편하게 할 수 있다. 속도를 내기 위하여 발차기와 팔돌리기를 너무 빨리하면 오히려 100m 영법 전체를 지속적으로 하기 어려우므로 가볍게 발차기와 팔돌리기를 하는 것이 좋다.

2종목 머리 들고 자유형(25m) 채점기준

① 턴 동작 후 잠영거리가 15m를 초과할 경우 감점(1점) 처리한다[잠영거리는 국제수영연맹(FINA)에서 정의하는 15m로 규정한다].

② 크롤 영법을 기본으로 하며, 영법의 임의 변경 시 감점(1점) 처리한다[회당 중복 감점이 가능하며, 지속해서 유영할 경우 초당 감점(1점) 처리한다].

③ 시선은 전방을 바라보아야 하며, 유영 중 얼굴의 모든 면이 수면 아래로 가라앉을 경우 감점(1점) 처리한다[회당 중복 감점이 가능하며, 지속해서 유영할 경우 초당 감점(1점) 처리한다].

④ 유영 중 구조물을 잡거나 발이 바닥에 닿는 경우 감점(1점) 처리한다[회당 중복 감점이 가능하며, 지속해서 유영할 경우 초당 감점(1점) 처리한다].

1-13

▶ 머리 들고 자유형 영법이 끝나면 한 손으로 벽을 터치하며, 두 발을 끌어온다.

1-14

▶ 한 손으로 벽을 밀며 턴을 연결하고, 두 발은 동시에 벽으로 들어와야 한다.

2종목 머리 들고 자유형(25m) 채점기준
턴은 한 팔 또는 양팔로 터치해도 무관하다. 다만, 다리는 양발이 벽면(턴월)에 닿아야 하며, 불이행 시 감점(1점) 처리한다.

1-15

▶ 머리 들고 자유형에서 턴을 하고, 두 발로 벽을 밀고 나가며 평영 영법을 준비한다.

 3종목 평영(25m)

1-16

▶ 턴하고 약 5m는 가속도를 이용하여 물속에서 진행 후 팔을 허벅지 쪽으로 밀어서 물속에서 가속도를 더 올려준다.

1-17

▶ 팔을 허벅지 아래로 끝까지 밀어준다.

1-18

▶ 팔은 몸에 최대한 붙혀서 앞으로 보내며 물속에서 평영 발차기 동작을 한 번 한다.

1-19

▶ 약 10~14m 거리를 평영 턴 동작으로 물속에서 진행 후 평영 팔동작을 시작으로 평영 영법을 시작한다.

1-20

▶ 평영 영법은 한 팔동작에 한 번의 평영 발차기가 연결되는 영법이다. 팔동작으로 상체를 끌어 올리고 팔동작이 마무리 되는 시점에 발차기를 하며 속도를 붙여준다.

1-21

▶ 평영은 양손으로 벽을 터치한다.

3종목 평영(25m) 채점기준

① 턴 동작 후 잠영거리가 15m를 초과할 경우 감점(1점) 처리한다.

② 영법은 평영을 기본으로 하며, 영법을 임의 변경하여 유영할 경우 감점(1점) 처리한다[회당 중복 감점이 가능하며, 계속해서 유영할 경우 초당 감점(1점) 처리한다].

③ 유영 중 구조물을 잡거나 발이 바닥에 닿는 경우 감점(1점) 처리한다[회당 중복 감점이 가능하며, 계속해서 유영할 경우 초당 감점(1점) 처리한다].

1-22

▶ 양손으로 터치 후 두 발을 벽으로 끌어와 턴으로 연결한다.

3종목 평영(25m) 채점기준

턴은 양손이 동시에 터치 되어야 하며, 양발도 마찬가지로 벽면(턴월)에 닿아야 한다. 불이행 시 감점(1점) 처리한다.

◉ 4종목 트러젠(25m)

1-23

▶ 평영 턴 후 5~10m 정도 돌핀 킥(접영 킥)으로 물속에서 속도를 유지하며 나간다.

PART 03

1-24

▶ 마지막 영법인 트러젠 25m 를 유영할 때 시선은 정면을 응시한다.

1-25

▶ 트러젠 영법의 상체 동작은 머리 들고 자유형 영법이고, 하체는 자유형 한 손에 평영 발차기를 한 번 차서 한 동작으로 연결해서 하는 수상구조 영법이다.

4종목 트러젠(25m) 채점기준

① 트러젠 영법은 팔동작 한 번에 발차기 한 번으로 한다.

② 턴 동작 후 잠영거리가 15m를 초과할 경우 감점(1점) 처리한다.

③ 영법을 임의 변경하여 유영할 경우 감점(1점) 처리한다[회당 중복 감점이 가능하며, 지속해서 유영할 경우 초당 감점(1점) 처리한다].

④ 유영 중 시선은 전방을 바라보아야 하며, 얼굴의 모든 면이 수면 아래로 가라앉을 경우 감점(1점) 처리한다.

⑤ 유영 중 구조물을 잡거나 발이 바닥에 닿는 경우 감점(1점) 처리한다[회당 중복 감점이 가능하며, 지속해서 구조물을 잡고 있을 경우 초당 감점(1점) 처리한다].

1-26

▶ 마지막 트러젠 영법으로 100m를 들어와 한 손이 벽을 터치하는 시점이 최종 기록으로 인정된다.

4종목 트러젠(25m) 채점기준
결승점 도달은 신체 일부가 벽면(턴월)에 터치한 경우로 본다.

4 영법 100m 시험 대비 훈련방법과 훈련프로그램

- 훈련프로그램의 목적: 수상구조사 시험에서 가장 난이도가 높고, 어렵게 생각하는 종목이 영법 100m(잠영 25m, 머리 들고 자유형 25m, 평영 25m, 트러젠 25m)이다. 수영을 전공하지 않은 일반 수상구조사 준비생들은 영법 시험 때문에 수상구조사 도전을 망설이고 있다. 따라서 자유형에서 접영까지 영법이 가능한 일반인 수준에서 수상구조사 영법 시험 합격에 필요한 훈련방법과 훈련량을 제시하니 많은 분들이 합격하셔서 수상구조사의 역할이 확대되길 기대한다.
- 훈련기간: 약 3개월(일반인 기준/12주 훈련프로그램)
- 훈련주기: 주 3~4회 훈련
- 훈련프로그램 종류
  - A타입(수영을 잘하는 일반인 프로그램)
  - B타입(수영이 어려운 일반인 프로그램)
- 훈련프로그램 및 훈련방법

구분	A타입 훈련프로그램	B타입 훈련프로그램	훈련강도
준비 운동	• 자유형 100m • 평영 100m	• 자유형 100m • 평영 100m • 트러젠 100m	60%
본 운동	• 자유형 발차기 100m × 2개 • 평영 발차기 100m × 2개 • 접영 발차기 100m × 2개 • 머리 들고 자유형 25m × 6개 • 평영 25m × 6개 • 트러젠 25m × 6개 • 잠영 25m × 6개 • 수상구조사 영법 100m × 4개	• 자유형 발차기 100m × 3개 • 평영 발차기 100m × 3개 • 접영 발차기 100m × 3개 • 머리 들고 자유형 25m × 4개 • 평영 25m × 4개 • 트러젠 25m × 4개 • 잠영 25m × 4개 • 수상구조사 영법 100m × 5개	80~90%, 각 세트별 휴식시간 1~2분 이내

정리 운동	• 자유형 100m • 평영 100m • 배영 100m	• 자유형 200m • 평영 100m • 배영 100m	60~70%
비고	A타입 총 2,100m 훈련량 (컨디션에 따라 200~300m 훈련량 조절 필요)	B타입 총 2,500m 훈련량 (컨디션에 따라 400~500m 훈련량 조절 필요)	

★ 본 프로그램은 권장 훈련으로 본인의 수영실력과 현장 상황에 따라 다소 조절할 필요가 있다(네이버 카페 '대한수상구조사협회' 에서 좀 더 자세한 훈련 프로그램 제공).

★ 개인별 훈련프로그램을 원하시는 분은 이메일로 제공한다(dk_peace@naver.com).

★ 유튜브 – '대한수상구조사협회'에서 다양한 수상구조사 정보 및 교육 콘텐츠를 제공하고 있으니 참고하기 바란다.

CHAPTER 03

수영구조

01 수상구조사 1급

1 수상구조사 1급 수영구조 실기평가 및 채점기준

수상구조사 1급 수영구조는 '다리 벌려 입수 → 머리 들고 자유형 → 빠른 수면 다이빙, 수하 접근 → 겨드랑이 운반법(기본배영)'이 순서대로 진행되는 시험으로, 요구조자 발견 후 맨몸으로 수영구조 기술을 평가한다.

2 수상구조사 1급 수영구조 시험 기본정보

- 난이도: ★★★★ (별 5개를 기준으로 시험의 난이도를 별표로 표시)
- 배점: 15점
- 세부항목: 수영구조 입수법(다리 벌려 들어가기), 접근법(머리 들고 자유형), 구조법(수하 접근), 운반법(겨드랑이 운반), 풀기(앞목, 뒷목, 손목)
- 배점기준: 각 항목별로 정확하게 구조방법을 수행하는지를 평가

3 시험 진행순서

🔍 1종목 입수법(다리 벌려 들어가기)

2-1

▶ 요구조자를 발견하고, 요구조자를 바라보며 "전방 요구조자 발견, 도와주세요." 구호를 외치며 입수를 한다.

2-2

▶ 요구조자에게 시선을 고정하고, 팔을 벌려 팔과 가슴으로 물을 껴안듯이 하고, 뒷다리를 앞으로 보내 다리를 벌려 물에 들어가며 몸이 물속으로 들어가는 것을 최소화하기 위하여 가위차기 동작을 한다.

2-3

▶ 다리 벌려 입수방법으로 들어갈 때 얼굴이 수면 아래로 내려가지 않게 들어간다.

2-4

▶ 다리 벌려 입수 후에도 요구조자에게 시선을 고정하여 감점되지 않도록 주의한다.

Advice

① 다리 벌려 입수방법은 머리 전체가 수면 아래로 내려가지 않게 하는 것이 가장 중요하다.

② 팔과 다리를 충분히 벌려 물에 들어가면서 팔은 가슴 앞으로 모으고, 다리는 가위차기로 입수하여 신속하게 요구조자에게 접근할 수 있도록 한다.

③ 물안경을 꼭 착용하고, 시험을 보길 바란다.

1종목 입수법(다리 벌려 들어가기) 채점기준

① 입수 전 구조요청 멘트를 하지 않으면 감점(1점) 처리된다.

② 구조요청 멘트: "전방 요구조자 발견, 도와주세요."

③ 입수 동작에서 시선은 전방 요구조자를 바라봐야 하며, 입수(다리 벌려 들어가기) 시 얼굴의 모든 면이 수면 아래로 가라앉을 경우 감점(1점) 처리된다.

🔍 2종목 접근법(머리 들고 자유형)

2-5

▶ 다리 벌려 입수 후 시선은 요구조자를 바라보며 머리 들고 자유형 접근방법을 시작한다.

2-6

▶ 머리 들고 자유형은 빠르게 헤엄쳐서 요구조자에게 접근하는 영법으로, 시선을 요구조자에게 유지하여 이동한다.

2-7

▶ 요구조자와 최소 2m 이상의 지점에서 빠른 수면 다이빙으로 물속으로 들어간다.

2-8

▶ 빠른 수면 다이빙으로 요구조자의 다리 아래 물속으로 이동한다.

Advice
① 입수 후 머리 들고 자유형 접근 시 너무 빠르게 하려는 생각을 가지면 힘이 들고, 호흡조절에 어려움이 있으므로 조금 여유를 가지고 진행하는 것이 좋다.
② 빠른 수면 다이빙은 최소 2.5m의 거리에서 물속에 들어가야 효율적이다.
③ 빠른 수면 다이빙은 머리와 허리를 순간적으로 숙이면 자연스럽게 수면 아래로 몸이 내려가며, 발은 수면 위에서 가볍게 2~3회 발차기를 하면 좀 더 빠르게 입수된다.

2종목 접근법(머리 들고 자유형) 채점기준
① 크롤 영법을 기본으로 하며, 영법을 변경하여 접근할 경우 감점(1점) 처리된다[회당 중복 감점이 가능하며, 지속해서 유영할 경우 초당 감점(1점) 처리된다].
② 구조자의 시선은 전방 요구조자를 바라보아야 하며, 접근 중 얼굴의 모든 면이 수면 아래로 가라앉을 경우 감점(1점) 처리된다[회당 중복 감점이 가능하며, 지속해서 접근할 경우 초당 감점(1점) 처리된다].
③ 구조자는 요구조자 전방 2m 이상의 거리에서 빠른 수면 다이빙하여 입수하여야 하며, 입수 위치가 2m 미만일 경우 감점(1점) 처리된다.

2-9

▶ 구조자는 빠른 수면 다이빙으로 수면 아래로 내려가 몸을 뒤집어 기본배영으로 요구조자를 계속 주시하며, 요구조자의 다리 아래를 통과하여 뒤편으로 이동한다.

2-10

▶ 구조자는 요구조자를 계속 주시하며, 발 아래에서 밀어올리기 준비를 한다.

▶ 구조자는 요구조자의 종아리부터 시작하여 밀어올리기(요구조자 종아리 → 허리 → 등 순서로)를 실시한다.

▶ 요구조자 밀어올리기 두 번째 순서로 요구조자의 허리를 밀어준다.

2-13

▶ 마지막으로 요구조자의 등을 밀어 올리면 요구조자의 얼굴이 수면 위로 올라가 요구조자의 호흡이 다소 쉬워진다.

Advice

① 수하 접근은 물속(약 10~15초)에서 이루어지기 때문에 호흡조절을 잘해야 한다.
② 수중에서 요구조자를 계속 응시하는지 시험 감독관이 물속에 들어가 지켜 보고 있으므로 감점이 되지 않도록 주의한다.
③ 수중에서 종아리, 허리, 등 순서대로 요구조자를 밀어 올리는지 시험 감독관이 물속에 들어가 보고 있으니 감점되지 않도록 주의한다.
④ 구조자는 얼굴이 물 밖에 나오기 전 양손이 먼저 요구조자의 양쪽 겨드랑이에 위치하는지 주의한다.

3종목 구조법(수하 접근) 채점기준

① 수하 접근 시 기본 배영으로 요구조자를 주시하여야 하며, 접근 중 요구조자와 접촉될 경우 감점(1점) 처리된다[수하 접근 시 기본 배영으로 이동되어야 하며, 요구조자 행동 주시 불량 시 감점(1점) 처리된다].
② 수하 접근이 완료되면 요구조자의 발 아래에서 밀어올리기를 통해 요구조자의 신체를 수면 위로 부상시킨다[밀어올리기 순서: 종아리 → 허리 → 등 순서로 실시되며, 불이행 시 감점(1점) 처리된다].
③ 신체 부상이 완료되면 요구조자의 양쪽 겨드랑이를 잡아 안전지대(입수지점)로 이동시켜야 하며, 구조자의 양손 파지 위치(요구조자의 겨드랑이 양쪽) 불량 시 감점(1점) 처리된다.

🔍 4종목 운반법(겨드랑이 운반)]

▶ 구조자는 수중에서 요구조자 밀어올리기 후 양손을 요구조자의 겨드랑이에 넣어 운반을 준비한다.

▶ 구조자는 요구조자의 양 겨드랑이 사이에 손날을 세워서 빠지지 않도록 넣고, 로터리 킥(입영)으로 입수지점으로 방향을 전환한다.

2-16

▶ 구조자는 요구조자를 바라보고, 입수지점으로 방향을 전환하며, "저는 수상구조사입니다. 도와드릴테니 침착하십시오." 라고 말한 후 진행한다.

2-17

▶ 입수지점으로 방향을 전환하여 기본배영(평영 발차기)으로 입수지점까지 이동한다.

2-18

▶ 구조자는 요구조자를 운반하는 동안 안전지대(입수지점)를 기준으로 진행 방향을 유지하기 위해 최소 5회 이상 고개를 돌려 입수지점을 확인하며 이동해야 하고, 그 외 시선은 요구조자의 상태와 행동을 지속적으로 주시한다.

Advice

① 구조자와 요구조자의 몸이 최대한 수면에 누워서 이동해야 편하게 이동할 수 있다.
② 입수지점으로 방향을 전환하며, "저는 수상구조사입니다. 도와드릴테니 침착하십시오." 멘트를 숙지하길 바란다.
③ 입수지점으로 이동 시 입수지점을 5회 이상 주시해야 한다는 점 숙지하길 바란다.

4종목 운반법(겨드랑이 운반) 채점기준

① 요구조자 운반 영법은 기본배영(평영 발차기)이며, 운반 중 구조자와 요구조자의 얼굴 모든 면이 수면 아래로 가라앉을 경우 감점(1점) 처리된다[회당 중복 감점이 가능하며, 지속해서 유영할 경우 초당 감점(1점) 처리된다].
② 안전지대(입수지점)로 운반 중 시선은 전방(입수지점)과 요구조자를 번갈아보며 진행해야 하며, 전방 주시 횟수를 5회 이상 실시하여 진행 방향이 바른지 확인하여야 한다. 그 외 시선은 요구조자를 주시해야 한다[요구조자 관찰 및 전방 주시 5회 미만 확인 시 감점(1점) 처리된다].
③ 안전지대(입수지점)로 운반 중 구조자의 영법 미숙 및 체력 저하로 요구조자를 놓치게 될 경우 감점(3점) 처리된다.

1 수상구조사 2급 수영구조 실기평가 및 채점기준

수상구조사 2급 수영구조는 '입수방법(다리 벌려 입수법) → 접근법(머리 들고 자유형) → 준비서기(2m) → 의식 확인 → 구조·운반법(의식 없는 요구조자/ 손목 끌기/ 횡영)' 순서로 평가한다.

각 단계는 정해진 영법 준수, 시선 처리, 얼굴 부상(수면 위 유지), 안전거리(2m) 확보, 안전지대(입수 지점) 확인(5회 이상) 등의 기준에 따라 감점이 부여된다.

2 수상구조사 2급 수영구조 시험 기본정보

- 난이도: ★★★★ (별 5개를 기준으로 시험의 난이도를 별표로 표시)
- 배점: 15점
- 세부항목: 수영구조 입수법(다리 벌려 들어가기), 접근법(머리 들고 자유형), 구조법(손목 끌기), 운반법(횡영), 풀기(앞목, 뒷목, 손목)
- 배점기준: 각 항목별로 정확하게 구조방법을 수행하는지를 평가

3 시험 진행순서

🔍 1종목 입수법(다리 벌려 들어가기)

2-19

▶ 요구조자를 발견하고, 요구조자를 바라보며 "전방 요구조자 발견, 도와주세요." 구호를 외치며 입수 준비를 한다.

2-20

▶ 요구조자에게 시선을 고정한 후, 팔을 벌려 팔과 가슴으로 물을 껴안듯이 하고, 뒷다리를 앞으로 보내 다리를 벌려 물에 들어가며, 몸이 물속으로 들어가는 것을 최소화하기 위하여 가위차기를 한다(다리 벌려 입수 방법으로 들어갈 때 얼굴이 수면 아래로 내려가지 않게 입수한다).

2-21

▶ 다리 벌려 입수 후에도 요구조자에게 시선을 고정하여 감점되지 않도록 주의한다.

Advice

① 다리 벌려 입수 방법은 머리 전체가 수면 아래로 내려가지 않게 하는 것이 가장 중요하다.
② 팔과 다리를 충분히 벌려 물에 들어가면서 팔은 가슴 앞으로 모으고, 다리는 가위차기로 입수하여 신속하게 요구조자에게 접근할 수 있도록 한다.
③ 물안경을 꼭 착용하고, 시험을 보길 바란다.

1종목 입수법(다리 벌려 들어가기) 채점기준

① 입수 전 구조요청 멘트를 하지 않으면 감점(1점) 처리된다.
② 구조요청 멘트: "전방 요구조자 발견, 도와주세요."
③ 입수 동작에서 시선은 전방 요구조자를 바라보아야 하며, 입수(다리 벌려 들어가기) 시 얼굴의 모든 면이 수면 아래로 가라앉을 경우 감점(1점) 처리된다.

🔍 2종목 접근법(머리 들고 자유형/준비서기)

2-22

▶ 다리 벌려 입수 후 머리 들고 자유형 접근방법을 시작한다. 머리 들고 자유형은 빠르게 헤엄쳐서 요구조자에게 접근하는 영법으로, 시선을 요구조자에게 유지하여 이동한다.

2-23

▶ 요구조자에게 도달하면 구조자는 준비서기(최소 2m) 자세를 한다. 이때도 시선은 요구조자를 향해야 한다.

Advice
① 준비서기(2m)는 "멈춤"이 아니라 즉시 이탈 가능한 거리·자세 확보를 의미한다. 준비서기에서도 시선은 계속 요구조자에 둔다.
② 의식 확인은 시험에서 요구하는 절차이므로, 손등 두드리기 동작이 명확히 보이게 실시한다.

2종목 접근법(머리 들고 자유형/준비서기) 채점기준
① 접근 영법은 머리 들고 자유형으로 고정이며, 임의 변경 시 감점 처리된다.
② 접근 중 시선은 요구조자, 유영 중 얼굴 전면이 잠기면 감점 처리된다.
③ 도달 시 준비서기(최소 2m)를 정확히 취하고, 손등 두드리기의 의식 확인을 수행해야 한다.

3종목 구조 · 운반법(의식 없는 요구조자/손목 끌기/횡영)

2-24

▶ 준비서기 자세에서 구조자는 요구조자의 손등 부분을 두드려 의식 여부를 확인한다.

2-25

▶ 준비서기 접근이 완료되면, 구조자는 요구조자의 반대쪽 손목 아래를 잡아 손목 끌기를 실시한다.

2-26

▶ 손목 끌기는 요구조자의 얼굴이 수면 위로 유지되도록, 손목 아래쪽 → 구조자 몸쪽 안 → 구조자 몸쪽 바깥쪽 순으로 돌려 요구조자의 모든 얼굴이 수면 위에 유지되게 한다.

2-27

▶ 신체 부상이 완료되면, 구조자는 요구조자의 손목을 잡은 채 안전지대(입수지점)로 횡영으로 운반하며, 운반 중 구조자 및 요구조자 얼굴의 모든 면이 수면 아래로 가라앉아서는 안 된다.

※ 구조 횡영 시 가위차기 외 발차기 동작 금지

2-28

▶ 구조자는 요구조자를 운반하는 동안 안전지대(입수지점)를 기준으로 진행 방향을 유지하기 위해 최소 5회 이상 고개를 돌려 입수지점을 확인하며 이동해야 하고, 그 외 시선은 요구조자를 향해 상태와 행동을 지속적으로 주시한다.

Advice

① 손목 끌기는 "잡고 끄는 동작"이 아니라, 요구조자의 얼굴을 수면 위로 올려 호흡기가 노출되게 유지하는 동작이다. 그래서 회전 순서(안 → 바깥)가 핵심이다.

② 횡영 운반은 속도보다 얼굴 부상 유지 + 가위차기 준수 + 입수지점 확인(5회)이 감점 방지의 핵심이다.

3종목 구조 · 운반법(손목 끌기/횡영) 채점기준

① 손목 끌기는 반대쪽 손목 아래를 잡아 요구조자 얼굴이 수면 위로 유지되도록 수행해야 한다.

② 운반 영법은 횡영이며, 운반 중 얼굴 전면이 잠기면 감점 처리된다.

③ 횡영 발차기는 가위차기만 허용되며, 다른 발차기 사용은 금지된다.

④ 운반 중 전방 주시 5회 이상으로 방향 확인을 수행해야 한다.

'앞목, 뒷목, 손목 풀기 입수 방법(다리 벌려 입수법) → 접근법(트러젠) → 준비서기(2m) → 전방 접근 → 기도 확보 → 다리먼저 다이빙 → 탈출 → 안전거리 유지 → 뒷목 풀기 → 손목 풀기' 순서대로 진행되는 시험으로, 요구조자 발견 후 구조 시 요구조자에게 잡혔을 경우 풀기 순서로 평가한다.

🔍 5종목 풀기(앞목)

2-29

▶ 요구조자를 발견하고, 요구조자를 바라보며 "전방 요구조자 발견, 도와주세요." 구호를 외치며 입수 준비를 한다.

2-30

▶ 요구조자에게 시선을 고정하고, 팔을 벌려 팔과 가슴으로 물을 껴안듯이 하고, 뒷다리를 앞으로 보내 다리를 벌려 물에 들어가며 몸이 물속으로 들어가는 것을 최소화하기 위하여 가위차기 동작을 한다(다리 벌려 입수방법으로 들어갈 때 얼굴이 수면 아래로 내려가지 않게 하여 들어간다).

2-31

▶ 다리 벌려 입수 후에도 요구
조자에게 시선을 고정하여 감
점이 되지 않게 주의한다.

2-32

▶ 다리 벌려 입수 후 트러젠 접
근방법을 시작한다. 트러젠으
로 빠르게 헤엄쳐서 요구조자
에게 접근하며 시선을 요구조
자에게 유지하여 이동한다.

▶ 구조자는 요구조자에게 접근하게 되면 안전거리(2m)를 확보하고 준비서기를 통해 언제든지 요구조자로부터 멀어질 준비가 되어있어야 한다. 구조자는 의식 있는 요구조자에게 다가가며 "저는 수상구조사입니다. 도와드릴테니 침착하십시오."라고 이야기하며 요구조자의 전방으로 접근한다.

▶ 구조자는 요구조자의 앞에서 잡혔을 경우 신속하게 고개를 옆으로 돌려 기도를 확보한다.

▶ 구조자는 기도를 확보한 후 가위차기를 하고, 팔은 옆으로 벌린 후 양 손바닥을 위에서 만나게 하는 동작(다리먼저 다이빙)을 만들어 요구조자와 함께 수중으로 들어간다.

▶ 구조자는 양손으로 요구조자의 어깨부터 시작하여 팔꿈치까지 내려와 팔꿈치 안쪽 급소를 강하게 누른 후 빠져나와 수중에서 요구조자를 밀어낸다.

2-37

▶ 구조자는 요구조자를 수중에서 강하게 밀어낸 후 기본배영으로 빠져나온다.

2-38

▶ 구조자는 앞목 풀기 후 2m 이상의 안전거리를 확보하여 요구조자의 행동을 주시한다.

Advice
① 구조자는 앞목 풀기 시 기도 확보와 동시에 수중으로 내려가야 한다.
② 풀기 시험은 요구조자 역할을 하는 평가관이 엄격하게 진행하기 때문에 각별히 신경써서 동작을 완벽히 수행해야 한다.
③ 물안경을 착용하고, 시험을 보길 바란다.

5종목 앞목 풀기 채점기준
① 구조자는 요구조자에게 잡혔을 경우 고개를 옆으로 돌리며, 턱을 앞가슴 쪽으로 끌어당겨 기도를 확보한 다음 다리먼저 다이빙을 통해 요구조자를 물속으로 유도하여 수중에서 풀기를 시도한다.
  〔기도확보 생략 시 감점(1점) 처리된다.〕
② 구조자는 양손으로 요구조자의 어깨에서부터 타고 내려와 팔꿈치 안쪽을 강하게 누르고 밀쳐낸 후 요구조자의 행동을 주시하며, 기본배영으로 빠져나온다.
  〔구조자 회피 동작 불량 시 감점(1점) 처리된다.〕
③ 앞목 풀기 동작은 수중에서 이루어져야 하며, 구조자 및 요구조자 중 어느 누구라도 신체 일부가 수면 위로 부상할 경우 감점(1점) 처리된다.
④ 구조자는 앞목 풀기 동작이 끝나면 안전거리(2m 이상)를 유지하여 요구조자의 행동을 주시하며, 2차로 잡힐 경우에 대비한다.
  〔안전거리(2m) 미확보 시 감점(1점) 처리된다.〕

5종목 풀기(뒷목)

2-39

▶ 구조자는 시험장에 표시된 위치에서 요구조자가 뒤에서 잡을 것을 대비한다(뒷목 풀기는 구조 멘트와 준비서기 생략).

2-40

▶ 구조자는 요구조자에게 뒤에서 잡혔을 경우 신속하게 고개를 옆으로 돌려 기도를 확보한다.

▶ 구조자는 기도를 확보한 후 가위차기를 하고, 팔은 옆으로 벌린 후 양 손바닥을 위에서 만나게 하는 동작(다리먼저 다이빙)을 만들어 요구조자와 함께 수중으로 들어간다.

▶ 구조자는 양손으로 요구조자의 어깨부터 시작하여 팔꿈치까지 내려와 팔꿈치 안쪽 급소를 강하게 누른 후 잡힌 상태에서 빠져나와 몸을 돌려 요구조자를 마주 보고, 수중에서 요구조자를 밀어낸다.

2-43

▶ 구조자는 요구조자를 수중에서 강하게 밀어낸 후 기본배영으로 빠져나온다.

2-44

▶ 구조자는 뒷목 풀기 후 2m 이상의 안전거리를 확보하여 요구조자의 행동을 주시한다.

Advice

① 구조자는 뒷목 풀기 시 기도확보와 동시에 수중으로 내려가야 한다.
② 구조자는 수중에서 뒷목 풀기 후 몸을 돌릴 때 요구조자의 팔꿈치를 잡고 있다가 몸을 완전히 돌려 요구조자와 마주본 상태에서 팔꿈치를 밀며, 기본배영으로 빠져나온다.
③ 물안경을 착용하고, 시험을 보는게 좀 더 유리하다.

5종목 뒷목 풀기 채점기준

① 뒷목 풀기에서는 준비서기와 구조멘트는 생략한다. 시험 감독관의 지시에 따라 구조자는 표시된 안전거리(2m) 선에서 요구
   조자의 등을 지고 위치하게 되며, 평가관의 호각 신호에 따라 뒷목 풀기가 바로 시작된다.
② 구조자는 요구조자에게 잡혔을 경우 고개를 옆으로 돌리고 턱을 앞가슴 쪽으로 끌어당겨 기도를 확보 한 다음 다리먼저
   다이빙을 통해 요구조자를 물속으로 가라앉게 만든 다음 수중에서 풀기를 시도한다.
   [기도확보 불량 시 감점(1점) 처리된다.]
③ 구조자는 양손을 이용하여 요구조자의 어깨에서부터 타고 내려와 팔꿈치 안쪽을 강하게 누르고 밀쳐낸 후 요구조자의 행동
   을 주시하며 기본배영으로 빠져나온다.
   [구조자 회피 동작 불량 시 감점(1점) 처리된다.]
④ 풀기 동작은 수중에서 이루어져야 하며, 구조자 및 요구조자 중 어느 누구라도 신체 일부가 수면 위로 부상할 경우 감점(1
   점) 처리된다.
⑤ 구조자는 풀기 동작이 끝나면 안전거리(2m 이상)를 유지하여 요구조자의 행동을 주시하며, 2차로 잡힐 경우에 대비한다.

🔍 5종목 풀기(손목)

2-45

▶ 구조자는 표시된 안전거리
2m 거리에서 평가관의 신호에
따라 평가가 시작되며, 구조자
는 의식 있는 요구조자에게 다
가가며 "저는 수상구조사입니
다. 도와드릴테니 침착하십시
오."라고 이야기하며 요구조자
의 전방으로 접근한다.

▶ 구조자는 요구조자에게 손목이 잡힌 경우 신속하게 구조자의 몸쪽으로 당겨올 준비를 한다.

▶ 구조자는 요구조자의 손목을 당겨와 몸에 최대한 붙이고, 반대쪽 손으로 요구조자의 어깨를 누르며, 가위차기를 하고 구조자의 몸의 무게로 눌러 요구조자를 수면 아래로 먼저 가라앉게 만든다.

▶ 구조자는 요구조자와 함께 수중으로 들어가 요구조자에게 잡혀있는 손을 다른 한 손으로 잡고 손목 풀기를 준비한다.

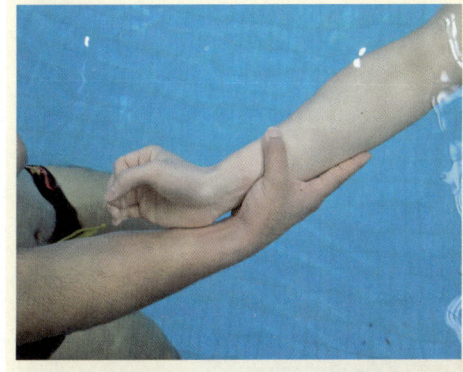 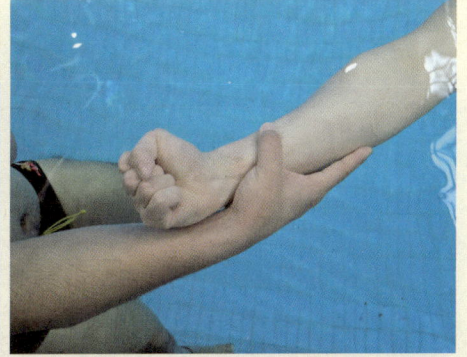

▶ 구조자는 요구조자에게 잡혀 있는 손을 다른 한 손으로 잡고, 손목 풀기를 한다.

▶ 구조자는 손목 풀기 후 기본 배영으로 요구조자를 주시하며 빠져나온다.

2-51

▶ 구조자는 손목 풀기 후 2m 이상의 안전거리를 확보하여 요구조자의 행동을 주시한다.

Advice
① 구조자는 잡혀있는 손목으로 요구조자를 신속하게 당겨와 다른 손으로 어깨를 눌러야 쉽게 요구조자가 물속에 들어간다.
② 기본배영으로 빠져나올 때도 요구조자를 계속 주시한다.
③ 물안경을 착용하고, 시험을 보는 것이 좀 더 유리하다.

5종목 손목 풀기 채점기준
① 구조자는 준비서기를 통해 안전거리(2m)를 확보하고, 언제든지 요구조자로부터 멀어질 준비가 되어 있어야 한다.
　〔준비서기 안전거리(2m) 미확보 시 감점(1점) 처리된다.〕
② 구조자와 요구조자 간 측정 거리는 얼굴을 기준으로 한다.
③ 구조자는 구조멘트를 실시하여 요구조자에게 구조의사를 전달하고, 요구조자가 안정을 찾게끔 조치하여야 한다.
　〔구조멘트 생략 시 감점(1점) 처리된다.〕
④ 구조멘트: "저는 수상구조사입니다. 도와드릴테니 침착하십시오."
⑤ 구조자는 요구조자에게 잡혔을 경우 잡힌 손을 구조자의 몸쪽으로 잡아당겨 요구조자와의 거리를 좁히고 반대쪽 손을 이용하여 요구조자의 어깨를 눌러 수면 아래로 가라앉게 만든 다음 수중에서 풀기를 시도한다.
　〔구조자 회피동작 누락 시 감점(1점) 처리된다.〕
⑥ 누르기 동작에서는 요구조자와 함께 입수 시 다리차기는 가위차기를 이용한다.
⑦ 풀기 동작은 수중에서 이루어져야 하며, 구조자 및 요구조자 중 어느 누구라도 신체 일부가 수면 위로 부상할 경우 감점(1점) 처리된다.
⑧ 구조자는 풀기 동작이 끝나면 안전거리(2m 이상)를 유지하여 요구조자의 행동을 주시하며, 2차로 잡힐 경우에 대비한다.
　〔안전거리(2m) 미확보 시 감점(1점) 처리된다.〕
⑨ 풀기 평가에서는 감점 소계 항목에 표시된 감점 범위를 초과하여 감점하지 못한다.

CHAPTER 04 장비구조

---

01 수상구조사 1급

1 수상구조사 1급 장비구조 실기평가 및 채점기준

수상구조사 1급 장비구조 시험 진행순서는 '입수법(다리 벌려 입수) → 접근법(트러젠) → 구조법(손목 끌기) → 운반법(횡영)'의 순서로 진행되며, 요구조자 발견 후 장비(레스큐 튜브)로 구조하는 기술을 평가한다.

2 수상구조사 1급 장비구조 시험 기본정보

- 난이도: ★★★★ (별 5개를 기준으로 시험의 난이도를 별표로 표시)
- 배점: 15점
- 세부항목: 장비구조 입수법(다리 벌려 들어가기), 접근법(트러젠), 구조법(전방접근 손목 끌기), 운반법(횡영)
- 배점기준: 각 항목별로 정확하게 구조방법을 수행하는지를 평가

3 시험 진행순서

🔍 1종목 입수법(다리 벌려 들어가기)]

3-1

▶ 레스큐 튜브를 착용한 상태에서 요구조자를 발견하고, 요구조자를 바라보며 "전방 요구조자 발견, 도와주세요." 구호를 외치며 입수준비를 한다.

3-2

▶ 요구조자에게 시선을 고정한 상태에서 다리 벌려 입수하기 전 레스큐 튜브를 약 45도 각도로 던져놓고, 신체 일부가 레스큐 튜브 끈에 걸리거나 방해가 되지 않도록 한다.

3-3

▶ 팔을 벌려 팔과 가슴으로 물을 껴안듯이 하고, 뒷다리를 앞으로 보내 다리를 벌려 물에 들어가며 몸이 물속으로 들어가는 것을 최소화하기 위하여 가위차기 동작을 한다.

3-4

▶ 다리 벌려 입수방법으로 들어갈 때 얼굴이 수면 아래로 내려가지 않게 하고, 전방에 요구조자를 주시하며 들어간다.

3-5

▶ 다리 벌려 입수 후에도 요구조자에게 시선을 고정하여 감점이 되지 않게 주의하고, 트러젠 영법을 준비한다.

Advice
① 다리 벌려 입수방법은 머리 전체가 수면 아래로 내려가지 않게 하는 것이 가장 중요하다.
② 입수 전 반드시 레스큐 튜브를 45도 각도로 던져 끈이 꼬이지 않게 관리한다.
③ 수상구조사는 레스큐 튜브 사용법과 원리를 완벽히 습득 후 사용한다.

1종목 입수법(다리 벌려 들어가기) 채점기준
① 입수 전 구조요청 멘트 생략 시 감점(1점) 처리된다.
② 구조요청 멘트: "전방 요구조자 발생, 도와주세요."
③ 입수 전 레스큐 튜브를 전방 45도 각도로 투척하여 입수 시 신체부위에 걸리거나 접촉되지 않도록 하며, 끈이 신체에 걸리거나 꼬임이 발생할 경우 감점(1점) 처리된다.
④ 입수 동작에서 시선은 요구조자를 주시하며, 얼굴의 모든 면이 수면 아래로 가라앉을 경우 감점(1점) 처리된다.

3-6

▶ 다리 벌려 입수 후 시선은 요구조자를 바라보며, 트러젠 접근방법을 시작한다.

3-7

▶ 트러젠 영법은 머리를 들고, 크롤 한 팔동작에 평영 발차기 한 번을 차는 영법으로, 시선을 요구조자에게 유지하여 이동한다.

3-8

▶ 트러젠으로 요구조자에게 접근하여 최소 2m 이상의 거리에서 준비서기를 한다.

3-9

▶ 시선은 요구조자에게 고정하고, 준비서기 후 레스큐 튜브 끈이 연결된 방향의 팔을 뒤로 돌려 레스큐 튜브 끈 찾기 동작을 실시한다.

▶ 요구조자에게 시선을 고정하고, 팔을 뒤로 돌려 가라앉은 레스큐 튜브의 끈을 잡는다.

▶ 레스큐 튜브 끈을 찾아서 레스큐 튜브를 당겨와 잡는다.

▶ 레스큐 튜브의 끝을 잡고, 수면에서 돌린다.

▶ 레스큐 튜브를 완전히 돌려와 레스큐 튜브의 정중앙을 잡고, 요구조자에게 접근한다.

3-14

▶ 레스큐 튜브의 정중앙을 한 손으로 잡고, 다른 한 손으로 요구조자의 손목 쪽을 향한다.

3-15

▶ 요구조자의 손목을 살며시 터치하며, "괜찮으세요."라고 구호를 외치고 의식을 확인한다.

3-16

▶ 만약 구조자가 오른손으로 손목 끌기를 한다면 마주보고 있는 요구조자의 오른쪽 손목을 잡고 손목 끌기를 준비해야 한다.

Advice

① 트러젠으로 접근 후 최소 2m 이상의 거리에서 준비서기 자세를 취한다.

② 손목 끌기 준비 시 레스큐 튜브의 정중앙을 잡아야 한다(튜브가 기울어져서 옆으로 돌아가면 요구조자가 이탈될 수 있음).

③ 요구조자의 손목 끌기를 할 때 같은 팔 손목을 잡아야 한다(오른팔-오른팔, 왼팔-왼팔).

2종목 접근법(트러젠) 채점기준

① 크롤 영법을 기본으로 하며, 영법을 임의 변경 시 감점(1점) 처리된다.

② 구조자의 시선은 전방 요구조자를 주시하여야 하며, 얼굴의 모든 면이 수면 아래로 가라앉을 경우 감점(1점) 처리된다.

③ 회당 중복 감점이 가능하며, 계속해서 유영할 경우 초당 감점(1점) 처리된다.

④ 트러젠 영법은 크롤 팔동작 한 번에 평영 발차기 한 번으로 한다.

⑤ 구조자는 요구조자에게 도달 시 준비서기(최소 2m 이상) 자세에서 레스큐 튜브를 전방에 위치하여 구조자세를 취한다.

⑥ 시선은 요구조자를 향해 있어야 하며, 요구조자 관찰 누락 시 감점(1점) 처리된다.

⑦ 구조자는 요구조자의 의식여부를 확인하여야 하며, 의식여부 미확인 시 감점(1점) 처리된다.

⑧ 요구조자의 의식여부 확인은 요구조자의 손등 부분을 두드려 반응을 확인한다.

🔍 3종목 구조법(손목 끌기/의식 없는 익수자)

▶ 구조자는 한 손으로 레스큐 튜브의 정중앙을 잡고, 다른 한 손으로 요구조자의 손목을 잡아 손목 끌기를 시작한다.

▶ 구조자는 요구조자의 손목을 한 손으로 잡은 상태에서 밖에서 안쪽으로 돌리며, 요구조자 뒤집기를 실시한다.

3-19

▶ 요구조자가 뒤집어지면 레스큐 튜브 정중앙을 잡고 있던 다른 한 손을 신속하게 요구조자의 허리 아래로 밀어 넣는다.

3-20

▶ 뒤집힌 요구조자의 허리 부분까지 레스큐 튜브를 밀어 넣으면 자연스럽게 요구조자가 뜬다.

3-21

▶ 요구조자를 레스큐 튜브 위에 띄운 상태에서 레스큐 튜브 양쪽 끝에 있는 버클을 채운다.

3-22

▶ 레스큐 튜브 양쪽 끝에 있는 버클을 채우고 난 후 레스큐 튜브와 연결된 끈을 잡고, 운반 준비를 한다.

Advice
① 손목 끌기 시 한 손은 레스큐 튜브의 정중앙을 잡고, 다른 한 손은 요구조자의 손목을 끌어 오는데, 서로 타이밍을 잘 맞추어 동시에 이루어져야 한다.
② 요구조자를 뒤집어 레스큐 튜브 위에 올렸을 때 요구조자의 겨드랑이와 허리 사이에 레스큐 튜브가 위치하는 것이 좋다.

3종목 구조법(손목 끌기) 채점기준

① 구조자는 레스큐 튜브를 요구조자의 겨드랑이 부위에 위치하도록 밀어 넣으면서 의식 없는 요구조자의 손목을 잡아 요구조자의 얼굴이 수면 상에 위치하도록 뒤집는다.

② 한 번에 뒤집기가 안 된 경우, 레스큐 튜브가 요구조자의 겨드랑이에 위치하지 않을 경우 감점(1점) 처리된다.

③ 구조자는 요구조자의 겨드랑이에 레스큐 튜브가 위치하게 되면 버클을 장착하여 레스큐 튜브의 이탈을 방지하고, 요구조자를 안전지대까지 운반하여야 한다.

④ 레스큐 튜브 버클 장착 누락, 요구조자의 몸이 한쪽으로 쏠릴 경우 감점(1점) 처리된다.

🔍 4종목 운반법(횡영)

3-23

▶ 레스큐 튜브와 연결된 끈을 잡고, 횡영을 시작한다.

3-24

▶ 구조자는 레스큐 튜브를 잡은 손목이 물밖에 나와야 하며, 요구조자와 적당한 간격(최소 1m 이상)을 유지해야 횡영 가위차기를 적절히 사용할 수 있다.

3-25

▶ 구조자는 요구조자를 운반하는 동안 안전지대(입수지점)를 기준으로 진행 방향을 유지하기 위해 최소 5회 이상 고개를 돌려 입수지점을 확인하며 이동해야 하고, 그 외 시선은 요구조자를 향해 상태와 행동을 지속적으로 주시한다.

4종목 운반법(횡영) 채점기준

① 구조자는 레스큐 튜브에 연결된 끈을 잡고 횡영으로 요구조자를 운반한다.
② 레스큐 튜브 끈을 이용하여 운반하여야 하며, 그 이외 다른 방법(가슴 잡이, 겨드랑이, 끌기 등)으로 이동 시 감점(1점) 처리된다.
③ 운반 영법은 횡영이며, 영법의 임의 변경 시 감점(1점) 처리된다.
④ 구조배영, 구조횡영 시 가위차기 이외 발차기 동작이 금지된다.
⑤ 요구조자 운반 중 요구조자 얼굴의 모든 면이 수면 아래로 가라앉을 경우 감점(1점) 처리된다.
⑥ 회당 중복 감점이 가능하며, 지속하여 요구조자의 얼굴 모든 면이 가라앉은 채 이동할 경우 초당 감점(1점) 처리된다.
⑦ 요구조자 운반 중 시선은 전방과 요구조자를 번갈아 보며 유영하여야 하며, 전방 주시 횟수를 5회 이상 실시하여 진행 방향이 바른지 확인하여야 한다. 전방 주시 외 구조자는 요구조자를 바라보아야 한다.
⑧ 요구조자 관찰 누락 및 전방 주시 5회 미만 확인 시 감점(1점) 처리된다.
⑨ 요구조자의 안전지대 이동 중 레스큐 튜브와 요구조자가 떨어지게 되면 감점(3점) 처리된다.

1 수상구조사 2급 장비구조 실기평가 및 채점기준

수상구조사 2급 장비구조는 레스큐 튜브를 이용하여 요구조자에게 접근하고, 의식 여부를 확인한 뒤 후방 접근을 통해 구조·운반을 수행하는 실기 평가 항목이다.

평가 방법은 '입수법(다리 모아 들어가기) → 접근법(머리 들고 자유형) → 준비서기(2m) → 의식 확인 → 후방 접근 → 구조법(뒤집기) → 운반법(기본배영)' 순으로 진행되며, 레스큐 튜브 고정 상태, 시선 처리, 얼굴 부상 유지, 전방 주시 횟수 등 세부 기준에 따라 감점이 부여된다.

2 수상구조사 2급 장비구조 시험 기본정보

- 난이도: ★★★★ (별 5개를 기준으로 시험의 난이도를 별표로 표시)
- 배점: 15점
- 세부항목: 장비구조 입수법(다리 모아 들어가기), 접근법(머리 들고 자유형/준비서기/후방 접근), 구조법(뒤집기), 운반법(기본배영)
- 배점기준: 각 항목별로 정확하게 구조 방법을 수행하는지를 평가

3 시험 진행순서

🔍 1종목 입수법(다리 벌려 들어가기)

3-26

▶ 레스큐 튜브를 착용한 상태에서 요구조자를 발견하고, 요구조자를 바라보며 "전방 요구조자 발견, 도와주세요." 구호를 외치며 입수 준비를 한다.

▶ 입수 전 레스큐 튜브를 양 겨드랑이에 끼워 고정하고, 입수 시 빠지지 않도록 한다. 끈이 신체에 걸리거나 꼬임이 발생해서는 안 된다. 입수 동작에서 시선은 전방 요구조자를 향해야 하며, 입수 후 얼굴의 모든 면이 수면 아래로 가라앉아서는 안 된다.

1종목 입수법(다리 모아 들어가기) 채점기준
① 구조요청 멘트를 하지 않으면 감점 처리된다.
② 레스큐 튜브 고정이 불완전하거나 끈이 꼬이면 감점 요소가 된다.
③ 입수 시 시선 유지 및 얼굴 부상(수면 위 유지)이 이루어지지 않으면 감점 처리된다.

🔍 2종목 접근법(머리 들고 자유형/준비서기/후방접근)

▶ 접근 영법은 머리 들고 자유형이며 영법을 임의 변경할 수 없다. 접근 과정에서 시선은 요구조자를 향해야 하며, 유영 중 얼굴 전면이 가라앉아서는 안 된다.

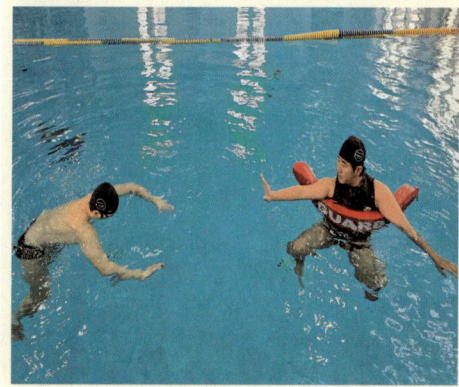

▶ 요구조자에게 도달하면 준비 서기(최소 2m)를 취하고, 요구 조자의 손등을 두드려 의식 여부를 확인한다.

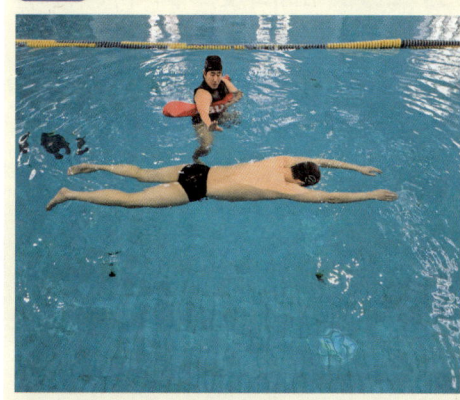

▶ 구조자는 의식 확인 후 요구 조자의 후방으로 이동하여 구 조 자세를 취한다.

Advice
① 장비구조에서는 후방접근이 핵심이며, 준비서기 없이 접근하면 요구조자와 충돌 위험이 높다.
② 의식 확인은 반드시 손등 두드리기 동작으로 명확히 수행한다.

2종목 접근법(머리 들고 자유형) 채점기준
① 접근 영법은 머리 들고 자유형으로 고정이며, 임의 변경 시 감점 처리된다.
② 접근 중 시선은 요구조자, 유영 중 얼굴 전면이 잠기면 감점 처리된다.
③ 준비서기(2m) 확보 및 의식 확인 동작이 수행되어야 한다.
④ 후방접근이 정확히 이루어져야 한다.

3-31

▶ 레스큐 튜브를 요구조자 등 뒤에 밀착하여 빠지지 않도록 하고, 양손을 요구조자의 겨드랑이 부위에 위치시키며 요구조자의 호흡기가 수면 위로 올라오도록 뒤집는다.

3-32

▶ 요구조자의 양 겨드랑이에 양팔을 끼운 상태로 기본배영을 이용해 안전지대까지 운반한다. 운반 중 구조자와 요구조자의 얼굴 전면이 수면 아래로 가라앉아서는 안 된다.

3-33

▶ 구조자는 요구조자를 운반하는 동안 안전지대(입수지점)를 기준으로 진행 방향을 유지하기 위해 최소 5회 이상 고개를 돌려 입수지점을 확인하며 이동해야 하고, 그 외 시선은 요구조자를 향해 상태와 행동을 지속적으로 주시한다.

Advice

① 장비구조에서 가장 중요한 단계는 레스큐 튜브를 이용한 뒤집기이며, 요구조자의 호흡기를 수면 위에 유지하는 것이 핵심이다.
② 운반 중 속도보다 안정성이 우선이며, 얼굴 부상 유지와 방향 확인이 감점 방지의 핵심이다.

3종목 구조 · 운반법 채점기준

① 레스큐 튜브를 이용한 뒤집기 동작이 정확해야 한다.
② 기본배영 운반 중 얼굴 부상(수면) 유지가 이루어져야 한다.
③ 전방 주시 5회 이상을 통해 진행 방향 확인이 수행되어야 한다.

PART 03

05 기본구조

1 실기평가 및 채점기준

기본구조 시험은 1종목 스컬링, 2종목 입영으로 구성되어 있으며, 기본적인 구조기술을 평가한다.

2 스컬링 시험 기본정보

- 난이도: ★★★ (별 5개를 기준으로 시험의 난이도를 별표로 표시)
- 배점: 기본구조 총 20점 중 스컬링 5점 배점
- 세부항목: 수면에 지정된 공간에서 손동작(스컬링)만으로 수면 위에 턱선과 양쪽 귀가 20초 이상 떠있는지 평가
- 배점기준: 각 항목별로 정확하게 구조방법을 수행하는지를 평가

3 기본구조 시험 진행순서

◉ 1종목 스컬링(20초)

4-1

▶ 지정된 위치에 준비가 되면 턱선과 양쪽 귀가 수면 위에 있는 상태를 유지한다.

4-2

▶ 시선은 정면을 향하고, 양팔을 90~100도 정도로 벌려서 어깨와 팔꿈치는 고정시키고, 손바닥과 전완근만으로 물을 좌우로 밀어준다.

4-3

▶ 몸에 힘을 빼고, 20초만 손동작으로 유지하면 되므로 여유 있게 하도록 한다.

▶ 상체의 힘을 빼고 팔꿈치에서 손끝까지 부드럽게 물을 쓰다듬듯이 손바닥의 방향만 45도 각도로 좌우로 밀어주는 연습을 육상에서 하면 실전에 도움이 된다.

Advice

① 턱선과 양쪽 귀가 물에 잠기지 않도록 각별히 주의한다.

② 어깨에 힘을 빼고 부드럽게 손동작을 연결하면 좋다.

1종목 스컬링(20초) 채점기준

① 팔동작만을 이용하여 수면에 부상하여야 하며, 발차기 동작이 포착되면 감점(1점) 처리된다.

② 턱선과 양쪽 귀가 같이 물에 잠길 경우 회당 감점(1점) 처리된다.

③ 횟수에 따라 중복 감점이 가능하며, 지속하여 침수 시 초당 감점(1점) 처리된다.

④ 평가 범위를 넘어서 구조물을 잡거나 접촉할 경우 감점(1점) 처리된다.

⑤ 횟수에 따라 중복 감점이 가능하며, 지속하여 접촉할 경우 초당 감점(1점) 처리된다.

⑥ 스컬링 유지 시간이 20초를 못 넘길 경우 감점(1점) 처리된다.

⑦ 스컬링 평가에서는 감점 소계 항목에 표시된 감점 범위를 초과하여 감점하지 못한다.

4 입영 시험 기본정보

• 난이도: ★★★★★ (별 5개를 기준으로 시험의 난이도를 별표로 표시)

• 배점: 기본구조 총 20점 중 입영 15점 배점

• 세부항목: 수면에 지정된 공간에서 입영(로터리 킥)으로 수면 위에 턱선과 양쪽 귀 그리고 양손(손목에 착용한 밴드 위치보다 이상)을 올리고 5분 이상 떠있는지 평가

• 배점기준: 각 항목별로 정확하게 구조방법을 수행하는지를 평가

입영 시험 진행순서

🔍 2종목 입영(5분)

4-5

▶ 지정된 위치에 준비가 되면 턱선과 양쪽 귀가 수면 위로 올라오게 하고, 손을 수면 위로 올려 손목까지 수면 밖에 위치해야 한다.

4-6

▶ 입영은 로터리 킥을 이용하여 수면 위에 떠 있는 종목으로, 양쪽 발을 서로 교차하여 한 발씩 평영 발차기를 하는데, 오른발과 왼발이 서로 반대방향으로 원을 그리듯이 부드럽게 연결하는 것이 좋다.

▶ 발목은 적당히 구부러진 상태를 유지하고, 강하게 킥 동작을 하는 것이 아니라 부드럽게 연결된 동작으로 일정하게 5분을 유지하는 것이 좋다.

▶ 어깨부터 손목까지 최대한 힘을 빼고, 상체는 약간 숙이고, 턱과 양쪽 귀가 물에 들어가지 않도록 주의한다.

▶ 고관절과 무릎이 유연하게 연결되어 킥을 차고, 체력소모를 최소한으로 할 수 있도록 부드러운 로터리 킥을 평상시 연습하면 좋겠다.

▶ 입영 동작을 연습하기 위해서 수영장 벽면을 잡고 로터리 킥을 연습하면 실력 향상에 도움이 된다.

① 입영은 마지막에 실시하는 수영장 실기시험으로 체력적인 부분을 잘 조절하길 바란다.

② 처음부터 너무 긴장하여 머리와 손목을 높게 들고 입영을 시작하면 끝까지 입영 동작을 유지하기 어렵다.

③ 영법 100m 시험 다음으로 어려운 종목으로, 로터리 킥을 힘으로 차는 것이 아니라 부드럽게 연결된 킥으로 최소한의 힘으로 몸을 띄운다고 생각하자.

④ 로터리 킥은 오랜 시간 연습을 통해서 만들어지는 동작으로, 평소 꾸준히 연습하면 좋다.

⑤ 호흡을 활용해서 폐에 부력을 이용하는 연습을 하는 것이 좋다.

2종목 입영 채점기준

① 손목이나 턱선과 양쪽 귀가 어느 일부라도 수면 아래로 가라앉을 경우 종료 시점으로 처리된다.

② 평가 구역(지정된 공간이 로프로 표시되어 있음)을 벗어나거나 접촉할 경우 종료 기준과 동일하게 적용된다.

③ 4분 30초(1급), 1분 30초(2급) 이하의 기록으로 중도 포기하거나 감독관으로부터 즉시 종료 명령을 받으면 과락으로 시험에서 탈락된다.

☆ 시간에 따른 감점기준

• 수상구조사 1급

5분 이상	4분 50초 ~ 5분 미만	4분 40초 ~ 4분 50초 미만	4분 30초 ~ 4분 40초 미만	4분 30초 미만
0점	-3점	-6점	-9점	-15점

• 수상구조사 2급

2분 이상	1분 50초 ~ 2분 미만	1분 40초 ~ 1분 50초 미만	1분 30초 ~ 1분 40초 미만	1분 30초 미만
0점	-3점	-6점	-9점	-15점

CHAPTER 06

종합구조

1 실기평가 및 채점기준

수상구조사 종합구조 시험은 다음과 같이 구성되어 있으며, 종합적인 구조기술을 평가한다.

- 1종목 머리지지/머리 턱 고정(경추부상자구조)
- 2종목 요구조자 운반[(5kg 운반/1급), (3kg 운반/2급)]
- 3종목 구명조끼 착용방법
- 4종목 퇴선방법
- 5종목 자동팽창식 구명뗏목 사용법
- 6종목 로프매듭법(1급만 적용)

2 1종목 머리지지/머리 턱 고정 시험 기본정보

- 난이도: ★★★ (별 5개를 기준으로 시험의 난이도를 별표로 표시)
- 급수 구분: 수상구조사 1급
- 배점: 종합구조 총 25점 중 머리지지 2점 배점
- 세부항목: 머리지지/머리 턱 고정은 입수법(조심히 들어가기), 접근법(스컬링), 구조법(머리 턱 고정), 운반법(입영)
- 배점기준: 각 항목별로 정확하게 구조방법을 수행하는지를 평가

- 난이도: ★★★ (별 5개를 기준으로 시험의 난이도를 별표로 표시)
- 급수 구분: 수상구조사 2급
- 배점: 종합구조 총 20점 중 머리지지 2.5점 배점
- 세부항목: 머리지지/머리 턱 고정은 입수법(조심히 들어가기), 접근법(스컬링), 구조법(머리 턱 고정), 운반법(입영)
- 배점기준: 각 항목별로 정확하게 구조방법을 수행하는지를 평가

3 1종목 머리지지/머리 턱 고정 시험 진행순서

🔍 1종목 머리 턱 고정(경추부상자 구조)

`5-1`

▶ 감독관의 시작 신호와 함께 경추부상 요구조자를 발견하고, "전방 요구조자 발생, 도와주세요." 구호를 외치며 조심히 들어가기 준비를 한다.

5-2

▶ 조심히 들어가는 방법으로 입수하기 위하여 한 발을 먼저 물에 넣고, 천천히 물에 들어간다.

5-3

▶ 물결이 일어나지 않도록 조심히 몸 전체를 물에 넣는다.

5-4

▶ 시선은 계속 요구조자를 주시하고, 조심히 몸이 물에 들어가야 한다.

5-5

▶ 물에 완전히 들어가면 손동작(스컬링)만으로 요구조자의 추가 부상을 방지하며 요구조자에게 접근한다.

▶ 요구조자에게 도달 시 구조자의 위치는 요구조자의 측면에 위치하여 구조자의 한 손은 요구조자의 뒷통수를 감싸서 척추와 일직선이 되게 고정시키고, 다른 한 손은 수면 아래 요구조자의 턱을 감싸서 가슴 중앙에 일직선이 되게 정렬한다.

구조자의 몸이 완전히 요구조자와 밀착되어야 한 번에 요구조자를 뒤집을 수 있다.

구조자의 양 손이 각각 요구조자의 머리와 턱을 지지한 상태에서 요구조자의 신체가 비틀림 없이 요구조자의 얼굴이 수면 위로 올라올 수 있도록 몸을 돌려준다.

구조자가 수면 아래로 내려가 요구조자의 몸을 돌려주면 요구조자의 얼굴이 수면 위로 올라온다.

요구조자의 몸을 돌려도 머리와 턱을 지지한 손은 그대로 고정되어 있어야 한다.

요구조자의 몸을 완전히 돌려서 수면 위로 얼굴이 나온 상태에서 입영(로타리 킥)으로 안전지대(입수지점) 방향으로 이동한다.

Advice

① 머리지지/머리 턱 고정은 경추부상자를 구조하는 기술이므로 조심해서, 신속하게 움직여야 한다.

② 조심히 들어가기 입수 동작에서 물결이 일어나지 않도록 주의한다.

③ 구조자는 요구조자의 머리와 턱을 지지하는 자세를 잡으면 단단히 고정시켜 절대로 움직이지 않게 해야 한다.

④ 머리 턱 고정은 구조자 손의 위치가 중요하다. 평소 훈련 파트너와 손의 자세와 위치를 연습하길 바란다.

1종목 머리지지/머리 턱 고정(경추부상자구조) 채점기준

① 입수 전 구조요청 멘트 생략 시 감점(1점) 처리된다.

② 구조요청 멘트: "전방 요구조자 발생, 도와주세요."

③ 조심히 들어가기 입수 동작에서 시선은 전방 요구조자를 바라보아야 하며, 전방 주시 불량 시 감점(1점) 처리된다.

④ 입수 시 발생한 물결로 인하여 요구자의 신체가 뒤틀릴 경우 감점(1점) 처리된다.

⑤ 조심접근법으로 접근 중 시선은 전방 요구조자를 바라보아야 하며, 요구조자 관찰 상태 불량 시 감점(1점) 처리된다.

⑥ 조심접근법으로 접근 중 발생한 물결로 인하여 요구자의 신체가 뒤틀릴 경우 감점(1점) 처리된다.

⑦ 구조자는 요구조자의 머리와 목이 일렬로 정렬되도록 고정시킨 다음 한 손바닥은 턱을, 아래 팔은 앞가슴에 밀착하고, 나머지 손바닥은 뒷통수, 아래 팔은 등 척추부에 밀착하여야 한다.

⑧ 손바닥과 아래 팔의 위치가 틀릴 경우 감점(1점) 처리된다.

⑨ 구조자는 수면 하에서 요구조자의 머리와 목을 지지한 상태로 요구조자의 신체 비틀림 없이 한 번에 회전시켜 얼굴이 수면상 유지되어야 한다.

⑩ 요구조자의 신체 비틀림, 한 번에 회전이 안 될 경우 감점(1점) 처리된다.

⑪ 머리지지/머리턱 고정 평가에서는 감점 소계 항목에 표시된 감점 범위를 초과하여 감점하지 못한다.

4 2종목 요구조자 운반 시험 기본정보

- 난이도: ★★★★★ (별 5개를 기준으로 시험의 난이도를 별표로 표시)
- 급수 구분: 수상구조사 1급
- 배점: 종합구조 총 25점 중 요구조자 운반 15점 배점
- 세부항목: 수영장으로 내려가 벽면을 잡고 출발신호와 함께 영법에 관계없이 5kg 중량물을 25m 운반하는지 평가(횡영과 기본배영 2가지 방법 소개)
- 배점기준: 각 항목별로 정확하게 구조방법을 수행하는지를 평가

- 난이도: ★★★★★ (별 5개를 기준으로 시험의 난이도를 별표로 표시)
- 급수 구분: 수상구조사 2급
- 배점: 종합구조 총 20점 중 요구조자 운반 15점 배점
- 세부항목: 수영장으로 내려가 벽면을 잡고 출발신호와 함께 영법에 관계없이 3kg 중량물을 25m 운반하는지 평가 (횡영과 기본배영 2가지 방법 소개)
- 배점기준: 각 항목별로 정확하게 구조방법을 수행하는지를 평가

5 2종목 요구조자 운반 시험 진행순서

🔍 2종목 요구조자 운반[5kg(수상구조사 1급), 3kg(수상구조사 2급) 중량물 운반]

※ 요구조자 운반 방법은 횡영과 기본배영 2가지 방법을 소개한다.

5-7

▶ (횡영) 레스큐 튜브와 연결된 5kg(3kg) 중량물을 잡고, 진행 방향을 바라보고 준비한다.

5-8

▶ (횡영) 감독관의 출발신호와 함께 벽을 힘차게 밀고, 진행 방향으로 출발한다.

5-9

▶ (횡영) 진행 방향으로 나가면서 중량물이 물에 들어가지 않도록 주의한다.

5-10

▶ (횡영) 진행 방향을 가끔씩 돌아보며 목표 방향(25m 지점)을 향하여 빠르게 이동한다.

5-11

▶ (횡영) 마지막 25m 지점까지 중량물이 물에 들어가지 않도록 주의하여 끝까지 이동한다.

5-12

▶ (횡영) 마지막 25m 지점에 도착하여 중량물을 벽면에 올리면 종료 시점이 된다.

▶ (기본배영) 레스큐 튜브와 연결된 중량물을 잡고, 출발신호를 기다린다.

▶ (기본배영) 감독관의 출발신호와 함께 양손으로 중량물을 잡고, 양발로 힘차게 벽을 밀고 진행 방향(25m 지점)으로 출발한다.

▶ (기본배영) 진행 방향으로 이동 중 중량물이 수면 아래로 내려가지 않도록 주의하여 기본배영(평영 발차기)으로 이동한다.

▶ (기본배영) 진행 방향으로 이동 중 진행 방향에 이상이 없는지 좌우를 살피며 이동한다.

5-17

▶ (기본배영) 마지막 도착지점에 도착하면 상체를 옆으로 돌려 중량물을 벽면으로 올릴 준비를 한다.

5-18

▶ (기본배영) 마지막 25m 지점에 도착하여 중량물을 벽면에 올리면 종료 시점이 된다.

Advice
① 요구조자 운반은 영법에 관계없이 아무 영법이나 사용이 가능하지만 횡영과 기본배영 2가지 방법이 가장 효율적이다.
② 횡영은 수영을 잘하고, 가위차기 동작이 잘되는 사람에게 유리하다.
③ 기본배영은 수영 실력이 다소 부족한 사람이 효율적으로 할 수 있는 영법이다.
④ 영법과 입영 다음으로 어려운 종목이므로 연습을 열심히 하기 바란다.

2종목 요구조자 운반[5kg(1급), 3kg(2급) 중량물 운반] 채점기준

① 영법의 제한은 없으며, 운반 중 중량물이 침수될 경우 감점(1점) 처리된다.
② 회당 중복 감점이 가능하며, 지속하여 중량물이 가라앉을 경우 초당 감점(1점) 처리된다.
③ 평가 범위를 벗어나 구조물을 잡거나 접촉할 경우 감점(1점) 처리된다.
④ 회당 중복 감점이 가능하며, 지속하여 접촉할 경우 초당 감점(1점) 처리된다.
⑤ 중량물을 운반한 거리에 따라 감점된 점수가 부과된다.
⑥ 평가 범위를 벗어나 구조물을 지속하여 잡거나 운반 중 중량물을 떨어뜨릴 경우 운반된 중량물의 이동 거리로 평가 후 동 과목 평가 종료 시점으로 본다.

☆ 운반거리별 감점기준

25m 이상	23m 이상	21m 이상	19m 이상	19m 미만
0점	-3점	-6점	-9점	-15점

6 3종목 구명조끼 착용방법 시험 기본정보

- 난이도: ★ (별 5개를 기준으로 시험의 난이도를 별표로 표시)
- 급수 구분: 수상구조사 1급
- 배점: 종합구조 총 25점 중 구명조끼 착용방법 2점 배점
- 세부항목: 시험 감독관 앞에서 구명조끼 착용하는 방법을 직접 보여주는 시험
- 배점기준: 각 항목별로 정확하게 구조방법을 수행하는지를 평가

- 난이도: ★ (별 5개를 기준으로 시험의 난이도를 별표로 표시)
- 급수 구분: 수상구조사 2급
- 배점: 종합구조 총 20점 중 구명조끼 착용방법 2.5점 배점
- 세부항목: 시험 감독관 앞에서 구명조끼 착용하는 방법을 직접 보여주는 시험
- 배점기준: 각 항목별로 정확하게 구조방법을 수행하는지를 평가

🔍 3종목 구명조끼 착용방법

5-19

▶ 구명조끼 앞에서 준비한다.

5-20

▶ 구명조끼를 입는다.

PART 03

5-21

▶ 앞쪽의 버클을 모두 채운다.

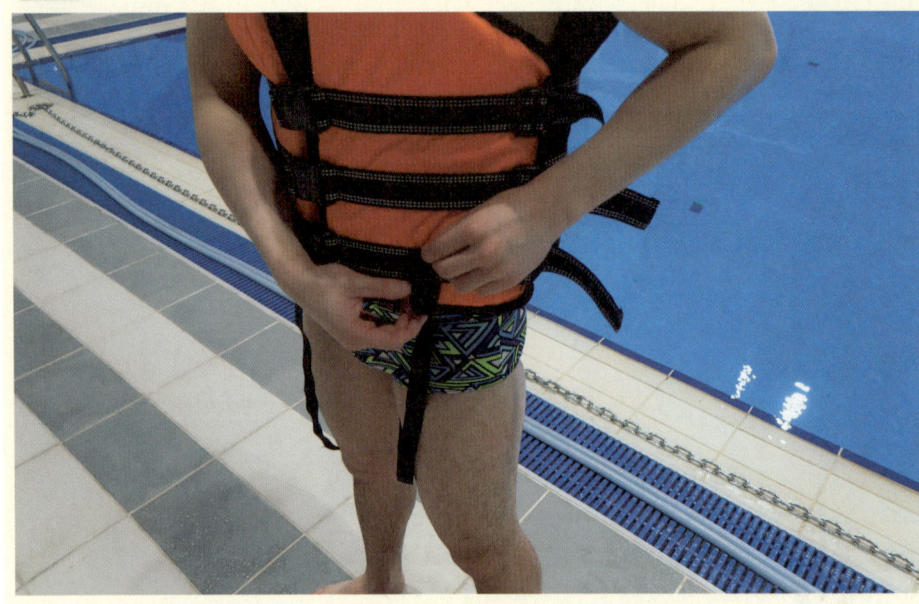

5-22

▶ 다리 사이의 왼쪽(오른쪽) 끈을 연결하고 당겨준다.

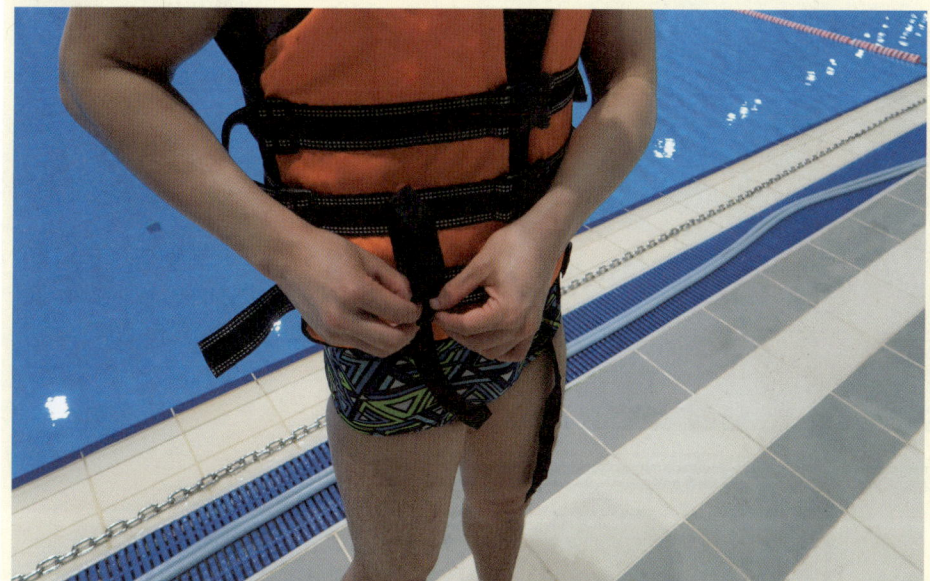

▶ 다리 사이의 오른쪽(왼쪽) 끈을 연결하고 당겨준다.

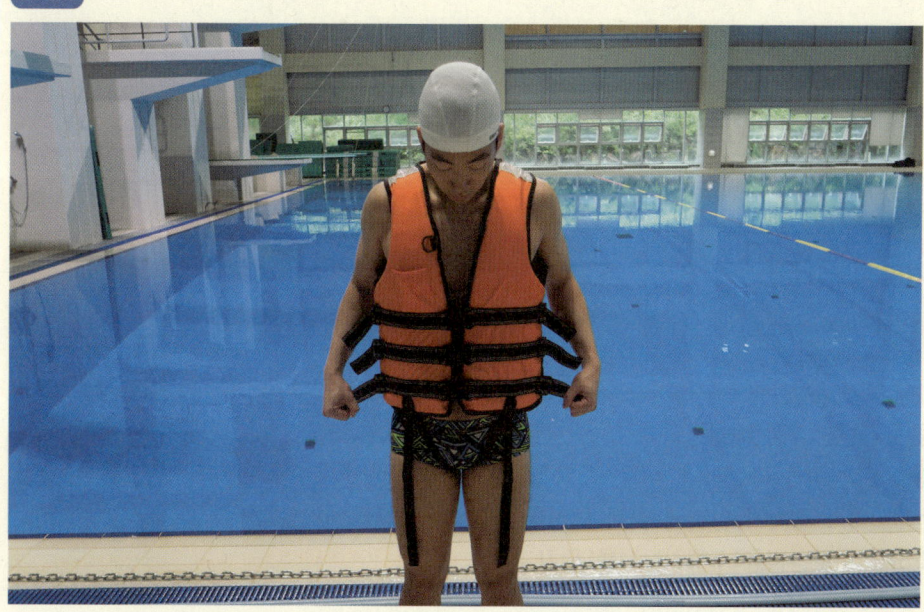

▶ 몸통 옆에 있는 끈을 당겨 조임 상태를 확인한다.

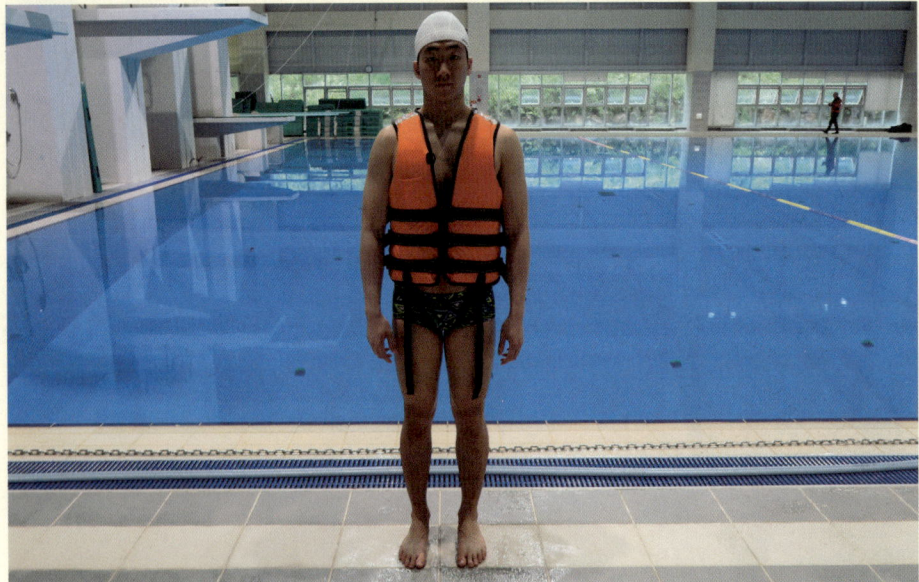

5-25

▶ 모든 끈(몸통 옆, 다리 사이)의 조임 상태를 확인하면 구명조끼 착용이 완료된다.

3종목 구명조끼 착용법 채점기준

① 구명조끼에 연결된 모든 끈과 버클을 미체결할 경우 감점(1점) 처리된다.
② 양 측면 연결된 끈의 조임 상태가 불량 시 감점(1점) 처리된다.

8 4종목 퇴선방법 시험 기본정보(1급)

• 난이도: ★★ (별 5개를 기준으로 시험의 난이도를 별표로 표시)
• 구분: 수상구조사 1급
• 배점: 종합구조 총 25점 중 퇴선방법 2점 배점
• 세부항목: 구명조끼 착용 후 3m 높이의 다이빙대 앞에 서면 감독관이
퇴선명령을 내리고, 퇴선명령에 따라 절차와 방법에 맞게 퇴선하는 방법을 평가
• 배점기준: 각 항목별로 정확하게 구조방법을 수행하는지를 평가

9 4종목 퇴선방법 시험 진행순서

🔍 4종목 퇴선방법

5-26

▶ 구명조끼 착용 후 3m 다이빙대 앞에 서서 준비한다.

5-27

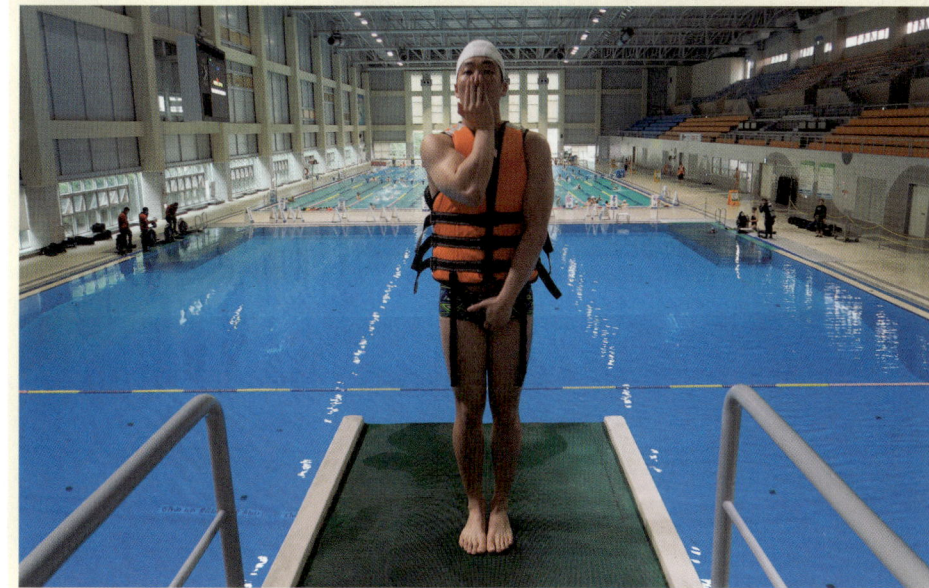

▶ 한 손은 턱을 지지하면서 지지한 손가락으로 코를 막고, 다른 한 손은 신체 주요 부위(남성은 낭심, 여성은 가슴)를 보호한다.

▶ 시험관의 퇴선명령이 떨어지면 다이빙대 바로 앞으로 다가간다.

▶ "퇴선준비 완료" 구호를 외치고 한 발을 앞으로 나가며 퇴선한다.

5-30

▶ 낙하하며 두 다리가 벌어지지 않게 두 다리를 모아 떨어지면 퇴선 완료된다.

Advice

퇴선명령이 내려지면 침착하게 정면을 보고, 두 다리를 모아서 퇴선한다.

4종목 퇴선방법 채점기준

① 양손 중 한 손은 턱을 지지하면서 코를 막고 있어야 하고, 한 손은 중요 신체 부위(남성 – 낭심, 여성 – 가슴)를 안전하게 보호하여야 하며, 중요 신체 부위 미보호 시 감점(1점) 처리된다.

② 낙하지점까지 두 다리가 벌어지지 않고 유지되어야 하며, 다리가 벌어질 경우 감점(1점) 처리된다.

🔟 5종목 자동팽창식 구명뗏목 사용법 시험 기본정보(1급)

- 난이도: ★★ (별 5개를 기준으로 시험의 난이도를 별표로 표시)
- 급수 구분: 수상구조사 1급(2급은 해당 안됨)
- 배점: 종합구조 총 25점 중 구명뗏목 사용법 2점 배점
- 세부항목: 자동팽창식 구명뗏목 앞에서 정확한 사용 순서와 절차를 파악하고 있는가를 평가
- 배점기준: 각 항목별로 정확하게 구조방법을 수행하는지를 평가

11 5종목 자동팽창식 구명뗏목 사용법 시험 진행순서

🔍 5종목 자동팽창식 구명뗏목 사용법

※ 실제 시험에서는 구명뗏목 모형으로 행동사항 평가와 멘트로만 시험이 이루어진다. 따라서 본 종목의 교육적 효과를 높이기 위하여 실질적으로 현장에서 사용되고 있는 구명뗏목을 가지고 사진촬영을 하였으며, 교육적 가치를 위해 사용 방법을 제시한다.

5-31

▶ 구명뗏목의 사용 위치를 눈으로 파악한다. 실제 시험에서는 사용 위치만 파악 후 순서대로 멘트하면 된다.

5-32

▶ 안전핀을 가르키며 "안전핀 위치 확인"이라고 멘트한다.

▶ 안전핀을 잡고 "안전핀 제거"라고 멘트한다(실제로 제거하지는 않는다).

▶ 안전핀 연결 줄을 가리키며 "안전핀 연결 줄 확인"이라고 멘트한다.

5-35

▶ 구명뗏목 이탈 작동레버를 잡고 "구명뗏목 이탈 작동레버 해제"라고 멘트한다(실제로 해제하지는 않는다).

5종목 자동팽창식 구명뗏목 사용법 채점기준

① 원활한 평가 진행을 위해 진행 절차는 행동사항과 멘트로만 대처된다(시험에서 실제 구명뗏목을 작동시켜서는 안 됨).
② 안전핀 위치를 확인하고 고리를 젖혀서 핀을 제거하여야 하며, 미이행 시 감점(1점) 처리된다.
　☆ 평가 멘트 : ㉠ 안전핀 위치 확인, ㉡ 안전핀 제거(위치만 정확히 파악)
④ 연결 줄이 자동 이탈 장치에 묶여 있는지 확인하여야 하며, 미확인 시 감점(1점) 처리된다.
　☆ 평가 멘트 : ㉢ 안전핀 연결 줄 확인
⑤ 작동 줄을 확인하고 구명뗏목 이탈 작동레버를 정확히 잡아당겨야 하며, 미이행 시 감점(1점) 처리된다.
　☆ 평가 멘트 : ㉣ 구명뗏목 이탈 작동레버 해제
⑤ 구명뗏목 사용법 평가에서는 감점 소계 항목에 표시된 감점 범위를 초과하여 감점하지 못한다.

07 응급처치

1 실기평가 및 채점기준

응급처치 진행순서는 성인 심폐소생술과 심장충격기, 소아/영아 심폐소생술 응급처치 절차와 진행순서를 정확히 숙지하고 실행하는지 평가한다.

2 시험 기본정보

- 난이도: ★★★ (별 5개를 기준으로 시험의 난이도를 별표로 표시)
- 배점: 응급처치 총 10점(1급), 15점(2급)으로 배점
- 세부항목: 성인 심폐소생술(CPR) 실시 순서와 절차, 심장충격기(AED) 사용방법과 절차, 영아 심폐소생술(CPR) 순서와 절차 평가
- 배점기준: 각 항목별로 정확하게 구조방법을 수행하는지를 평가

3 시험 진행순서

 1종목 성인 심폐소생술(CPR)과 심장충격기(AED)

6-1

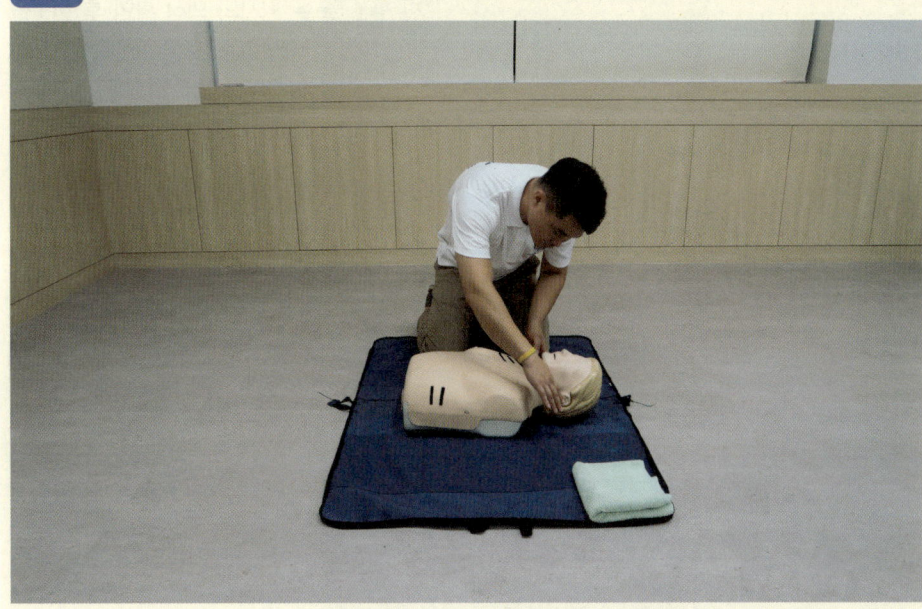

▶ 감독관의 응급처치 시험 시작 신호와 함께 환자(마네킹)를 바라보고, 환자의 양 어깨 쪽으로 향한다.

6-2

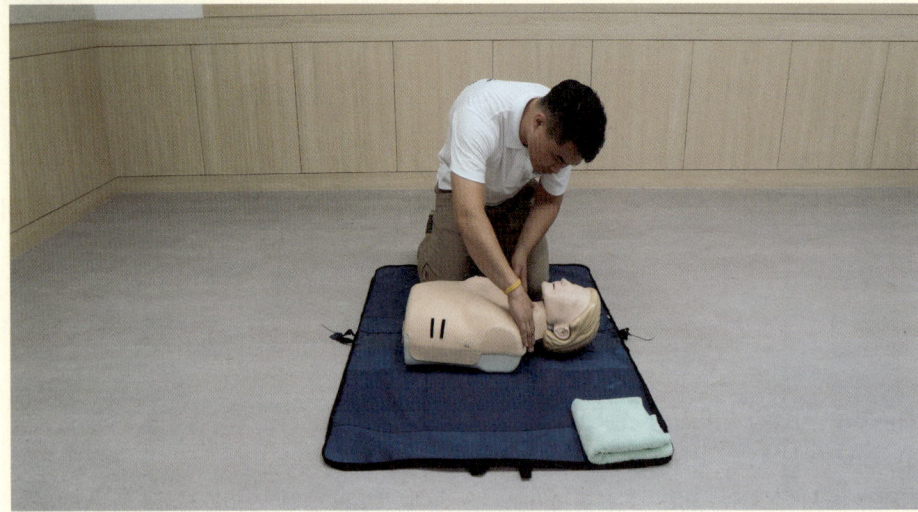

▶ 환자의 양 어깨를 살며시 두 드리며 "괜찮으세요?", "괜찮으세요?" 구호를 외치며 의식을 확인한다.

6-3

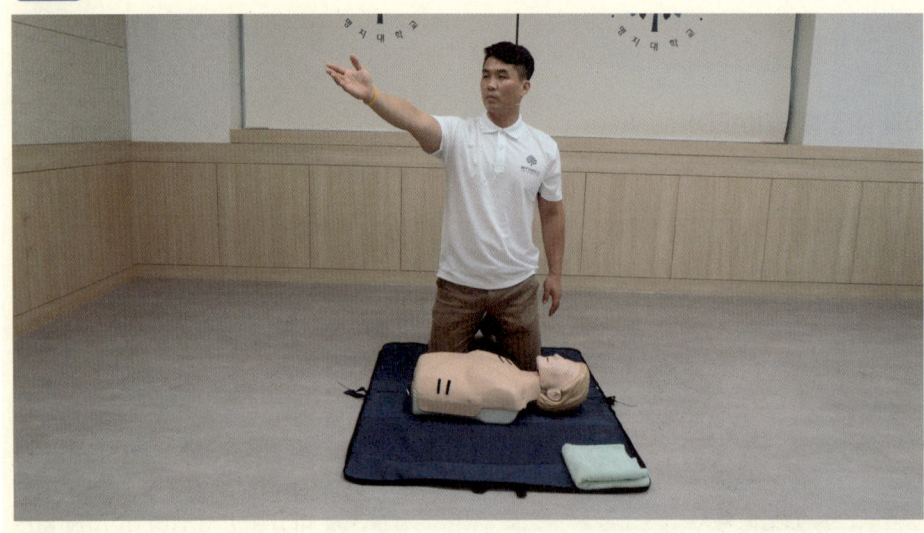

▶ 환자의 의식 확인 후 한곳을 바라보며 "오른쪽(왼쪽)에 계신 여성(남성)분 119에 신고해주세요!"라고 도움을 요청한다.

6-4

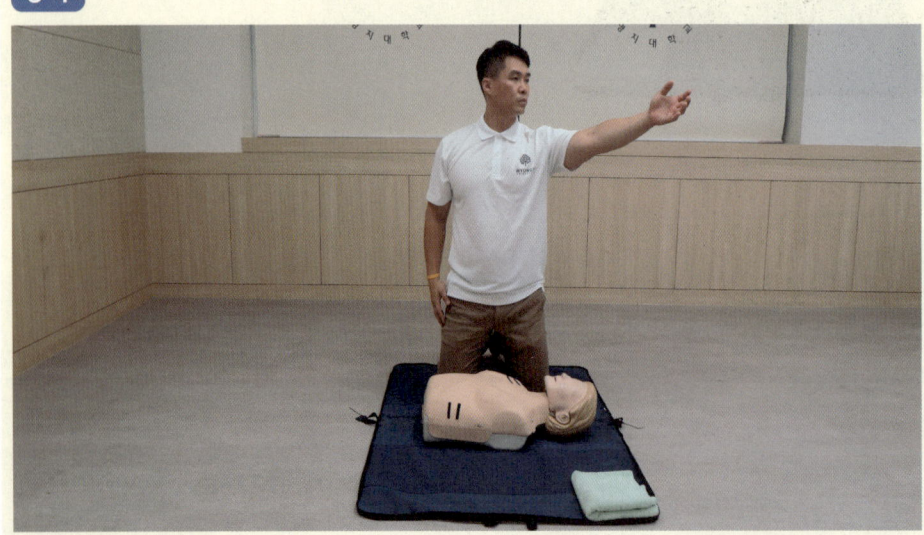

▶ 다른 한곳을 바라보며 "왼쪽(오른쪽)에 계신 남성(여성)분 자동심장충격기(AED) 저에게 가져다주세요!"라고 도움을 요청한다.

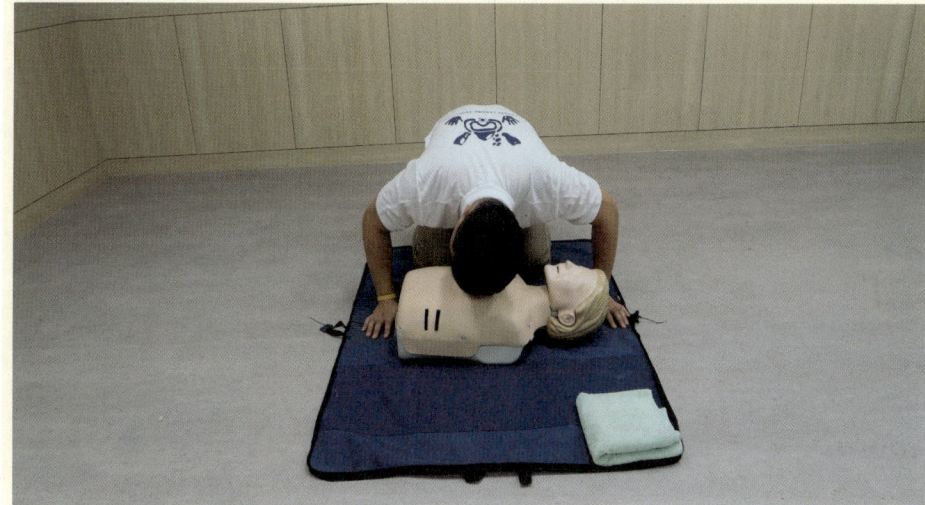

▶ 도움 요청 후 5 ~ 10초간 환자의 호흡을 전반적으로 확인한다.

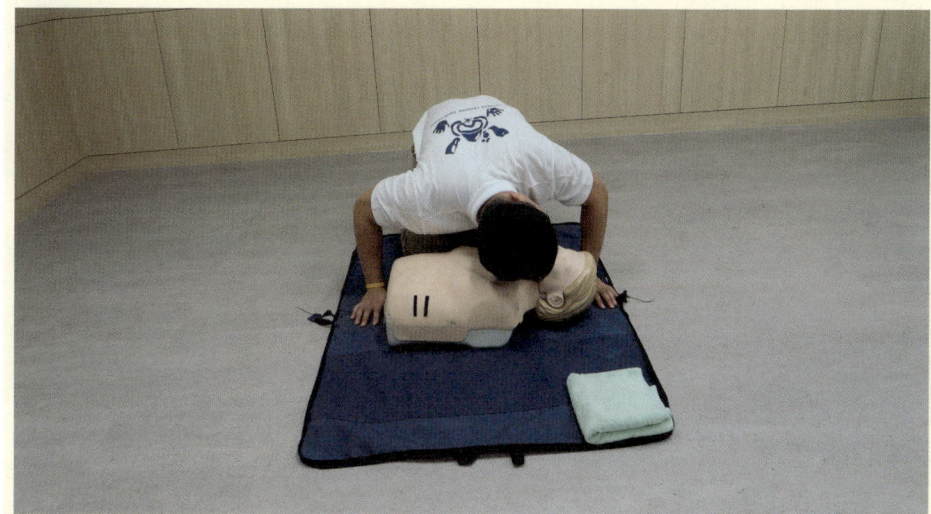

▶ 환자의 전반적인 호흡확인 (5 ~ 10초) 시 환자와 최대한 가까운 거리에서 호흡을 확인한다.

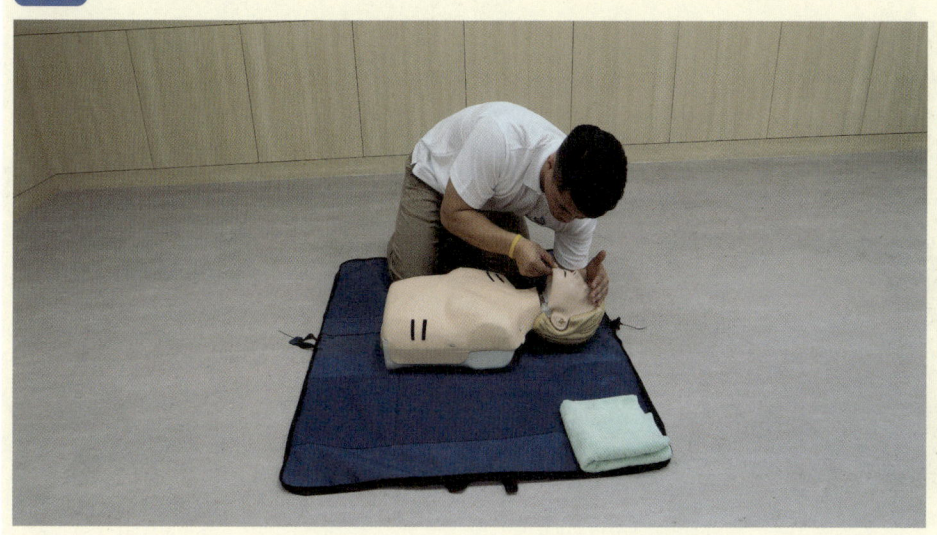

▶ 환자의 호흡확인 후 한 손은 손날 부위로 환자의 이마에 대고 이마를 뒤로 젖혀주고, 다른 한 손은 집게손가락 모양을 만들어 환자의 아래턱을 들어 올려 환자의 기도를 개방한다. 이때 아래턱 아래 부위의 연부조직을 누르지 않도록 주의해야 한다.

6-8

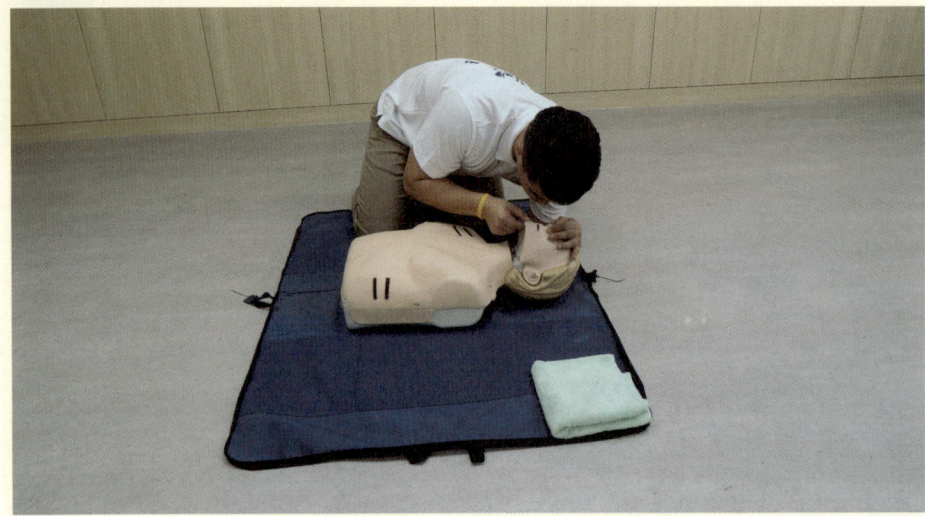

▶ 환자의 기도가 잘 개방되어 유지되고 있는지 평가한다. 익수자 심폐소생술은 기도개방 후 인공호흡 2회를 먼저 실시한 후 가슴압박을 실시한다.

6-9

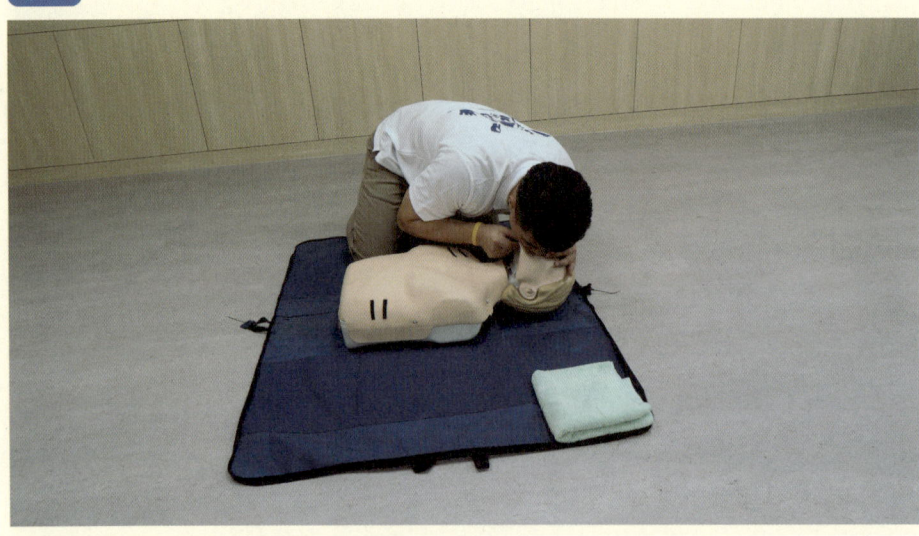

▶ 환자의 기도개방 후 이마를 젖히고 있는 손을 이용하여 환자의 코를 막고, 인공호흡을 실시한다.

6-10

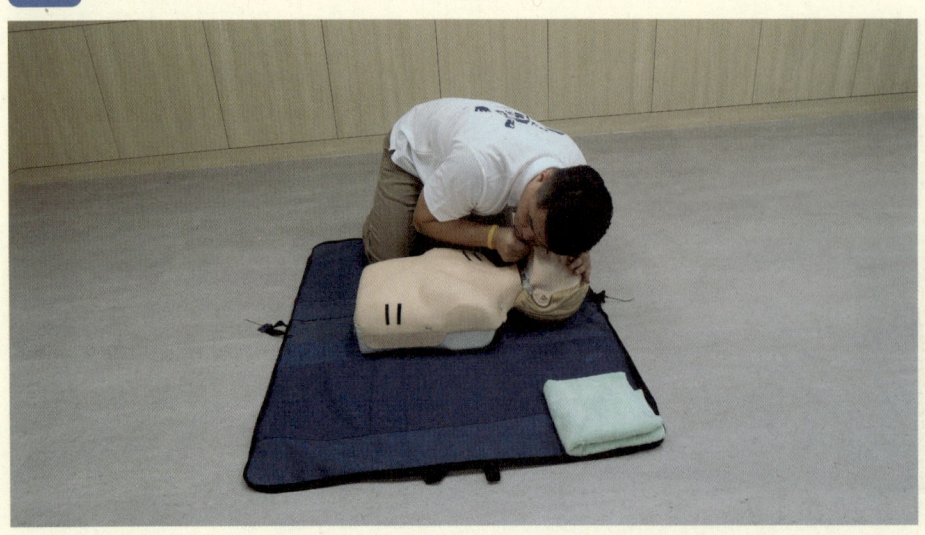

▶ 1회 인공호흡이 끝나면 막고 있던 환자의 코를 풀어주고, 환자의 가슴이 부풀어 오르는지 확인한다(보통의 호흡으로 불어넣는다).

6-11

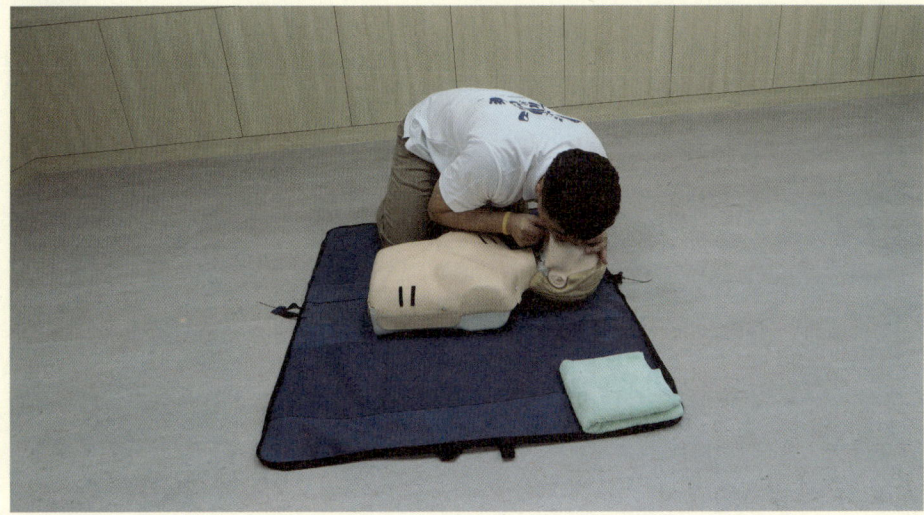

▶ 2회 인공호흡을 실시한다. 인공호흡은 2회(1초에 2회)를 신속하게 불어넣어야 한다.

6-12

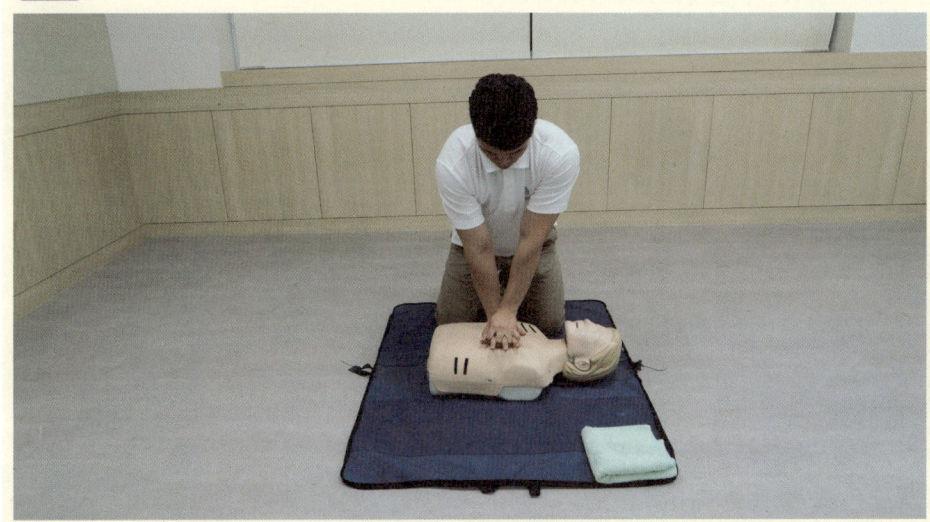

▶ 환자의 기도개방 후 인공호흡 2회가 끝나면 신속하게 가슴압박 위치로 이동하여 가슴압박을 실시한다. 환자의 가슴압박 위치는 가슴의 중앙에 한 손을 위치하고, 나머지 한 손을 깍지 끼워 고정시켜 가슴압박 자세를 취한다.

6-13

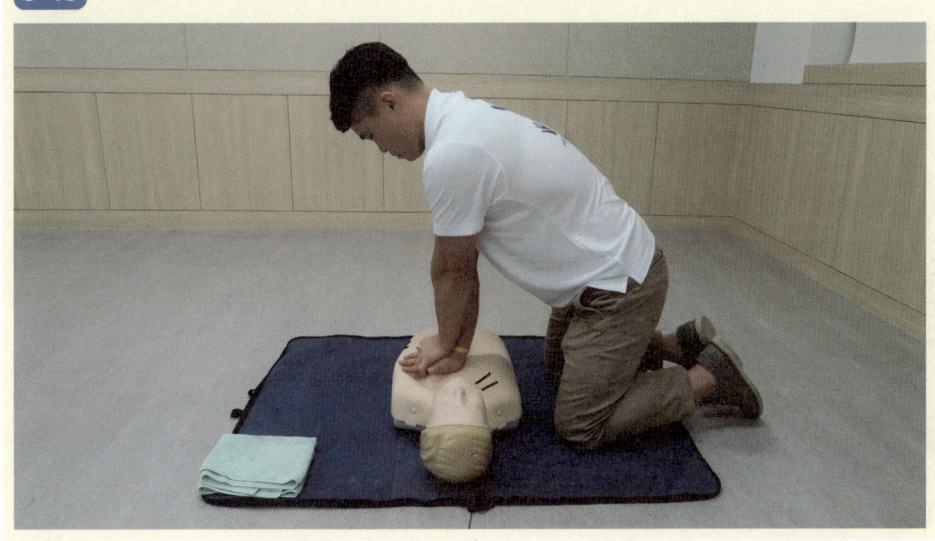

▶ 가슴압박 위치를 잡으며 주의할 점은 환자와 구조자의 팔이 수직을 이루어서 구조자의 몸 전체로 가슴을 압박한다고 생각해야 한다.

6-14

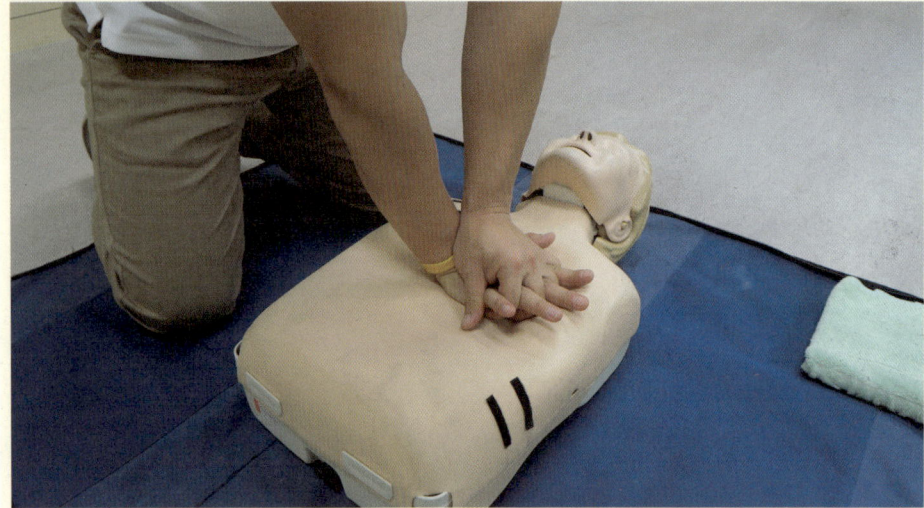

▶ 가슴압박 위치를 잡았으면 30회 압박을 실시한다. 압박 속도는 분당 100~120(1회 0.5초~0.6초)회 속도로 30회 가슴압박을 실시하고, 가슴압박 깊이(성인)는 약 5cm 정도를 유지한다.

6-15

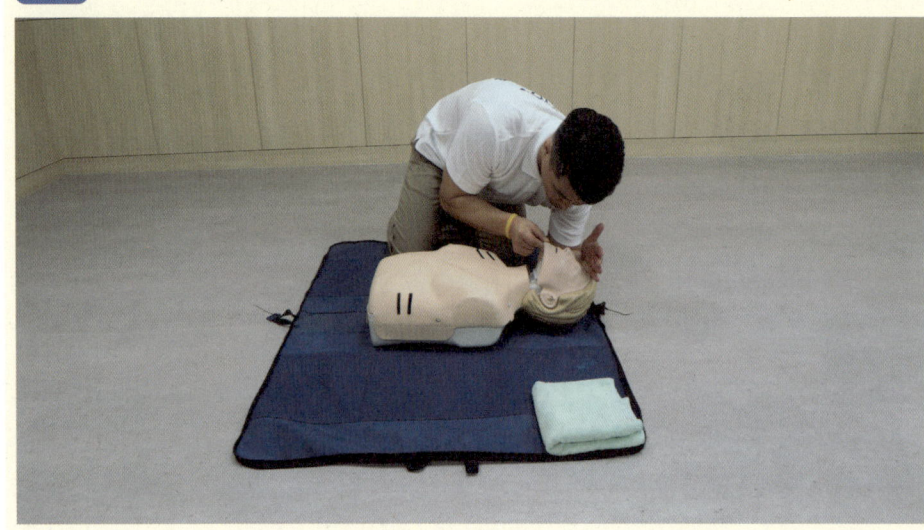

▶ 1차 30회 압박이 끝나면 기도개방을 하고 인공호흡을 준비한다.

6-16

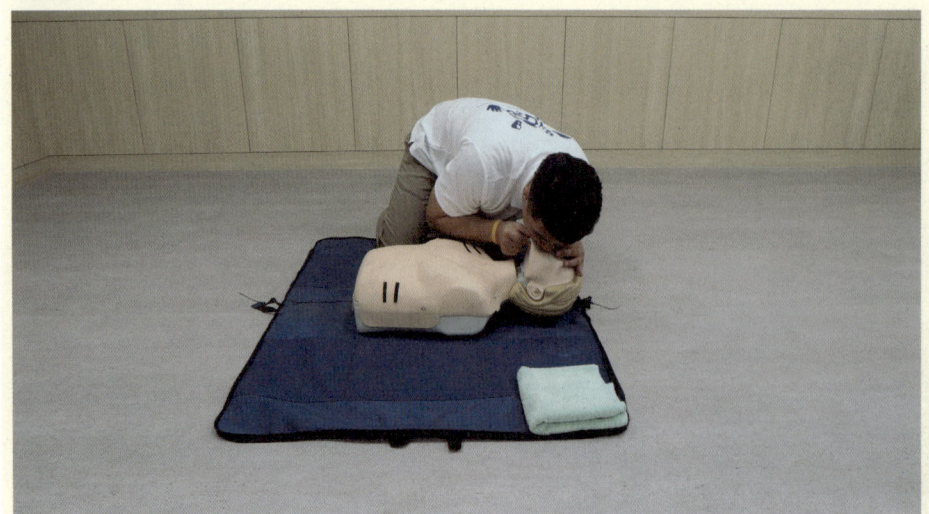

▶ 기도개방 후 인공호흡을 2회 실시한다.

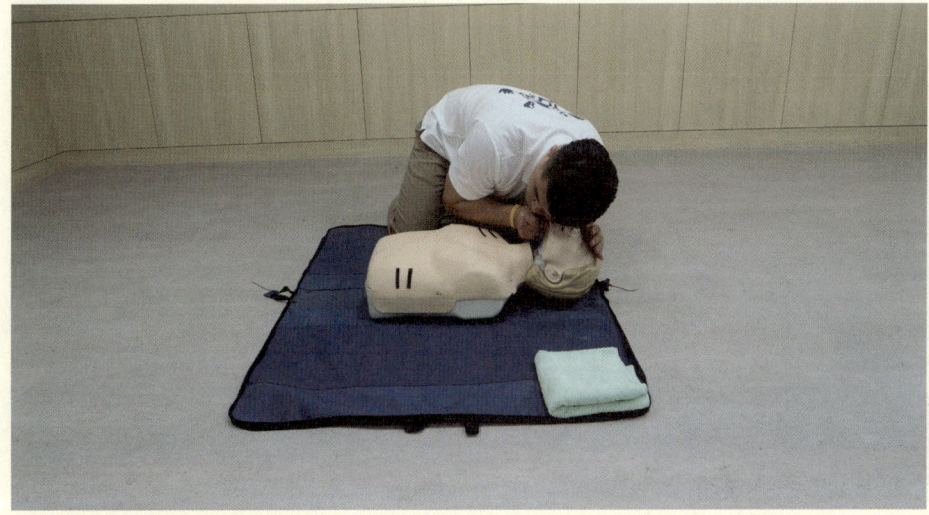

6-17

▶ 인공호흡 1회 불어넣고, 환자의 가슴이 부풀어 오르는지 확인한다.

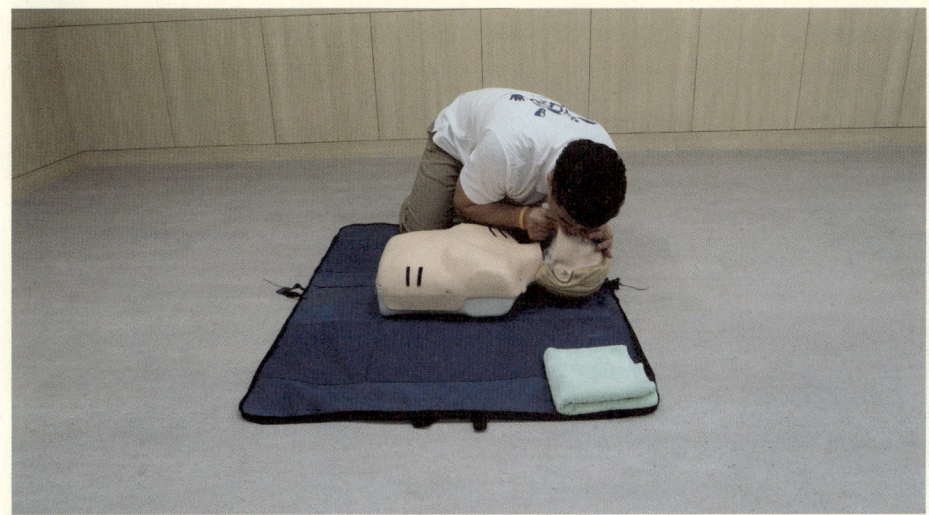

6-18

▶ 인공호흡 2회 불어넣기를 실시한다.

6-19

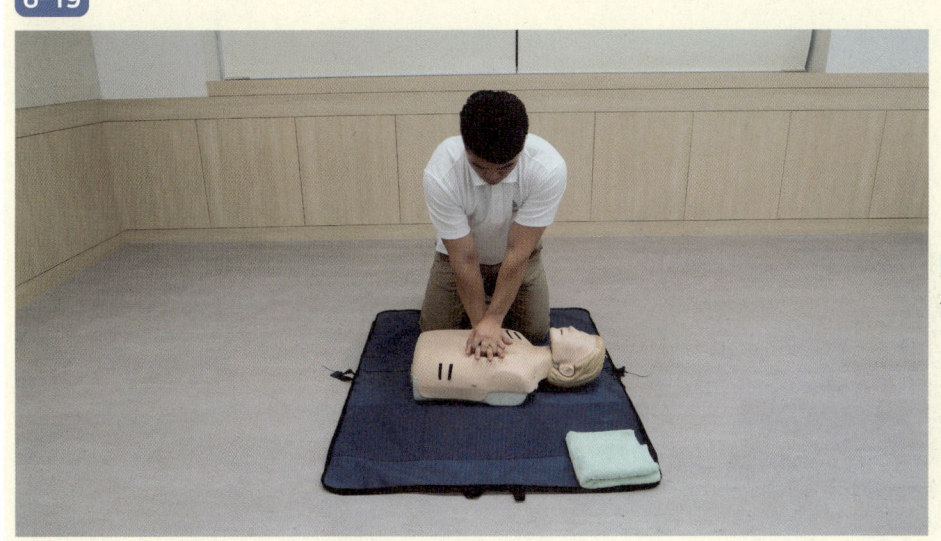

▶ 인공호흡 후 다시 두 번째 가슴압박을 준비한다.

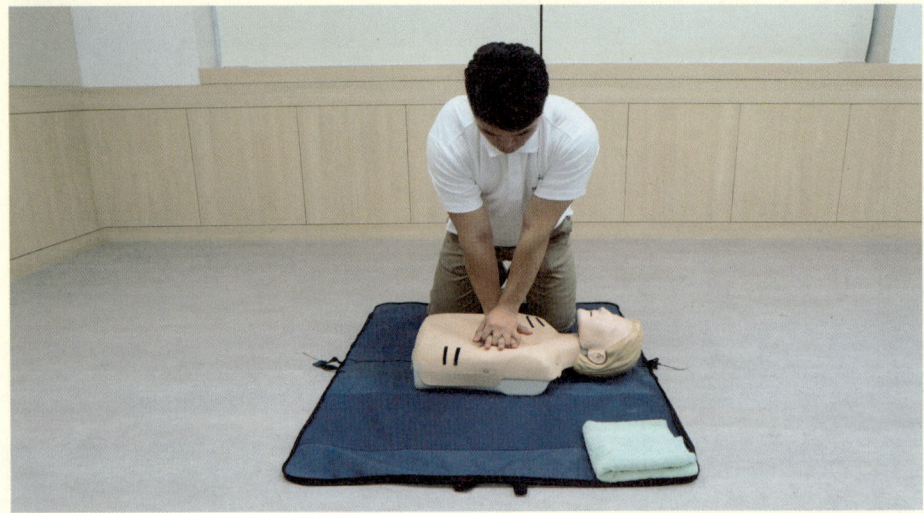

▶ 가슴압박 속도는 분당 100~
120회 속도로 30회 가슴압박
을 실시하며, 가슴압박 깊이가
6cm를 넘지 않도록 주의한다.

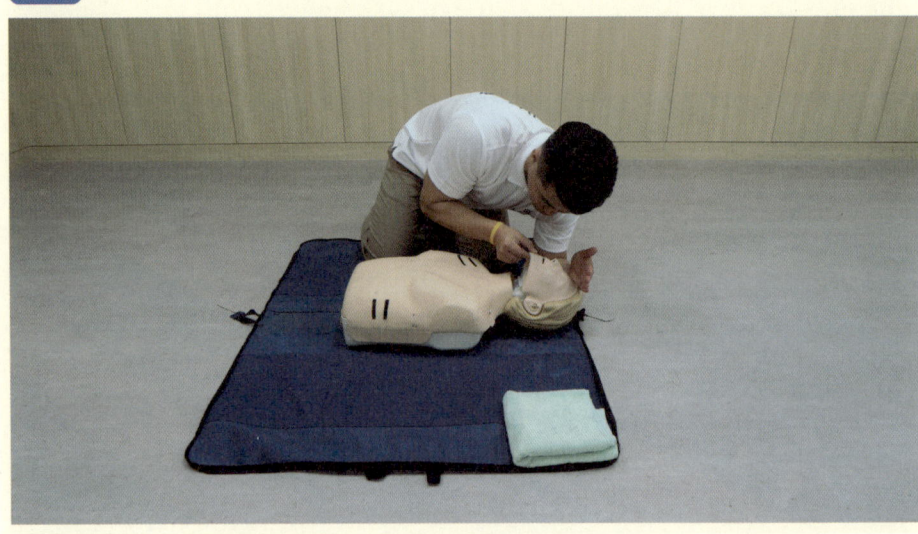

▶ 두 번째 가슴압박 30회가 끝
나면 신속하게 환자의 기도를 개
방하고, 인공호흡을 준비한다.

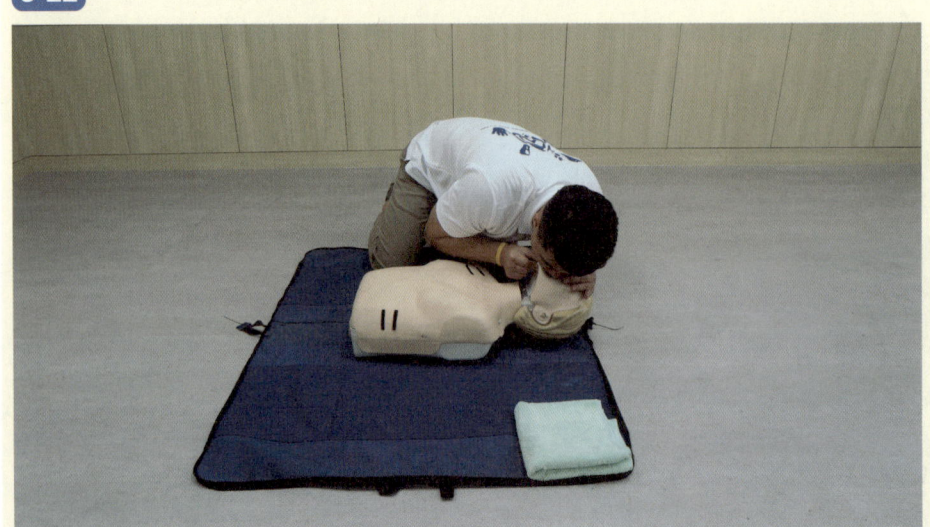

▶ 기도개방 후 인공호흡을 2회
를 실시한다.

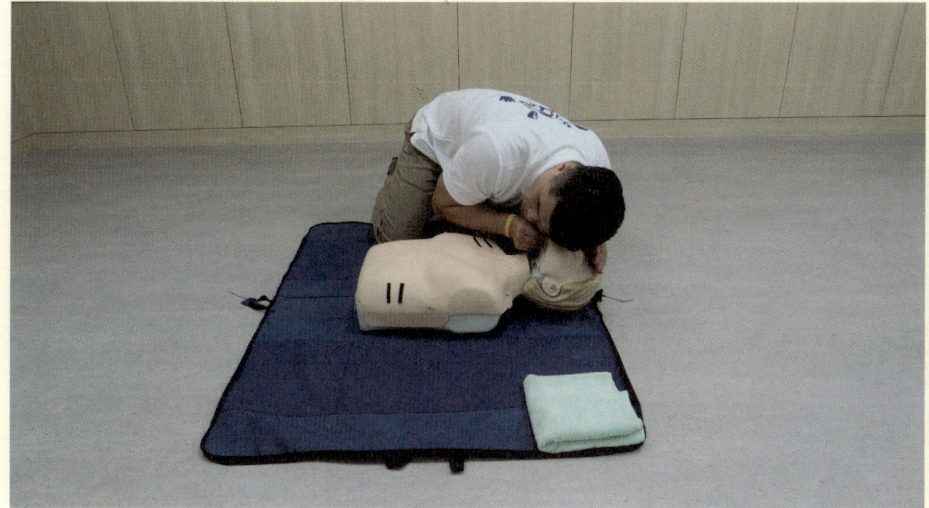

6-23

▶ 1회 인공호흡 불어넣기 후 환자의 가슴을 확인하고, 신속하게 두 번째 인공호흡을 실시한다.

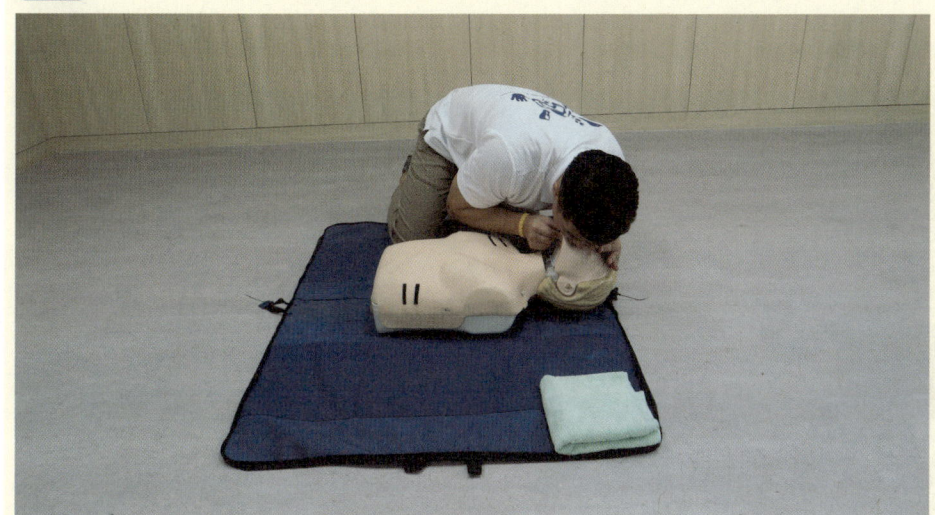

6-24

▶ 인공호흡 2회 불어넣기를 실시한다.

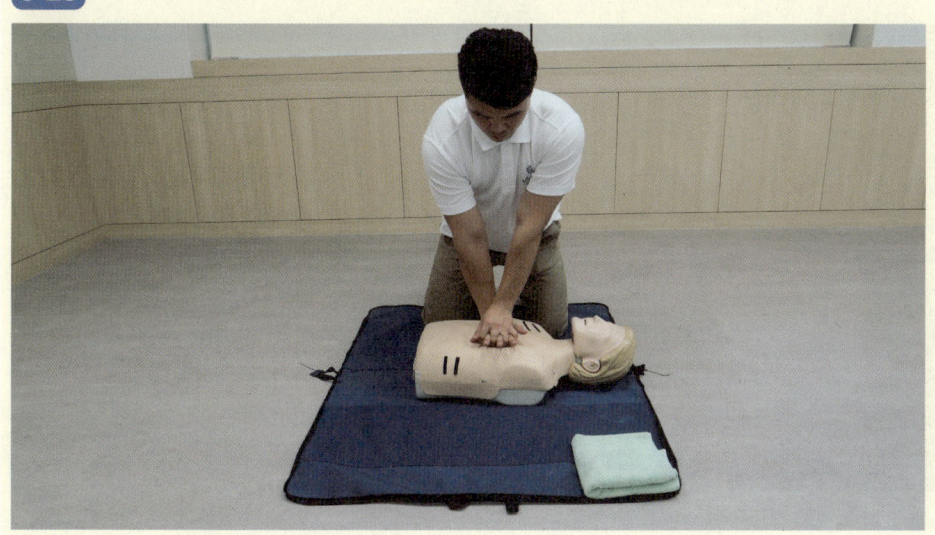

6-25

▶ 인공호흡 후 다시 세 번째 가슴압박을 준비한다.

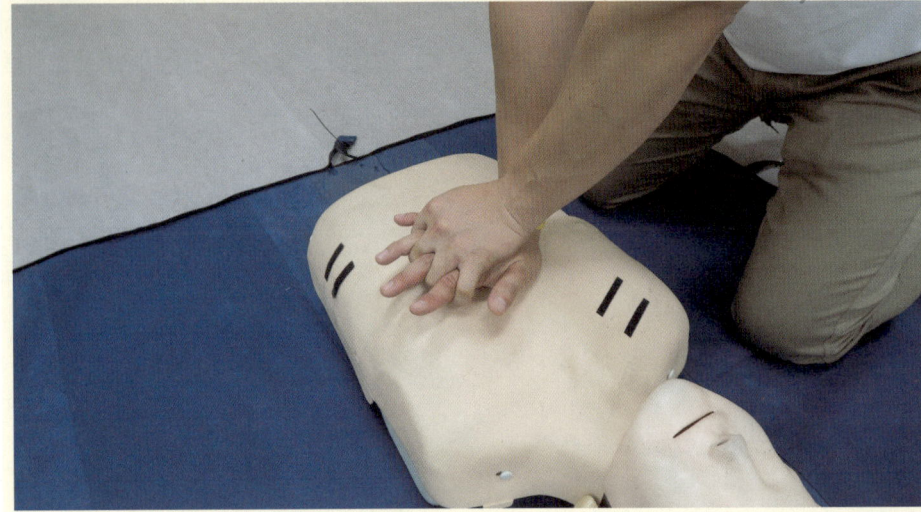

6-26

▶ 세 번째 가슴압박을 시작한다. 가슴이 완전히 올라오면 다시 누른다.

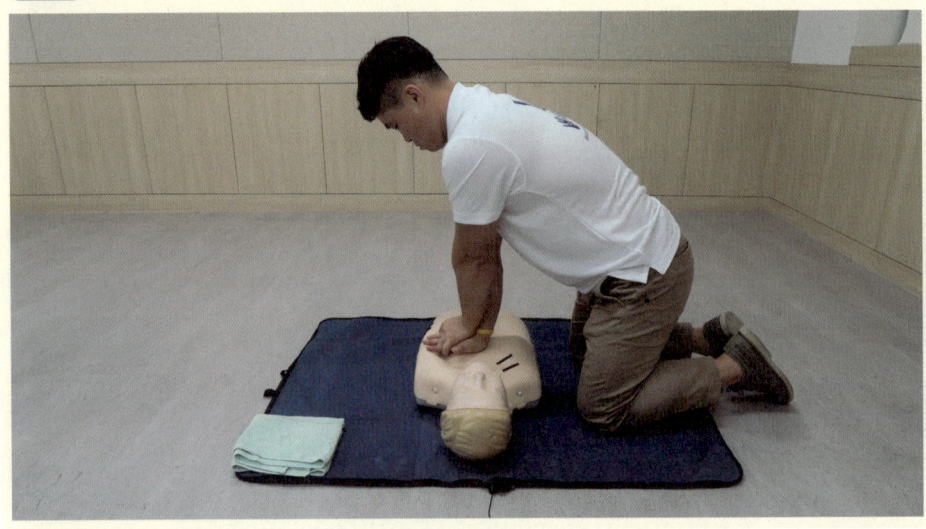

6-27

▶ 가슴압박 깊이와 압박 자세를 처음부터 끝까지 일정하게 유지한다. 압박속도가 너무 빠르거나 압박 깊이가 너무 깊으면 감점요인이 된다.

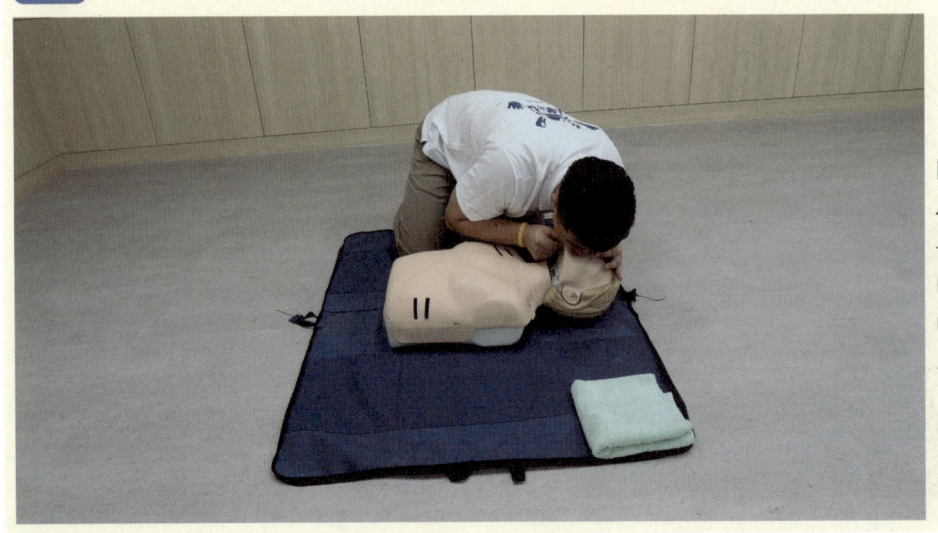

6-28

▶ 세 번째 가슴압박이 끝나고, 세 번째 인공호흡 2회 불어넣기를 한다. 세 번째 인공호흡이 끝나는 시점 또는 네 번째 가슴압박을 하려는 순간 자동심장충격기가 도착한다.

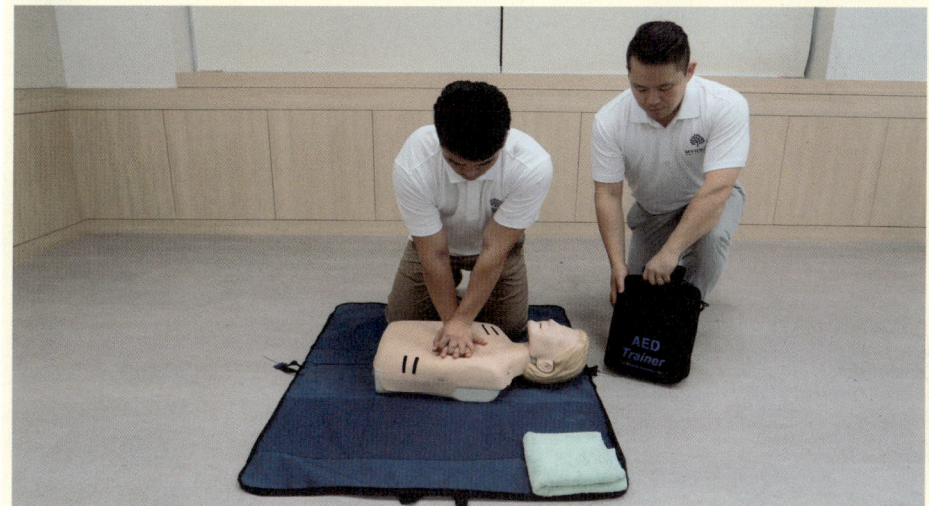

▶ 자동심장충격기가 도착한다.

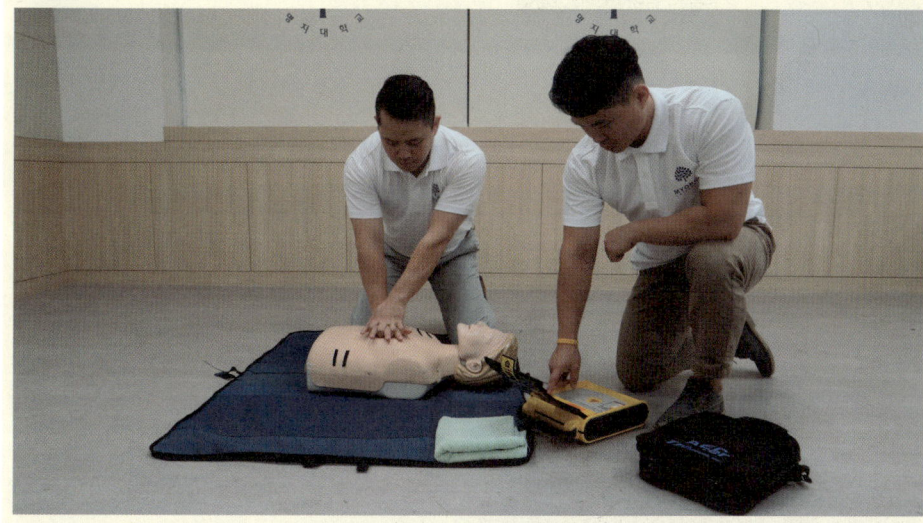

▶ 심폐소생술 실시 중 자동심장충격기가 도착하면 구조자는 "자동심장충격기(AED) 도착, 교대자는 심폐소생술 가능하십니까?"라는 멘트와 함께 "하나, 둘, 셋에 교대하겠습니다!"라고 멘트 후 교대자(시험관)는 심폐소생술을 실시하고, 구조자는 자동심장충격기를 꺼내 전원 버튼을 찾는다.

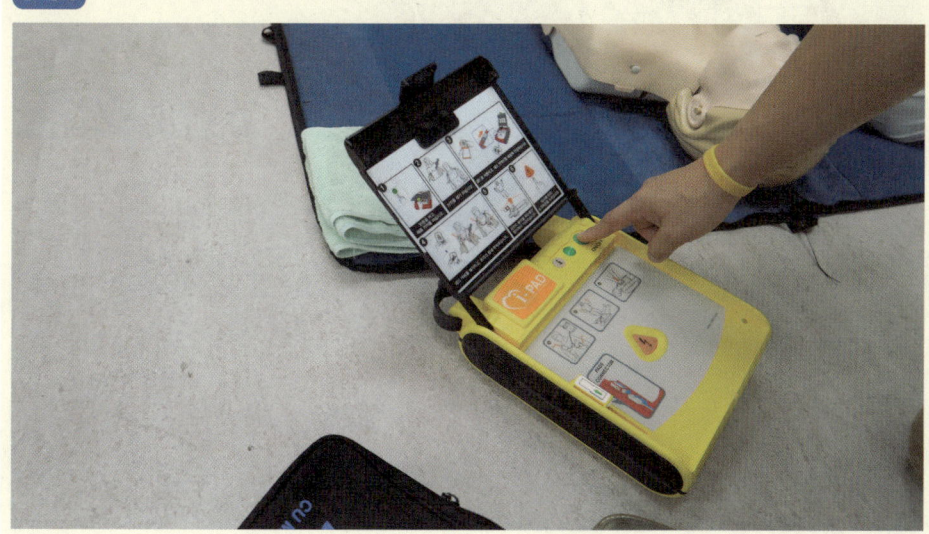

▶ 자동심장충격기 전원 버튼을 누른다.

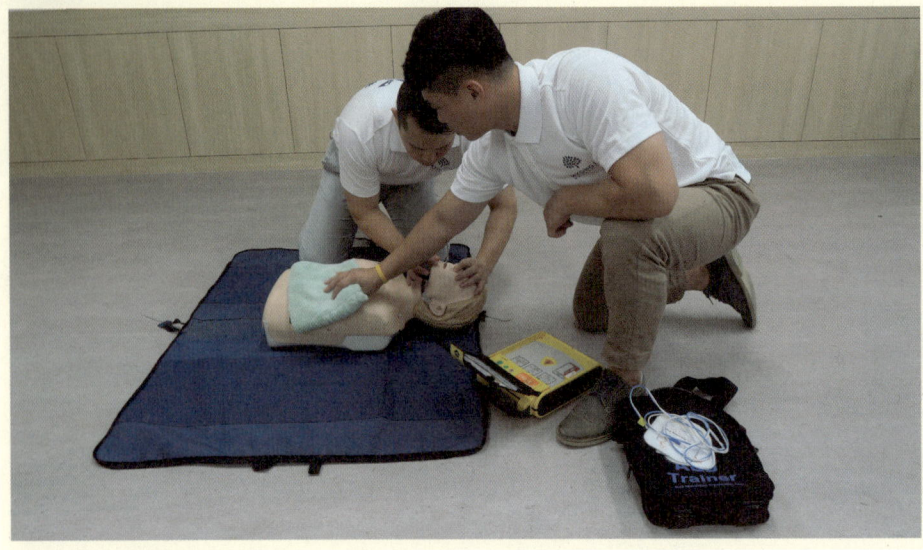

6-32

▶ 자동심장충격기 패드를 환자의 가슴에 붙이기 전 앞에 준비된 수건이나 티셔츠로 환자의 가슴에 있는 물기를 제거한다 (수상구조사 시험 기준 자동심장충격기 사용방법).

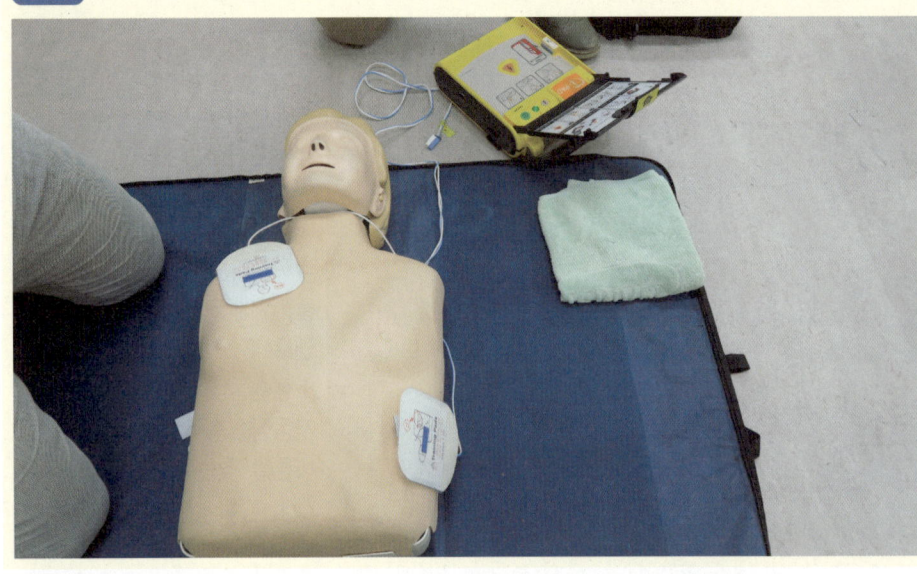

6-33

▶ 물기를 제거한 후 정해진 위치에 두 개의 패드를 부착한다 (패드 위치는 환자의 오른쪽 쇄골부위, 왼쪽 갈비뼈 아래).

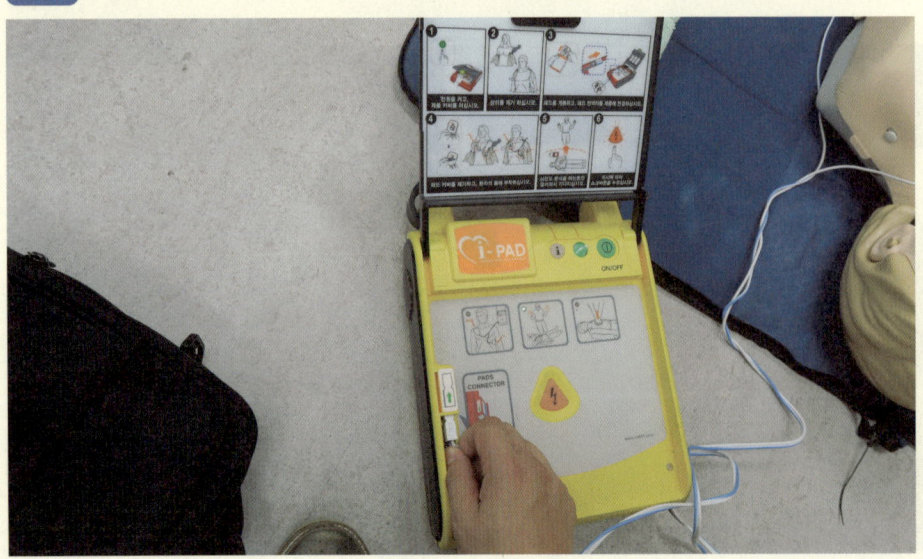

6-34

▶ 환자에게 두 개의 패드를 부착 후 패드와 연결된 커넥트 연결선을 자동심장충격기 본체에 연결한다.

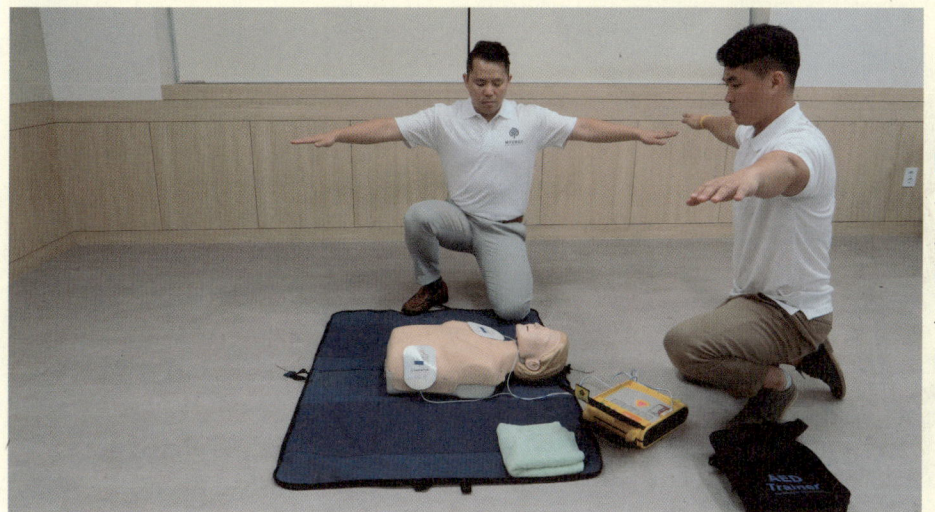

6-35

▶ 커넥트를 연결하면 자동심장 충격기가 환자의 심장 리듬을 분석하기 위하여 환자로부터 떨어져달라는 멘트가 나오면 구조자들은 신속하게 환자로부터 물러난다.

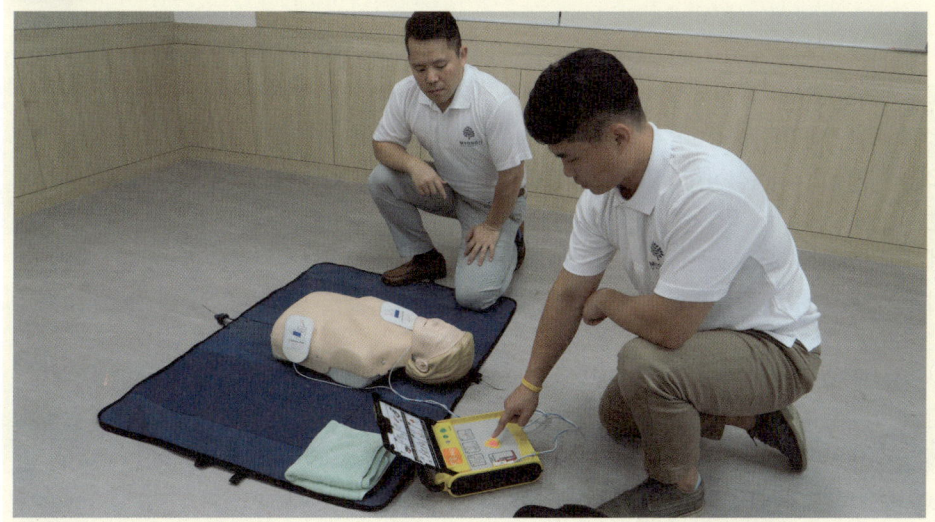

6-36

▶ 자동심장충격기에서 "제세동이 필요합니다."라는 멘트가 나오면 즉시 가슴압박을 실시한다. 자동심장충격기가 환자의 심장 리듬을 분석 후 빨간색 버튼이 깜박거리며, 전기충격이 필요하니 환자에게서 물러나라는 멘트가 나온다(손가락으로 표시하는 부분이 깜박거린다).

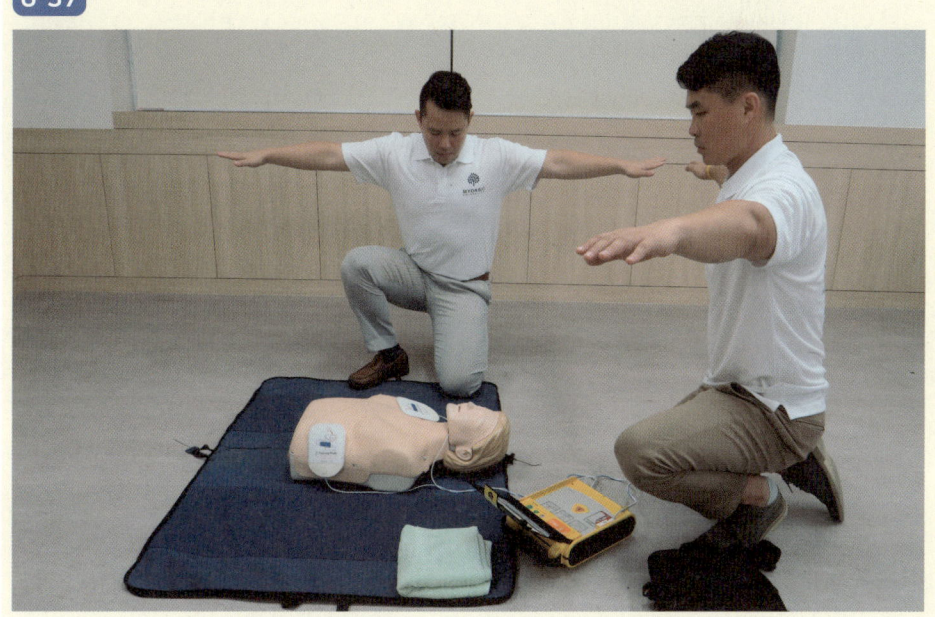

6-37

▶ 자동심장충격기에서 "전기충격이 필요합니다. 환자로부터 떨어지세요."라는 멘트가 나오면 다시 한 번 시험관과 구조자는 환자로부터 떨어지라는 말과 함께 환자로부터 물러난다.

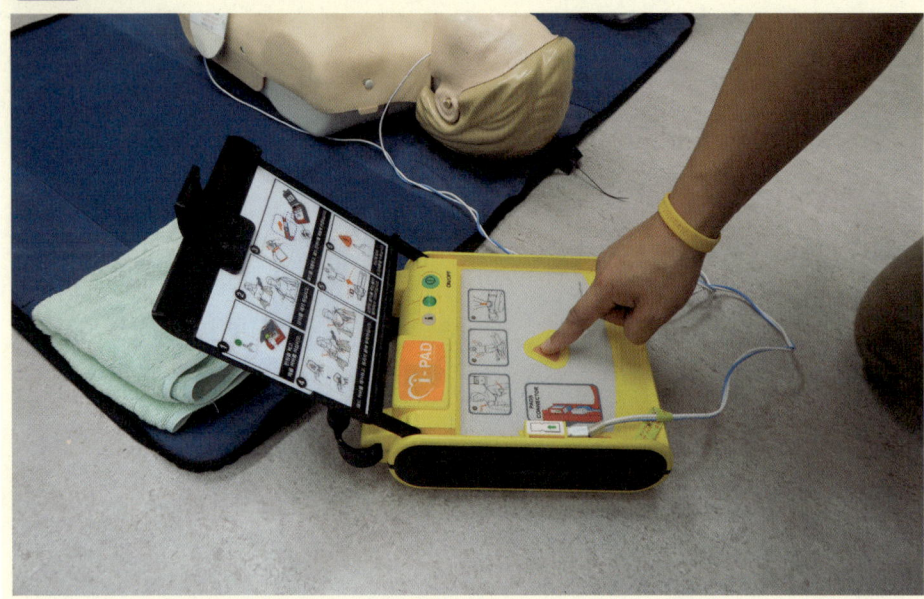

6-38

▶ 자동심장충격기의 깜박이는 빨간색 버튼을 누르면 성인 심폐소생술(CPR)과 자동심장충격기(AED) 사용법 시험이 끝난다.

Advice

① 성인 심폐소생술 전체 순서는 '의식 확인 → 호흡 확인 → 기도개방 → 인공호흡(2회) → 가슴압박(1차/ 30회) → 기도개방 → 인공호흡(2회) → 가슴압박(2차/ 30회) → 기도개방 → 인공호흡(2회) → 가슴압박(3차/ 30회) 순서'로 3차까지 가슴압박이 진행되면 시험관이 자동심장충격기를 가져오고, 자동심장충격기 평가로 바로 넘어간다.

② 자동심장충격기 전체 순서는 '전원버튼을 누른다. → 패드를 부착할 부위에 물기를 준비된 수건이나 티셔츠로 닦는다. → 두 개의 패드를 환자에게 붙인다. → 패드와 연결된 선을 자동심장충격기 본체 커넥트와 연결한다. → 심장 분석을 위하여 환자로부터 떨어진다. → 심장충격을 위하여 환자로부터 떨어지라는 멘트를 한 번 더 한다. → 전기충격 버튼을 누른다.' 순서로 진행된다.

③ 자동심장충격기를 가져온 시험관과 교대 시 심폐소생술이 가능한지 확인 후 하나, 둘, 셋 신호에 맞춰 "심폐소생술을 계속 실시해 주십시오."라고 이야기하고, 10초 이내에 교대한다.

④ 성인 심폐소생술과 자동심장충격기 사용은 너무 빠른 순서(속도위반)로 하지 말고, 적당한 속도로 일정하게 실시한다.

⑤ 심폐소생술 가슴압박 시 숫자를 머릿속으로 계산하지 말고, 구령에 맞추어 자신감 있게 실시한다.

1종목 성인 심폐소생술과 자동심장충격기(AED) 채점기준

① 구조자가 심정지 환자의 반응확인 및 신고를 정확히 하는가?
  • 양쪽 어깨를 두드리면서 "괜찮으세요?"라고 소리쳐 반응을 확인하는가?
  • 119 또는 응급의료요원의 도움을 요청(신고)하고 심장충격기를 요청하는가?
  • 전반적인 구조대상자의 호흡을 확인하는가(5 ~ 10초 이내)?

② 기도열기(머리기울임 - 턱 들어올리기)가 정확히 되었는가?
  • 한 손으로 환자의 이마를 뒤로 젖혀주는가?
  • 나머지 손으로 환자의 아래턱을 들어올리며, 이때 손가락의 위치는 적절한가?
   (아래턱 아래 부위의 연부조직을 누르지 않아야 함)
  • 기도가 열린 상태를 그대로 유지하고 있는가?

③ 인공호흡이 정확히 되었는가?
  • 숨을 불어넣을 때 턱을 들어 올린 손으로 환자의 코를 막은 다음 구조자의 입을 밀착시켜 입에서 입으로 인공호흡을 정확히 하는가?
  • 공기가 제대로 유입되어 환자의 가슴이 올라오고 있는가?
   (환자의 가슴이 올라오는 것을 확인하는가?)
  • 인공호흡 시 너무 많은 양으로 불어넣지 않는가?
   [보통(평상시의)의 호흡으로 불어넣는가?]
  • 1초에 걸쳐 총 2회 실시하는가?

④ 압박위치와 자세, 깊이가 적절한가?
  • 환자의 가슴뼈 아래쪽 1/2지점 중앙에 한 손을 위치하고 나머지 손으로 깍지를 끼워 고정시키는가?
  • 팔을 곧게 펴서 수직으로 압박하고 있는가?
  • 압박속도(분당 약 100 ~ 120회, 30회 기준 15 ~ 18초)는 적절한가?
  • 약 5cm(최대 6cm 넘지 말 것) 깊이로 압박을 하는가?
  • 각각의 가슴압박 후 가슴이 완전히 올라오도록 이완시키는가?

⑤ 심폐소생술을 정확히 시행하는가?
  • 가슴압박: 인공호흡의 비율이 30대 2로 실시하는가?
  • 가슴압박 중단 시간이 10초를 넘기지 않는가?

⑥ 의료장비(심장충격기) 평가
  • 심장충격기 도착 즉시 심폐소생술을 보조자에게 인계하고 보조자가 심폐소생술을 멈추지 않도록 말하는가?
   (심장충격기 도착은 3주기 1번째 호흡 불어넣는 시점, 호흡은 2회 모두 불어넣고 인계해도 인정됨)
  • 심장충격기의 사용 순서가 정확한가?
   (심장충격기 전원을 켠다. → 두 개의 패드를 환자 가슴에 붙인다. → 시작 리듬 분석을 위해 구조자 및 주변 사람들에게 손을 떼도록 지시한다. → 제세동이 필요하다면 충격버튼 누르기 전 구조자와 주변 사람들에게 환자에게서 떨어지도록 지시한다. → 전기 충격 후 즉시 심폐소생술을 다시 시작한다.)
  • 가슴에 물기를 제거하는가?
  • 환자용 패드를 정해진 위치에 부착하는가?
   (오른쪽 빗장뼈 아래, 왼쪽 젖꼭지 아래의 바깥쪽, 즉 중간겨드랑이선)
  • 심장충격기의 분석 및 제세동 실시 지령 시에 주변을 환기시키는가?

⑦ 성인 CPR 평가에서는 감점 소계 항목에 표시된 감점 범위를 초과하여 감점하지 못한다.

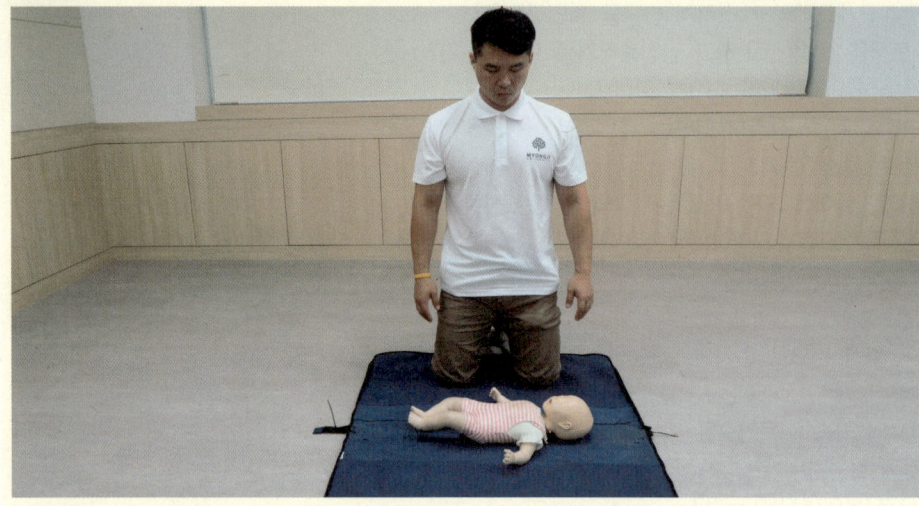

▶ 영아 환자(마네킹) 앞에서 심폐소생술 시험을 준비한다.

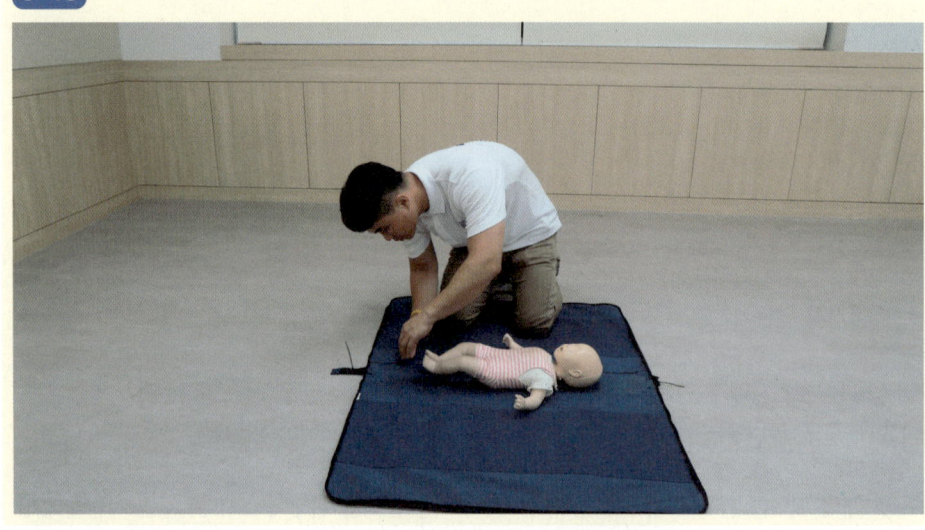

▶ 시험관의 시작 신호와 함께 영아 환자의 발바닥 쪽을 향하며 의식확인을 준비한다.

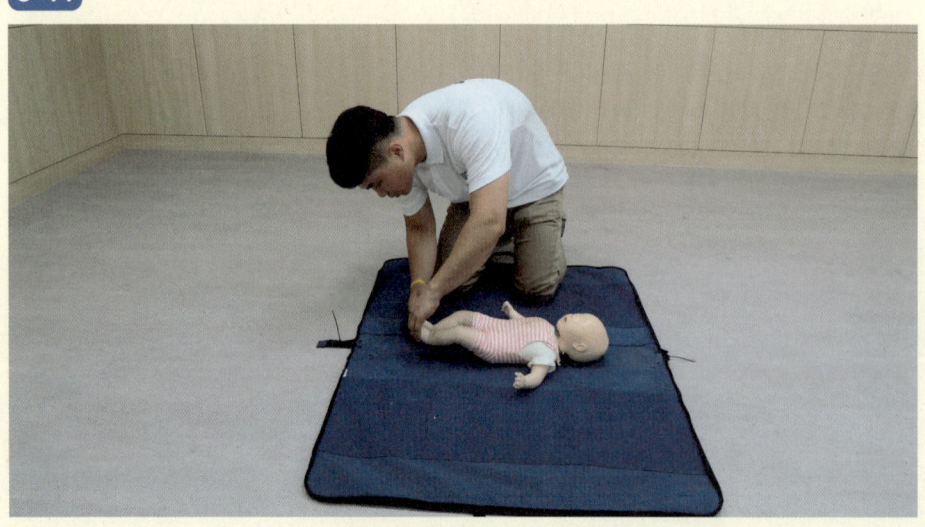

▶ 영아 환자의 발바닥을 살며시 두드리며 "아가야 괜찮니?", "아가야 괜찮니?"라고 말하며 의식을 확인한다.

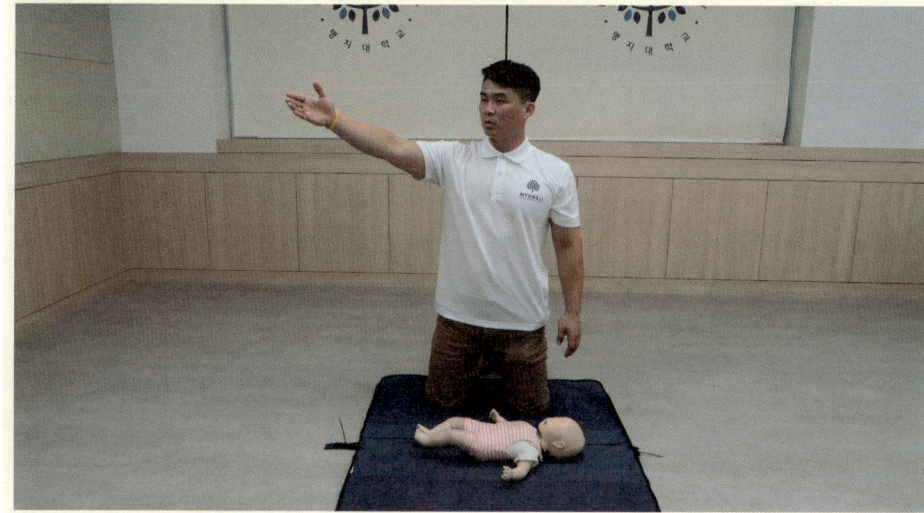

▶ 영아 환자의 의식 확인 후 한곳을 바라보며 "오른쪽(왼쪽)에 계신 여성(남성)분 119에 신고해주세요!"라고 도움을 요청한다.

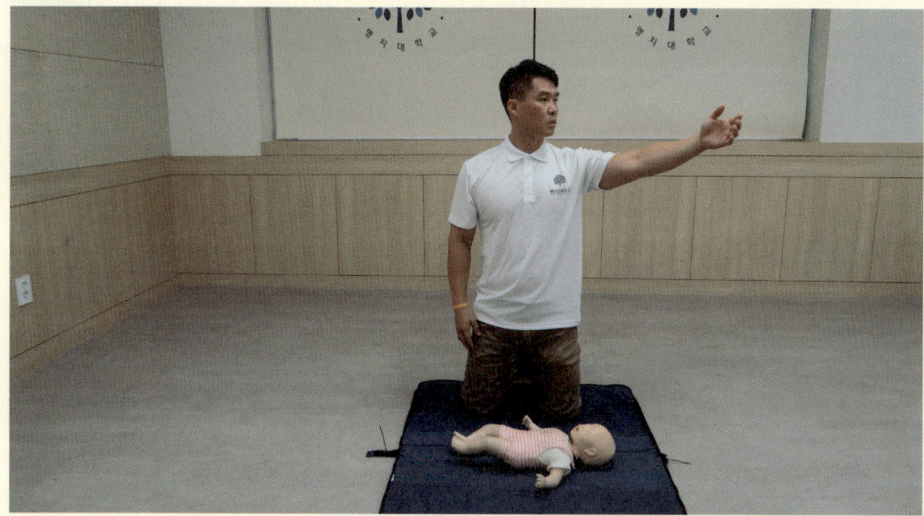

▶ 다른 한곳을 바라보며 "왼쪽(오른쪽)에 계신 남성(여성)분 심장충격기(AED) 저에게 가져다주세요!"라고 도움을 요청한다.

▶ 영아 환자의 전반적인 호흡을 확인한다.

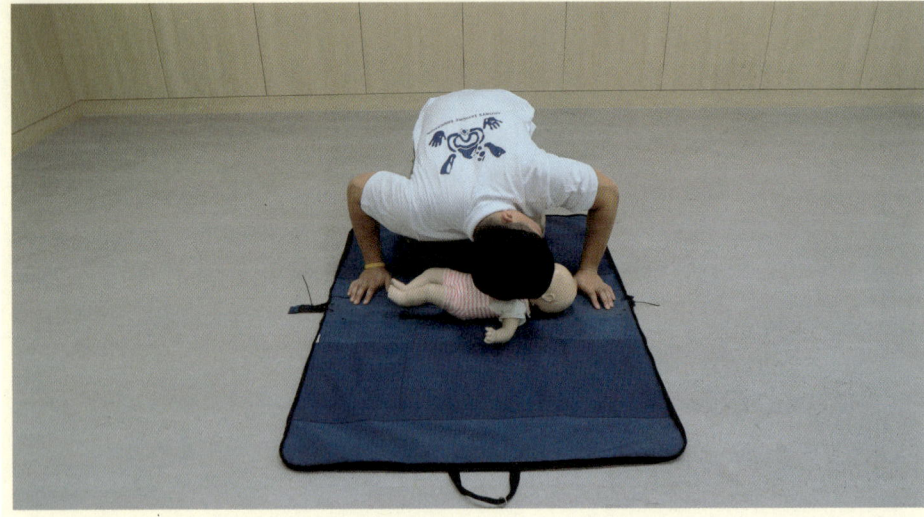

▶ 영아 환자의 호흡확인 시 최대한 밀착하여 확인한다.

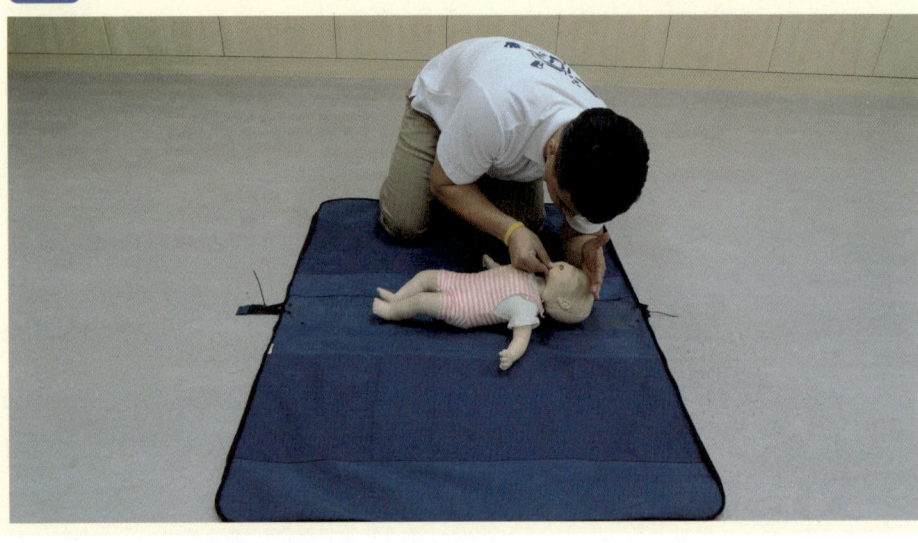

▶ 영아 환자의 호흡확인 후 한 손은 손날 부위로 환자의 이마에 대고 이마를 약 15도 정도(살짝) 뒤로 젖혀주고, 다른 한 손은 집게손가락 모양을 만들어 환자의 아래턱을 들어 올려 환자의 기도를 개방한다.

Tip 영아 기도개방 시 주의사항

1. 영아 기도개방은 중립 자세로 영아에게 심폐소생술을 할 때 기도를 개방하는 핵심 원칙은 '너무 과하게 젖히지 않는 것'이다.
2. 적정 각도는 머리를 아주 살짝만 뒤로 기울여 코끝이 천장을 향하는 중립 자세 혹은 냄새 맡는 자세를 유지해야 한다.
3. 주의사항은 영아는 기도가 매우 좁고 유연하기 때문에 성인처럼 머리를 뒤로 크게 젖히면(과신전), 오히려 부드러운 기도가 꺾여서 숨길이 막힐 수 있다.

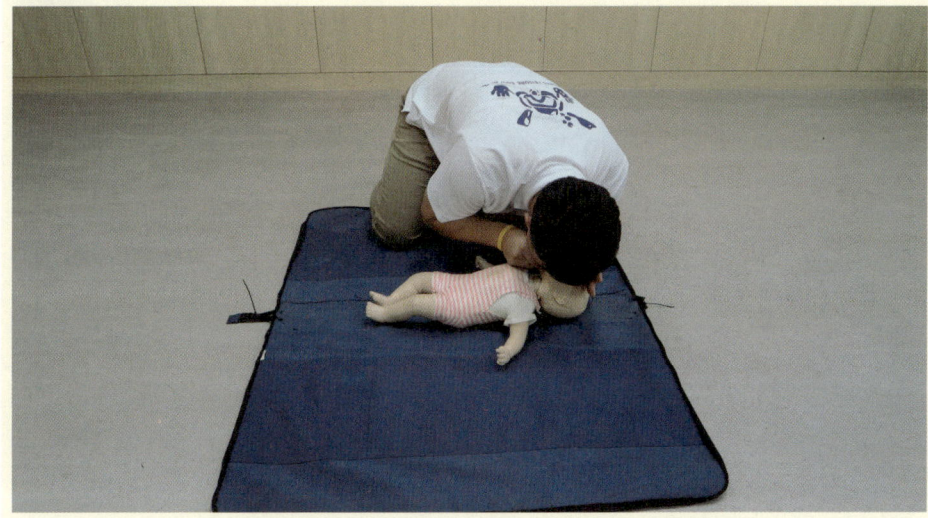

▶ 영아 환자의 입과 코를 구조자의 입으로 덮고 인공호흡을 실시한다.

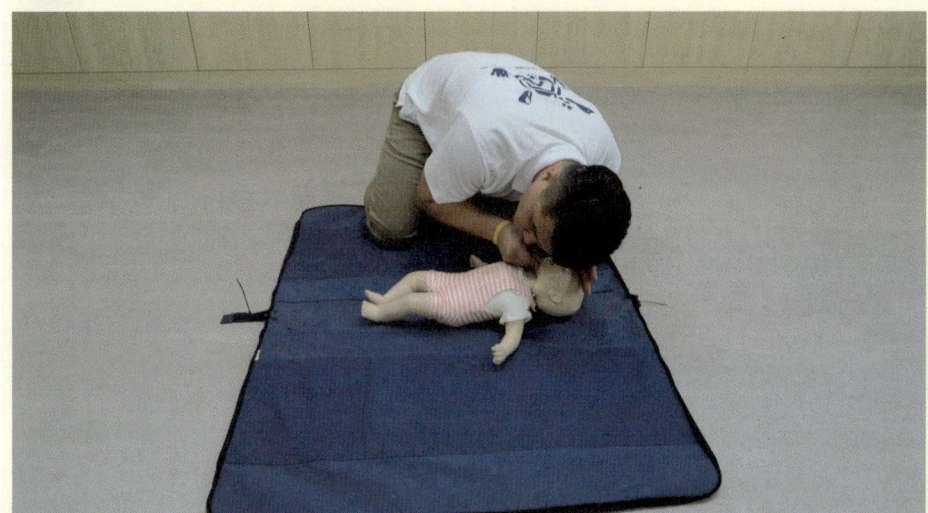

▶ 인공호흡 1회를 실시하고, 가슴이 부풀어 오르는지 확인한다.

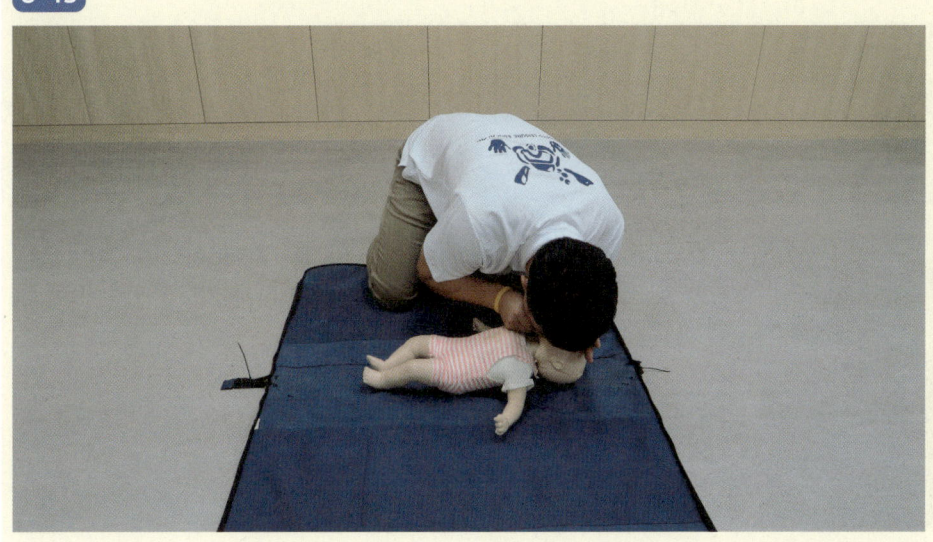

▶ 영아 환자의 입과 코를 구조자의 입으로 덮고 2회 인공호흡을 실시한다.

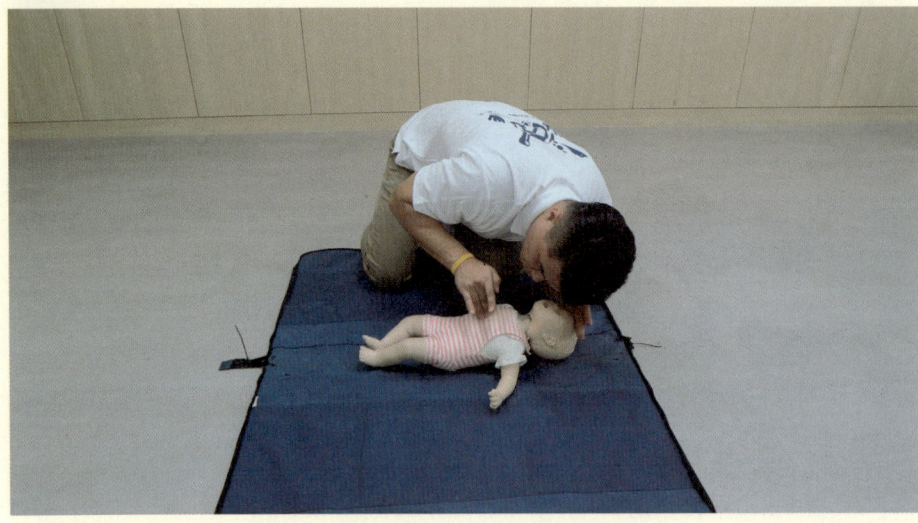

▶ 구조자는 영아 환자 이마에 있는 손은 유지하고, 영아 환자의 가슴압박 위치를 잡는다.

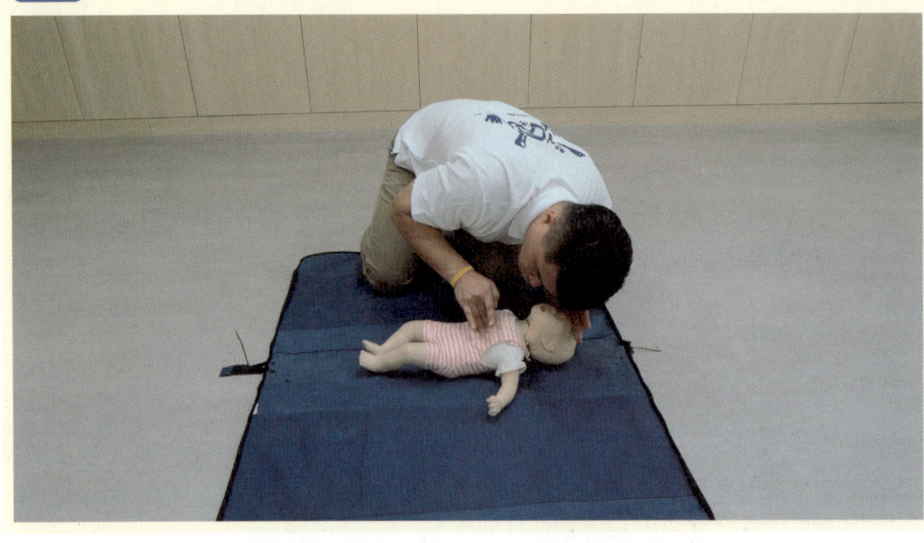

▶ 구조자는 두 손가락을 곧게 펴서 수직으로 압박지점을 약 4cm 깊이로 30회 압박(1회 압박속도 0.5 ~ 0.6초)한다.

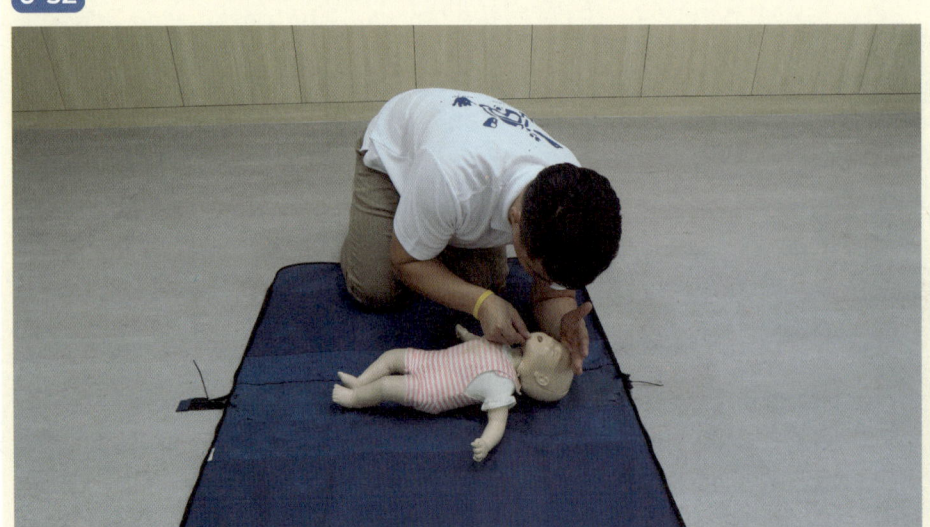

▶ 1차 30회 가슴압박이 끝나면 다시 기도를 개방한다.

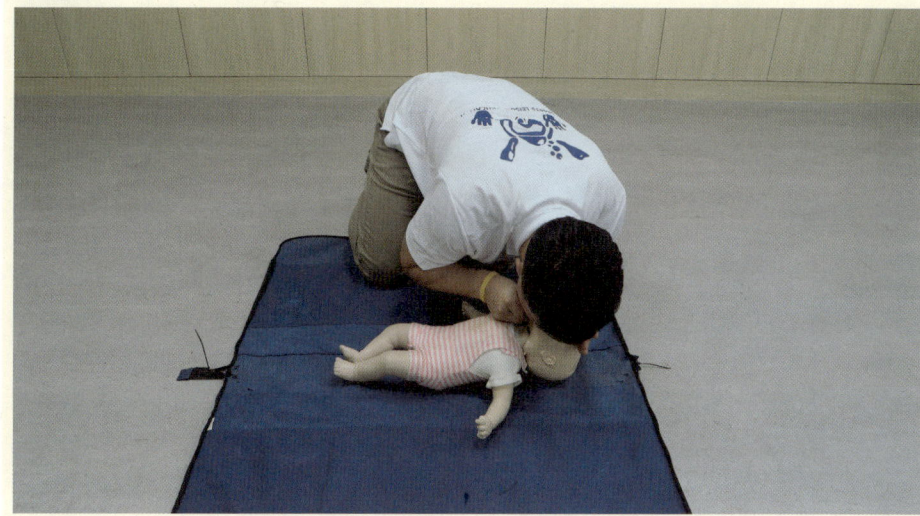

▶ 기도개방 후 영아 환자의 입과 코를 덮고, 인공호흡을 실시한다.

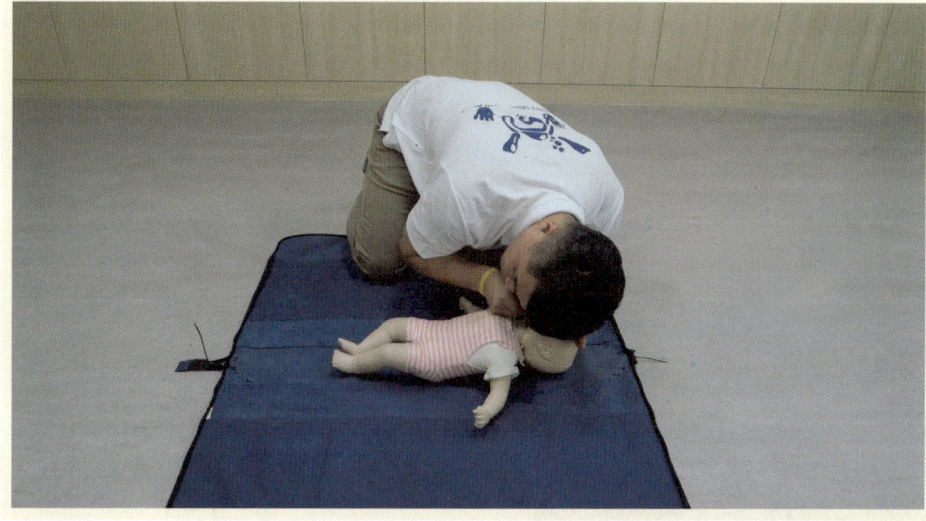

▶ 인공호흡 후 가슴이 부풀어 오르는지 확인한다.

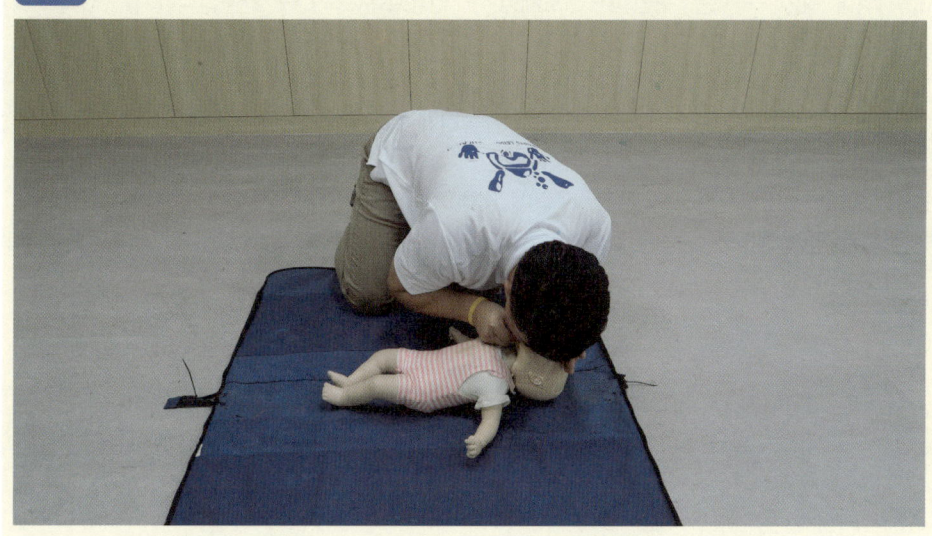

▶ 영아 환자의 입과 코를 구조자의 입으로 덮고 2회 인공호흡을 실시한다.

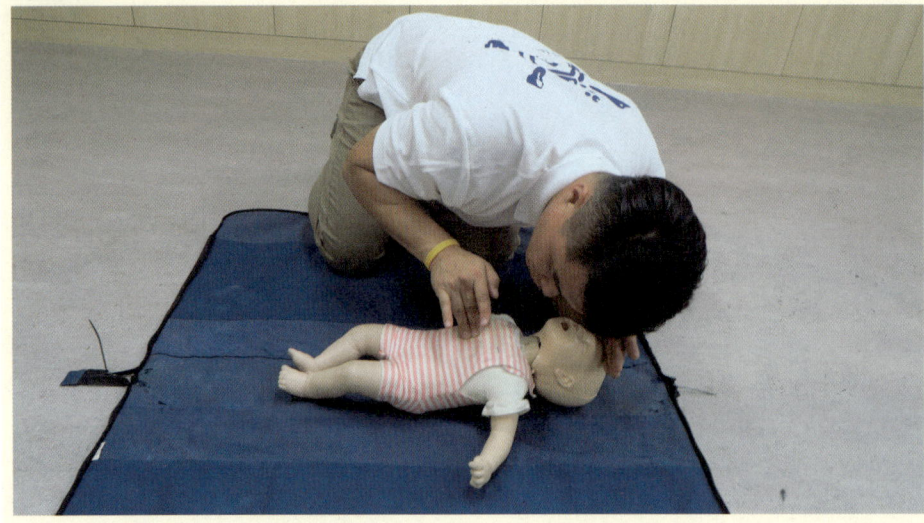

6-56

▶ 구조자는 영아 환자 이마에 있는 손은 유지하고, 영아 환자의 가슴압박 위치를 잡는다. 2차 영아 환자 가슴압박을 실시한다. 가슴압박 지점을 두 손가락으로 약 4cm 깊이로 압박한다. 영아 환자의 압박 속도는 1회 0.5~06초 사이로 실시한다.

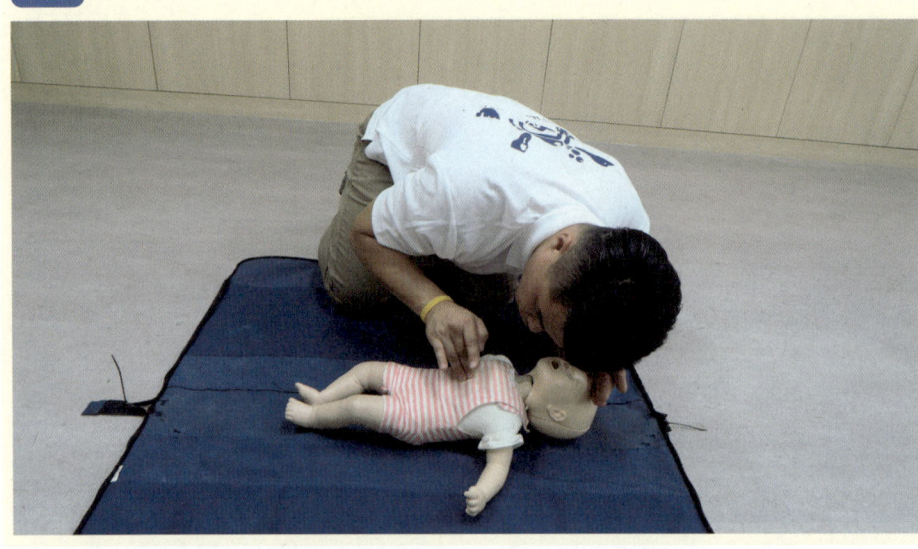

6-57

▶ 2차 가슴압박 30회가 끝나면 영아 심폐소생술 시험이 종료된다.

Advice

① 영아 심폐소생술 전체 순서는 '의식 확인 → 호흡 확인 → 기도개방 → 인공호흡(2회) → 가슴압박(1차/ 30회) → 기도개방 → 인공호흡(2회) → 가슴압박(2차/ 30회) 순서'로 2차까지 가슴압박이 진행되면 시험관이 시험 종료를 알린다(1회 수상구조사 시험 기준).
② 영아 심폐소생술은 빠른 순서(속도위반)로 하지 말고, 적당한 속도로 일정하게 실시한다(30회 압박을 15 ~ 18초 사이 완료).
③ 심폐소생술 가슴압박 시 숫자를 머릿속으로 계산하지 말고, 구령에 맞추어 자신감 있게 실시한다.
④ 영아 환자의 경우 가슴압박 깊이가 깊지 않도록 주의한다(약 4cm).

2종목 영아 심폐소생술 채점기준

① 구조자가 심정지 환자의 반응확인 및 신고를 정확히 하는가?
- 영아 환자의 발바닥을 가볍게 두드리며 "아가야 괜찮니?"라고 소리쳐 의식을 확인하는가?
- 119 또는 응급의료요원의 도움을 요청(신고)하고 심장충격기를 요청하는가?
- 전반적인 구조대상자의 호흡을 확인하는가(5 ~ 10초 이내)?

② 기도열기(머리기울임 – 턱들어올리기)가 정확히 되었는가?
- 한 손으로 환자의 이마를 뒤로 젖혀주는가?
- 나머지 손으로 환자의 아래턱을 들어올리며, 이때 손가락의 위치는 적절한가?
  (아래턱 아래 부위의 연부조직을 누르지 않아야 함)
- 기도가 열린 상태를 그대로 유지하고 있는가?
- 영아의 기도가 과도하게 젖혀지지 않는가?
  (얼굴이 전면을 바라보는 자세)

③ 인공호흡이 정확히 되었는가?
- 숨을 불어넣을 때 턱을 들어 올린 손으로 환자의 코를 막은 다음 구조자의 입을 밀착시켜 입-입 인공호흡을 정확히 하는가?
  (영아 환자의 입과 코를 동시에 입으로 덮고 해도 가능)
- 공기가 제대로 유입되어 환자의 가슴이 올라가고 있는가?
  (환자의 가슴이 올라오는 것을 확인하는가?)
- 인공호흡 시 너무 많은 양으로 불어넣지 않는가?
- 1초에 걸쳐 총 2회 실시하는가?

④ 압박위치와 자세, 깊이가 적절한가?
- 영아 환자의 젖꼭지를 연결한 선 바로 아래 가슴뼈(복장뼈)를 두 손가락으로 압박하는가?
  (칼돌기뼈와 갈비뼈를 압박하지 않아야 함)
- 두 손가락을 곧게 펴서 수직으로 압박하고 있는가?
- 압박속도(분당 약 100 ~ 120회, 30회 기준 15 ~ 18초)는 적절한가?
- 영아: 약 4cm(또는 흉곽 직경의 적어도 1/3) 깊이로 압박을 하는가?
- 각각의 가슴압박 후 가슴이 완전히 올라오도록 이완시키는가?

⑤ 심폐소생술을 정확히 시행하는가?
- 가슴압박: 인공호흡의 비율이 30 : 2로 실시하는가?
- 가슴압박 중단 시간이 10초를 넘기지 않는가?

⑥ 소아/영아 CPR 평가에서는 감점 소계 항목에 표시된 감점 범위를 초과하여 감점하지 못한다.

CHAPTER
08

로프매듭법
(종합구조 6종목으로 수상구조사 1급만 적용된 시험)

1 실기평가 및 채점기준

로프매듭 방법은 마디 짓기, 이어 매기, 움켜 매기 3가지 종목으로 나누어져 있다.

2 시험 기본정보

- 난이도: ★★★ (별 5개를 기준으로 시험의 난이도를 별표로 표시)
- 구분: 수상구조사 1급
- 종합구조 총 25점 중 로프매듭법 배점: 2점
- 세부항목: 1종목 마디 짓기 중 2가지, 2종목 이어 매기 중 2가지, 3종목 움켜 매기 중 1가지를 시험 감독관이 임의 지정하여 총 5가지 매듭 방법을 평가
- 배점기준: 각 항목별로 정확하게 로프매듭 방법을 수행하는지를 평가

3 시험 진행순서

 1종목 마디 짓기 - 8자 매듭

7-1

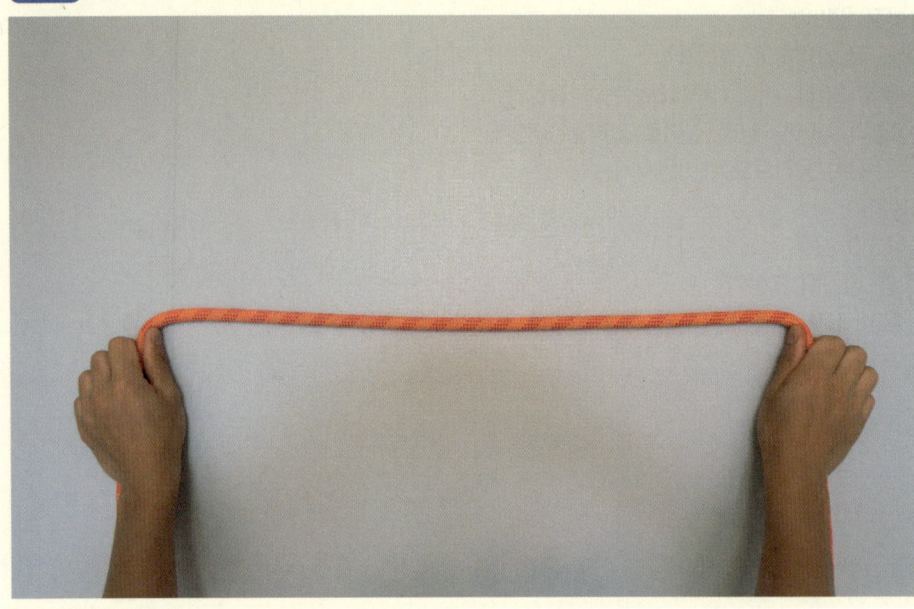

▶ 로프를 일자로 만들어 준비한다.

7-2

▶ 로프를 한 번 접어 오른손으로 링 부분을 잡고 두 번 꼬아 준다.

7-3

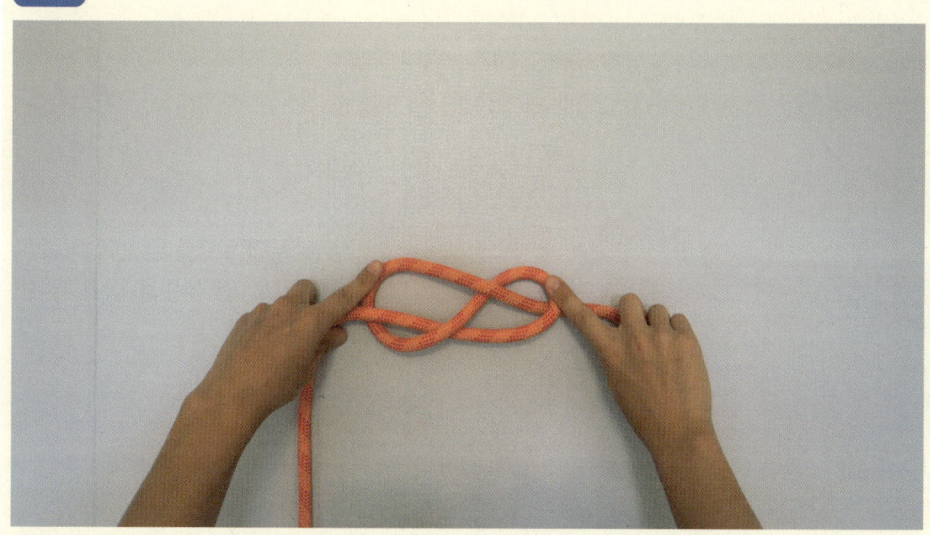

▶ 왼손의 로프 끝부분을 오른쪽 링 안으로 넣어준다.

7-4

▶ 양쪽을 적당히 당겨주면 8자 모양의 매듭이 된다.

7-5

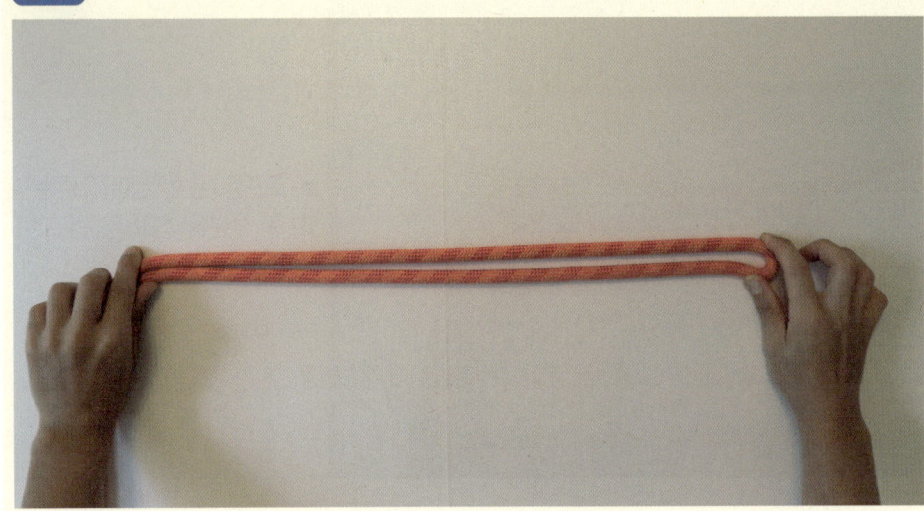

▶ 로프를 두겹으로 모아서 준비한다.

7-6

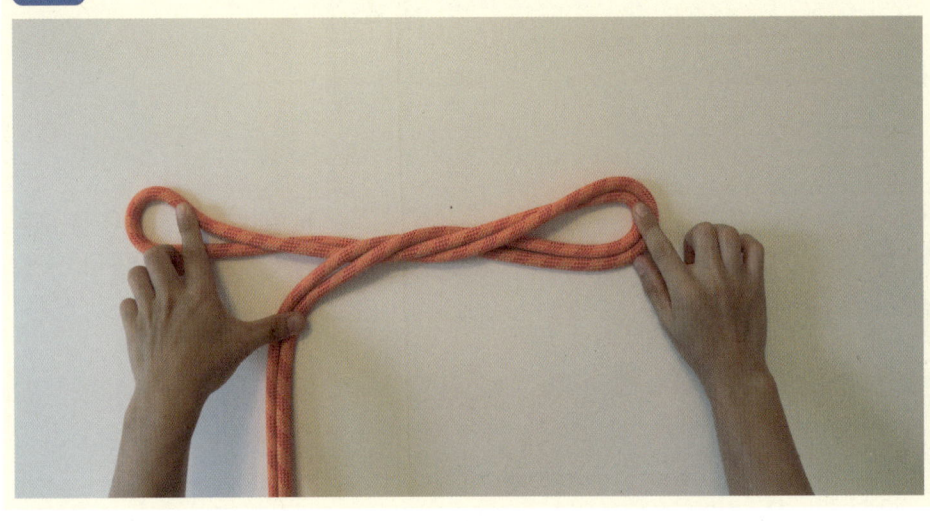

▶ 두겹 로프를 한 번 접어 오른손으로 링 부분을 잡고 두 번 꼬아준다.

7-7

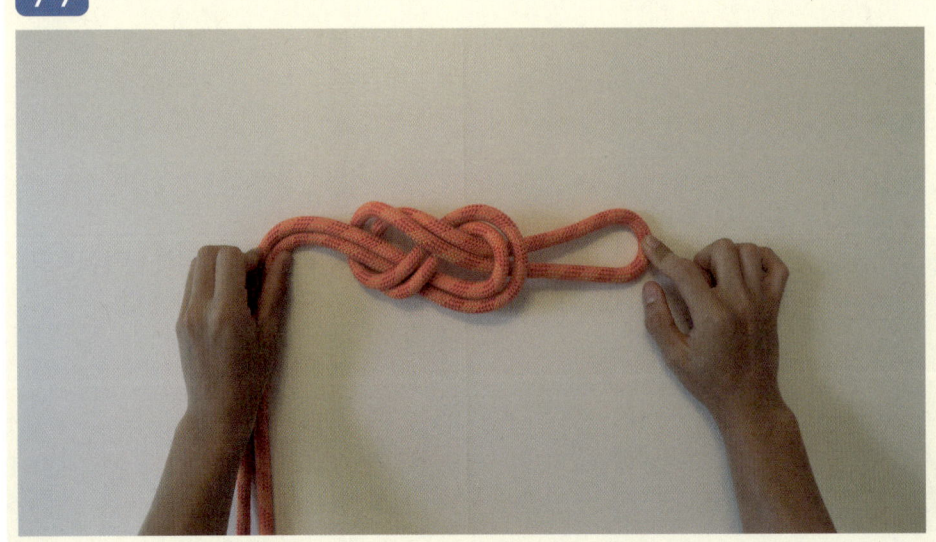

▶ 왼손의 로프 끝부분을 오른쪽 링 안으로 넣어준다.

▶ 양쪽을 적당히 당겨주면 두 겹 8자 모양의 매듭이 된다.

🔍 1종목 마디 짓기 – 이중 8자 매듭

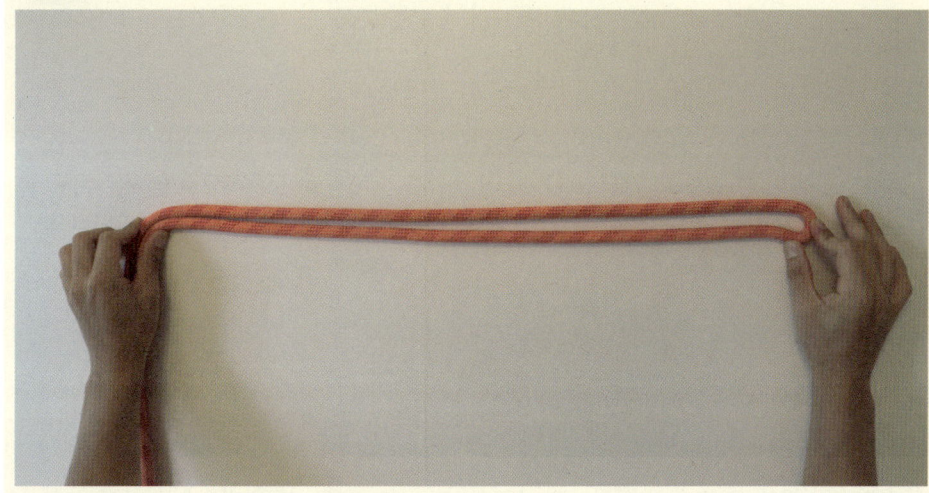

▶ 로프를 두겹으로 모아서 준비한다.

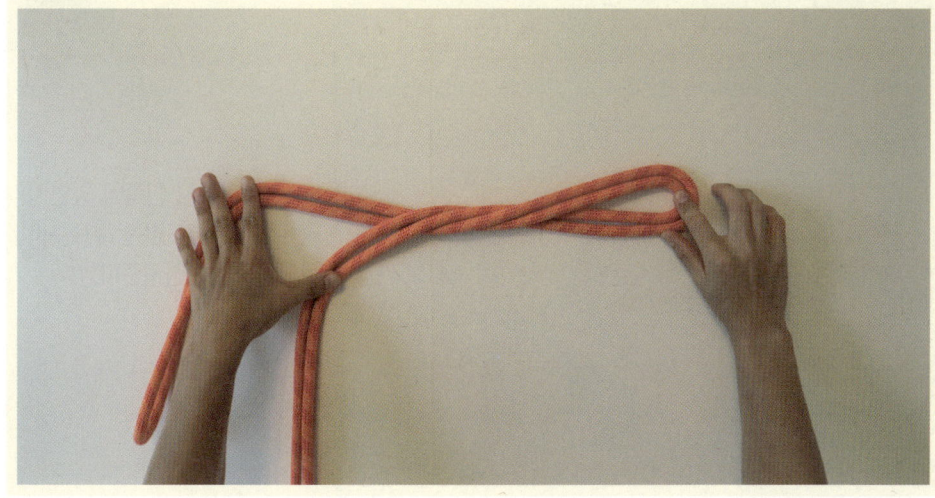

▶ 로프를 잡고 두 번 꼬아준다.

▶ 왼쪽의 로프 끝을 오른쪽으로 넘겨준다.

▶ 오른쪽으로 넘겨온 로프 끝을 뒤로 감아 뒤로 넘긴다.

▶ 오른손 검지 안쪽에 있던 이중 로프를 뒤로 넘긴 로프 사이로 통과하여 당겨준다.

▶ 오른쪽으로 나온 매듭을 적당히 당겨주면 이중 8자 매듭이 된다.

🔍 1종목 마디 짓기 – 줄사다리 매듭

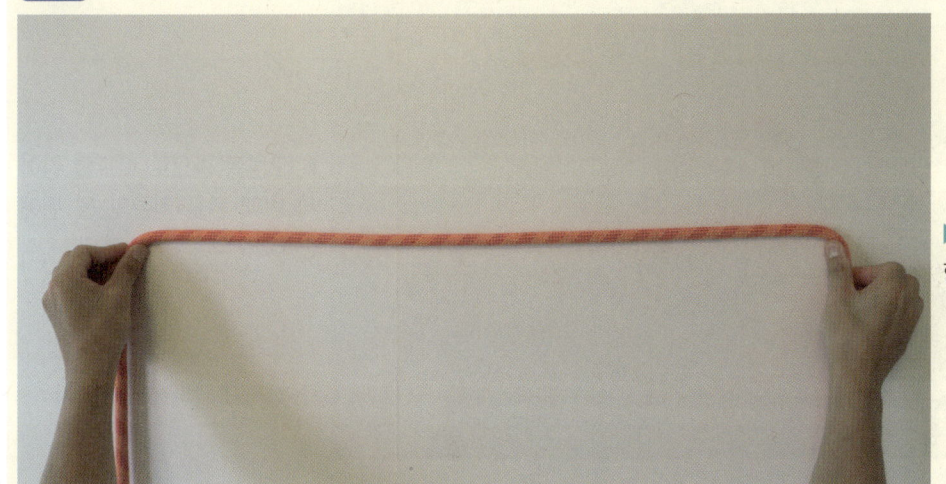

▶ 로프를 일자로 만들어 준비한다.

▶ 오른쪽 손으로 로프를 감아 첫 번째 원을 만들어준다.

▶ 오른쪽 손으로 로프를 감아 두 번째 원을 기존에 원 위에 만들어준다.

▶ 오른쪽 손으로 로프를 감아 세 번째 원을 기존의 원 위에 만들어준다.

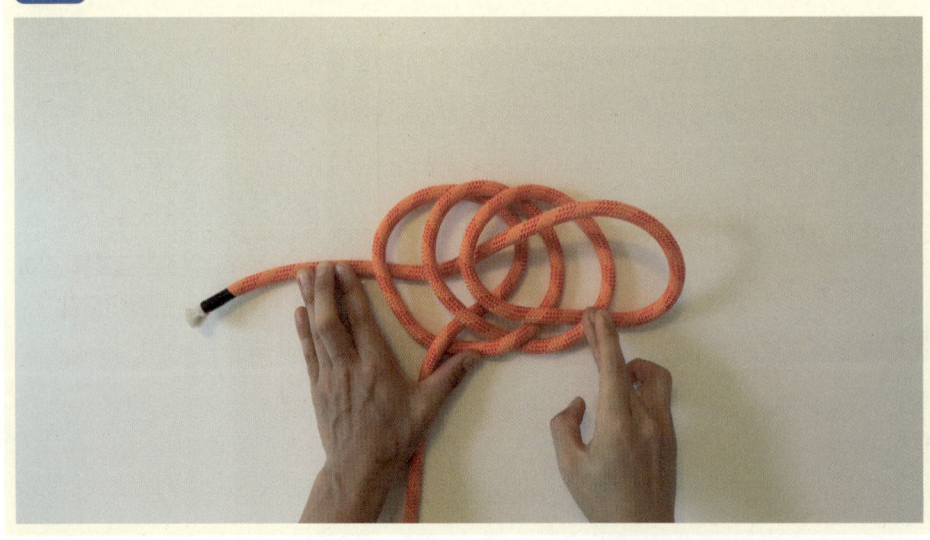

▶ 오른쪽 끝에 로프를 원 안으로 통과시켜준다.

7-20

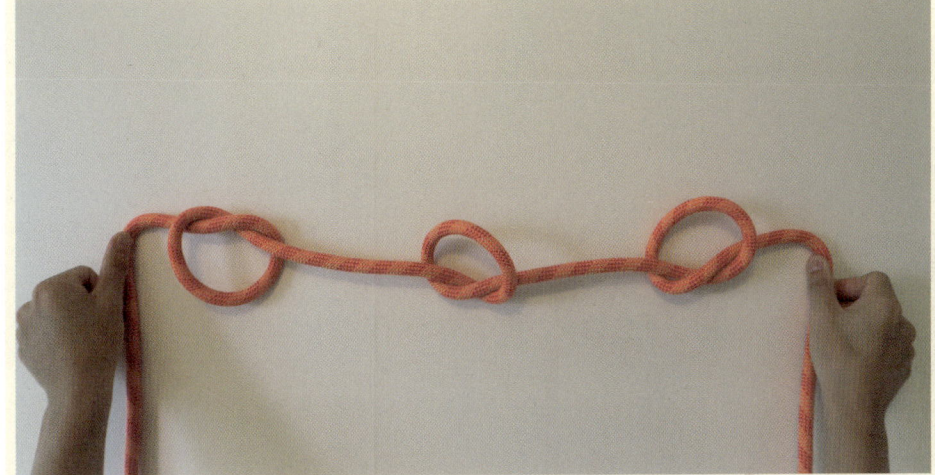

▶ 통과시킨 로프 끝이 지날 때 만들어진 원을 뒤집어 주면 매듭 세 개가 생긴다.

7-21

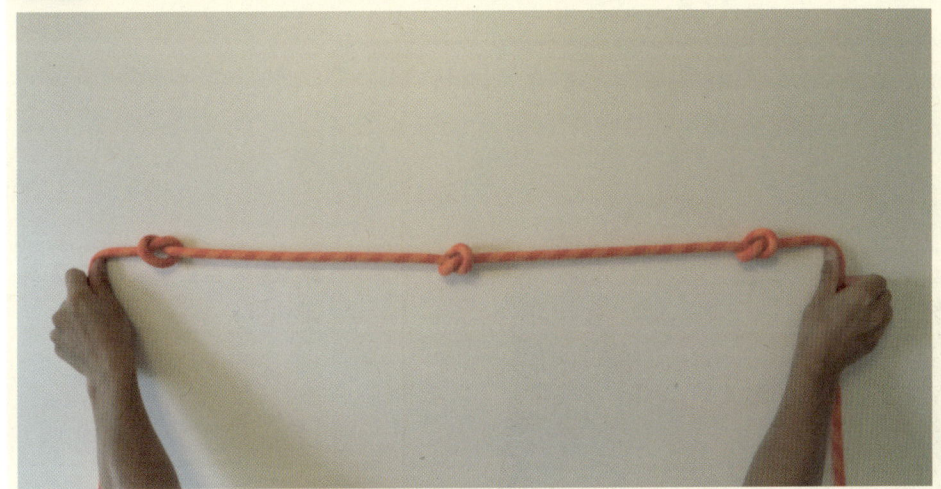

▶ 로프 양쪽 끝을 적당히 당겨 주면 줄사다리 매듭이 된다.

🔍 1종목 마디 짓기 - 고정 매듭

7-22

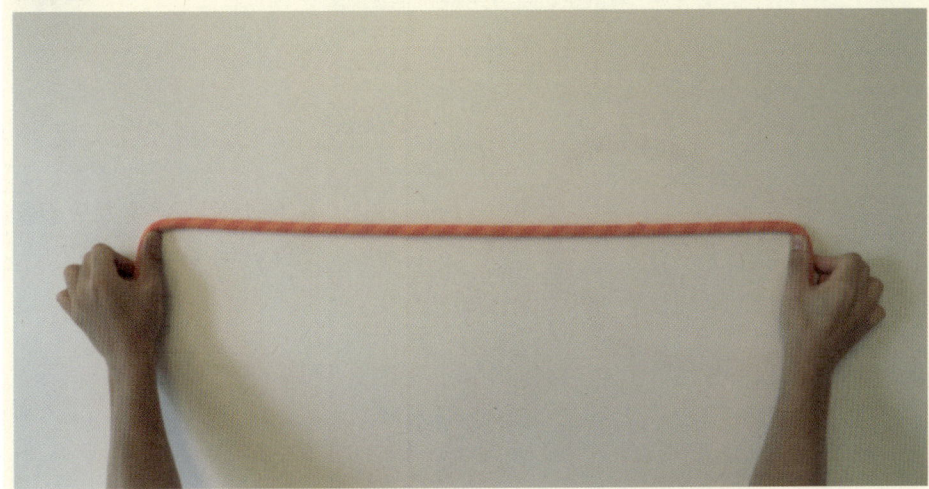

▶ 로프를 일자로 만들어 준비한다.

7-23

▶ 오른쪽 로프가 위로 올라오
게 작은 원을 만들어준다.

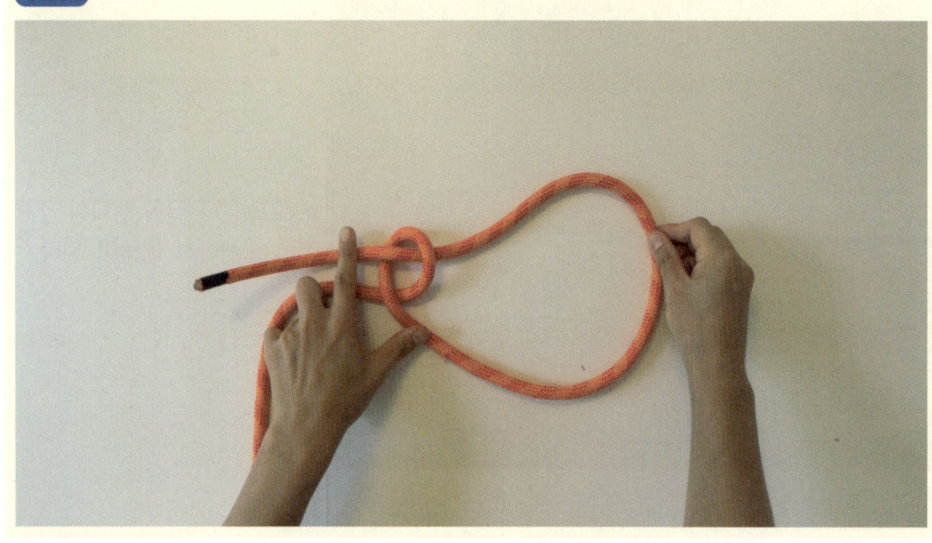

7-24

▶ 오른쪽 로프 끝을 원 뒤로 통
과시킨다.

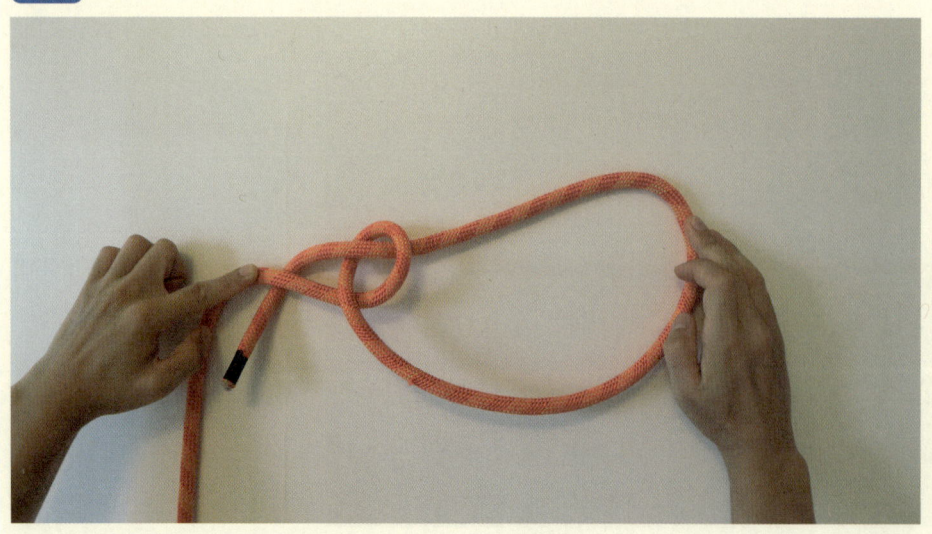

7-25

▶ 통과시킨 오른쪽 로프 끝을
왼쪽 로프 밑으로 보낸다.

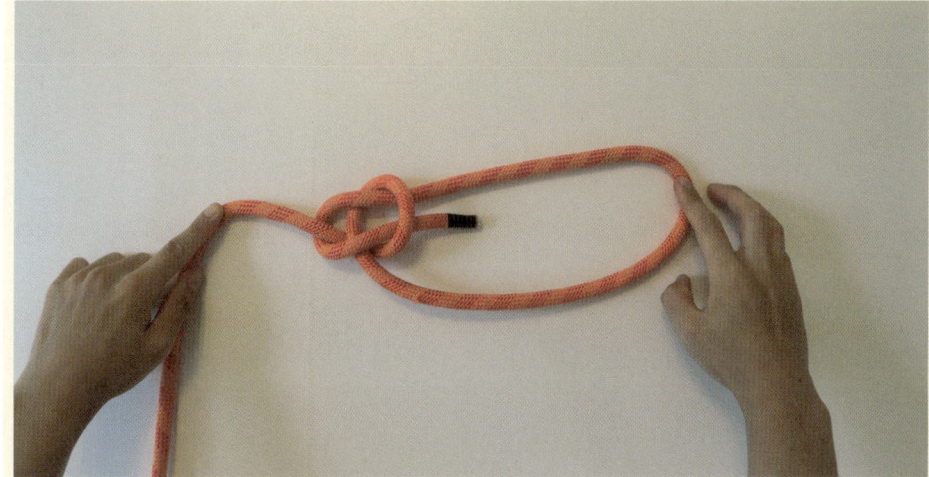

▶ 왼쪽 로프 밑으로 보낸 로프 끝을 원으로 다시 통과시킨다.

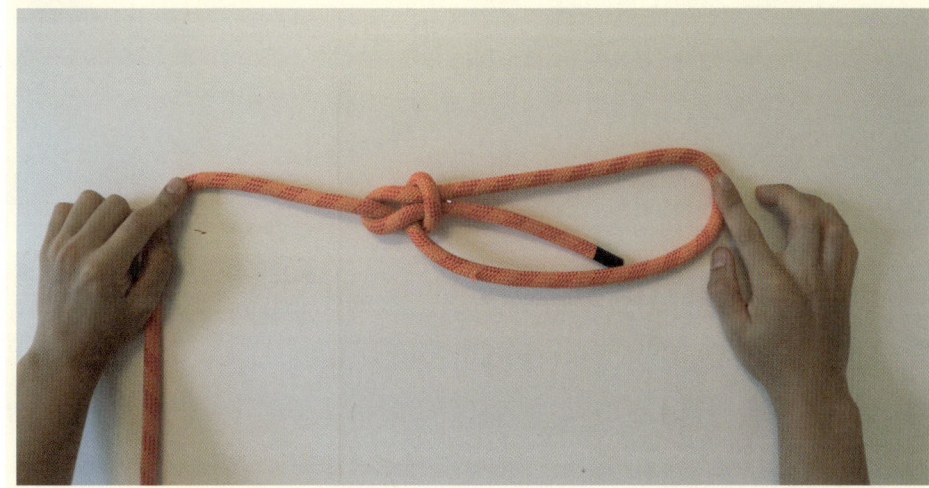

▶ 오른쪽 원과 왼쪽 로프를 적당히 당겨주면 고정 매듭이 된다.

🔍 1종목 마디 짓기 – 두겹 고정 매듭

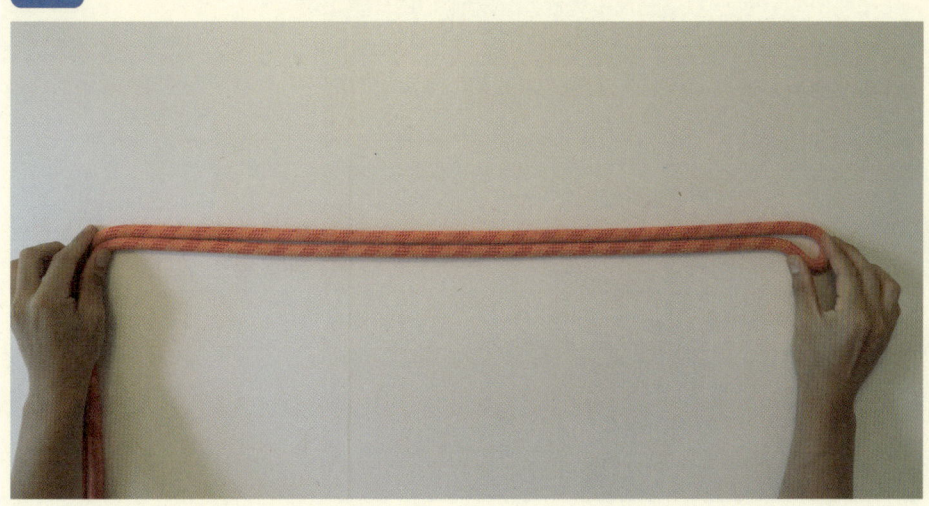

▶ 로프를 두겹으로 만들어 준비한다.

▶ 오른쪽 로프가 위로 올라오게 작은 원을 만들어준다.

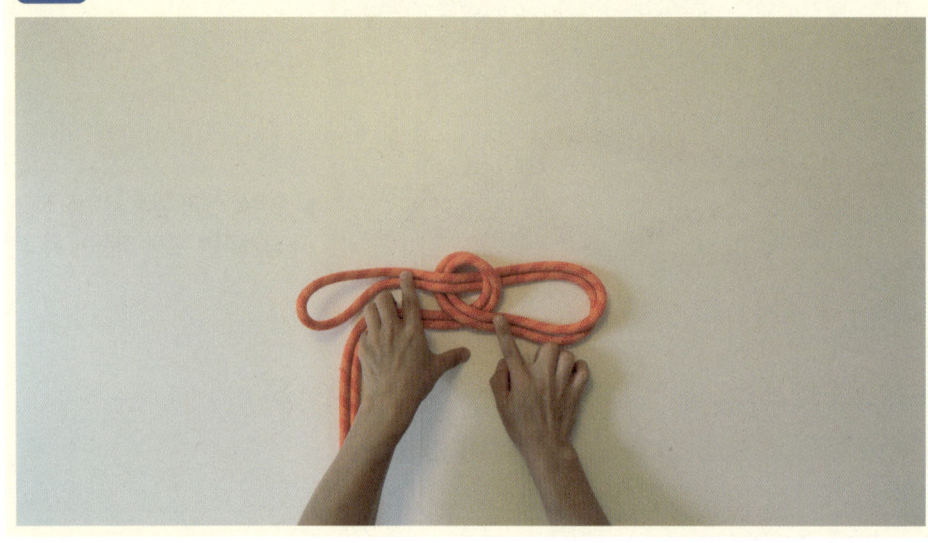

▶ 오른쪽 로프 끝을 원 뒤로 통과시킨다.

▶ 통과시킨 오른쪽 로프 끝을 왼쪽 로프 밑으로 보낸다.

▶ 왼쪽 로프 밑으로 보낸 로프의 원으로 나머지 로프 매듭들을 넘긴다.

▶ 오른손가락으로 누르고 있던 두겹 매듭을 당겨준다.

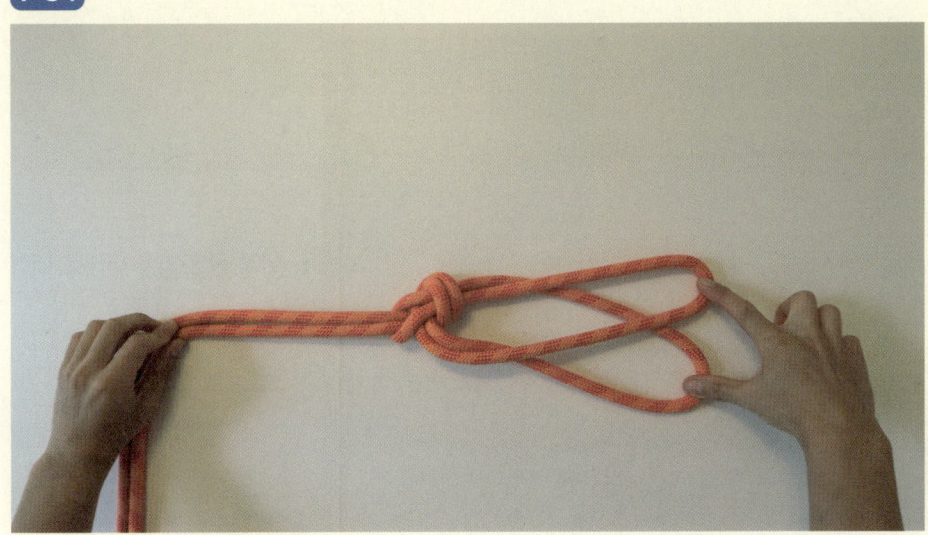

▶ 양쪽 손으로 로프를 적당히 당겨주면 두겹 고정 매듭이 된다.

7-35

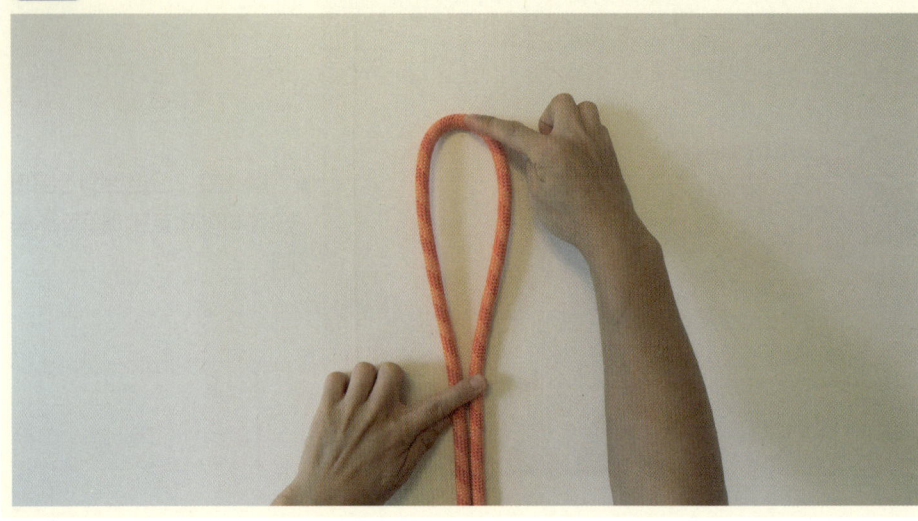

▶ 로프를 접어 위에 원 모양이 나오게 만든다.

7-36

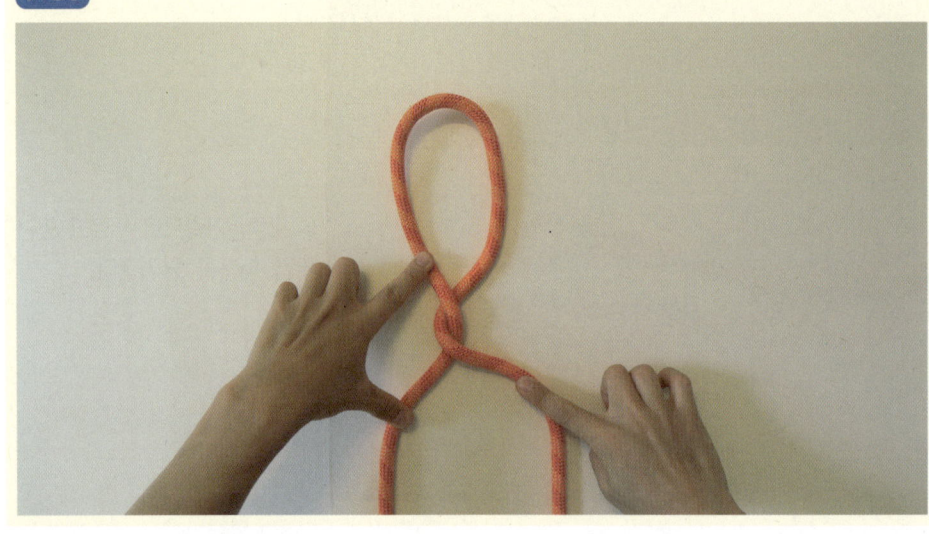

▶ 위에 원 모양을 잡고 두 번 꼬아준다.

7-37

▶ 위에 원 모양을 아래로 내려 준다.

7-38

▶ 아래로 내려간 원 끝을 잡고 뒤로하여 가운데 작은 원 사이로 통과 시켜서 당겨준다.

7-39

▶ 위로 나온 원 끝을 잡고 당겨 주면 나비 매듭이 된다.

🔍 2종목 이어 매기 – 바른 매듭(맞매듭)

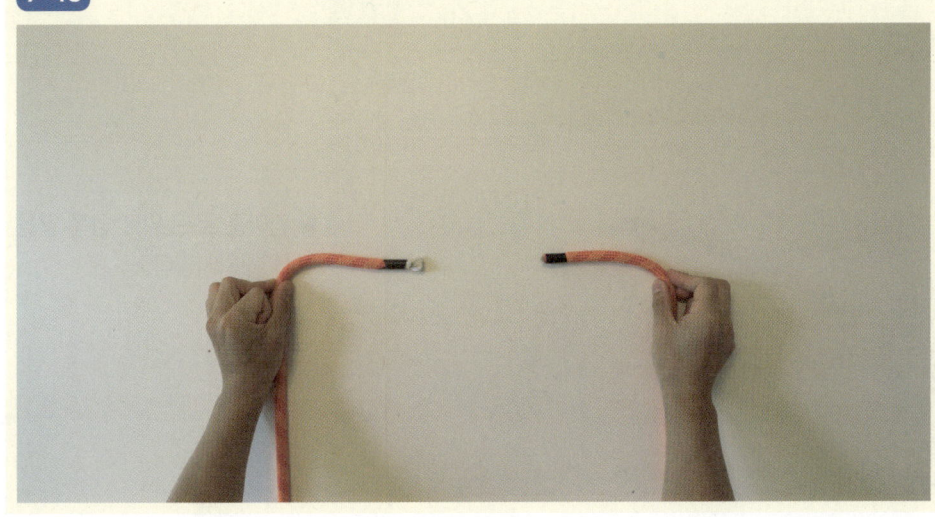

7-40

▶ 로프 양쪽 끝을 잡고 준비 한다.

7-41

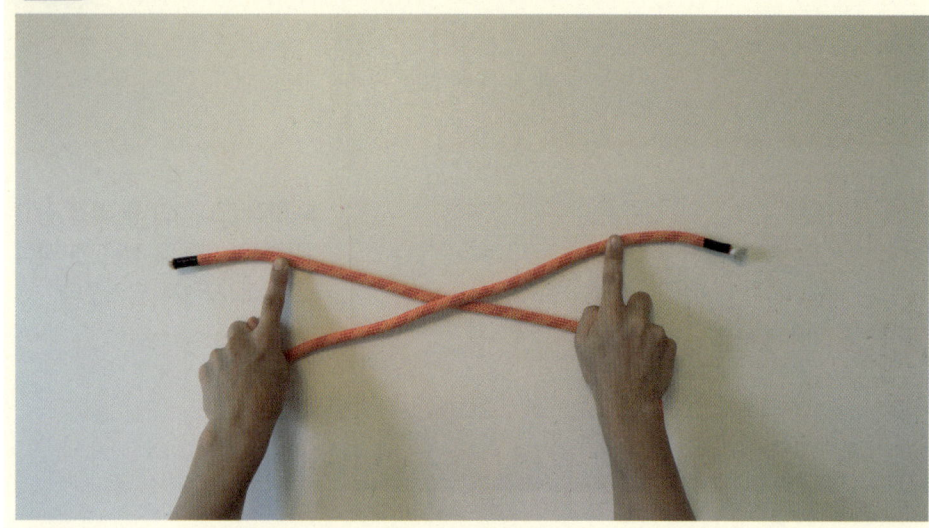

▶ 로프 양쪽을 서로 교차시킨다.

7-42

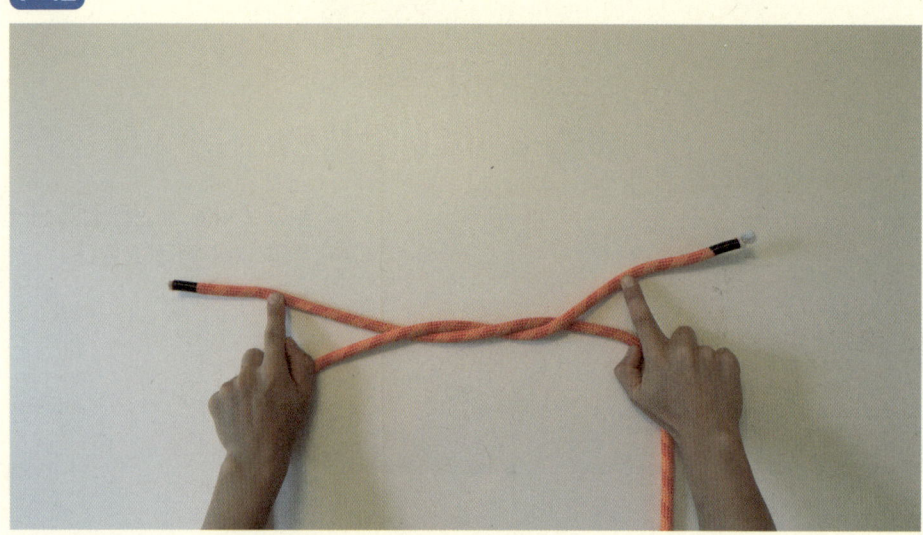

▶ 교차시킨 로프를 감아준다.

7-43

▶ 감아준 로프 위로 양쪽 끝을 다시 교차시킨다.

▶ 로프 끝을 위에서 다시 감아
준다.

▶ 로프 양쪽을 잡고 당겨주면
바른 매듭이 된다.

🔍 2종목 이어 매기 – 한겹 매듭

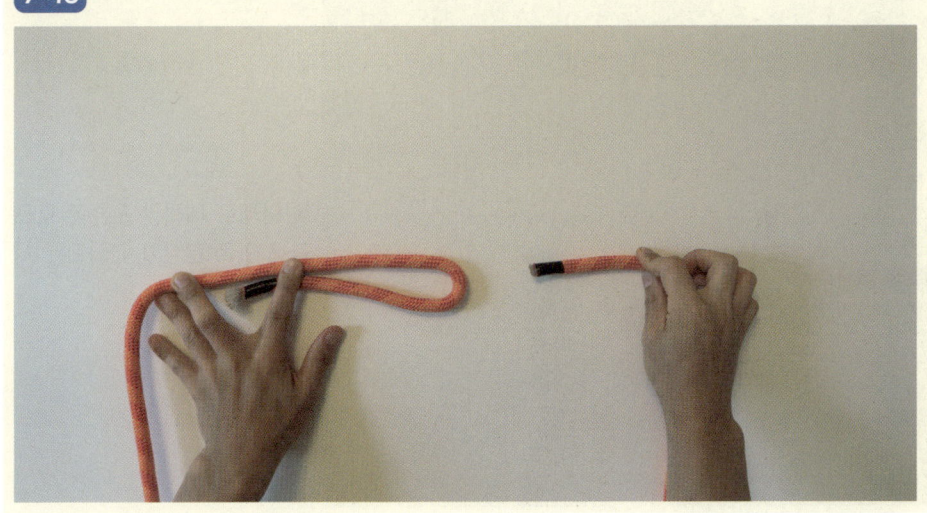

▶ 왼쪽의 로프를 적당히 접어
고리 모양을 만들어 준비한다.

7-47

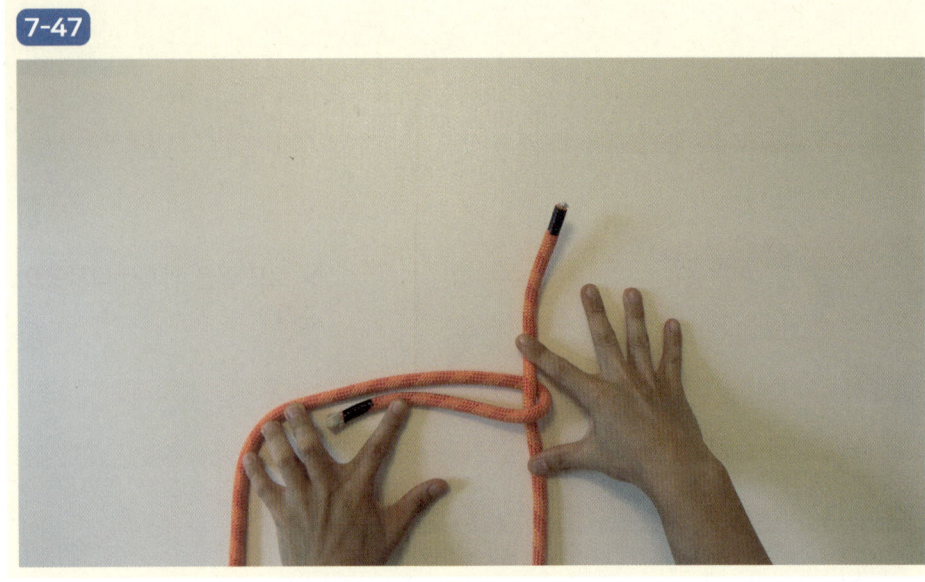

▶ 왼쪽의 고리 모양으로 오른쪽 로프 끝을 넣어준다.

7-48

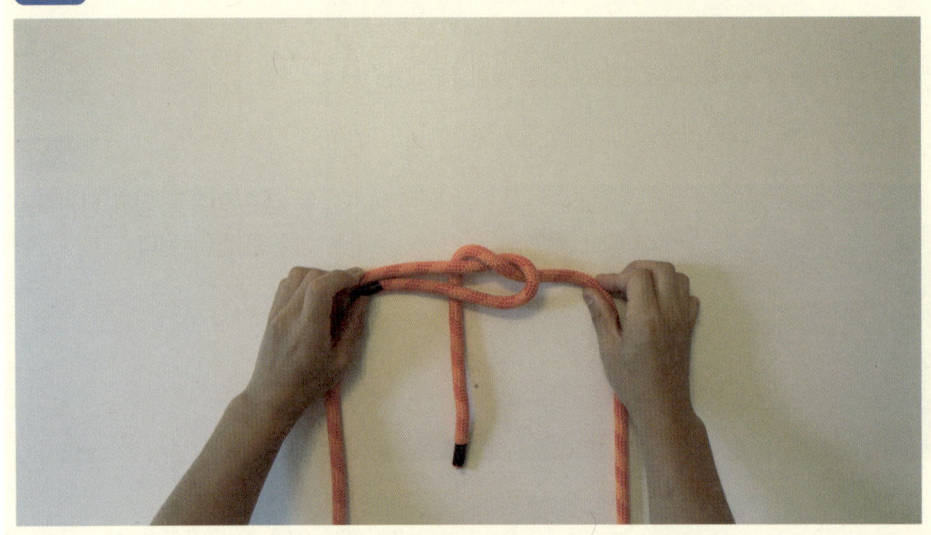

▶ 왼쪽 고리 부분을 통과한 오른쪽 로프 끝을 뒤로 보내 아래 방향으로 내려준다.

7-49

▶ 아래로 내려간 오른쪽 로프 끝을 양쪽 로프가 교차되는 사이로 넣어준다.

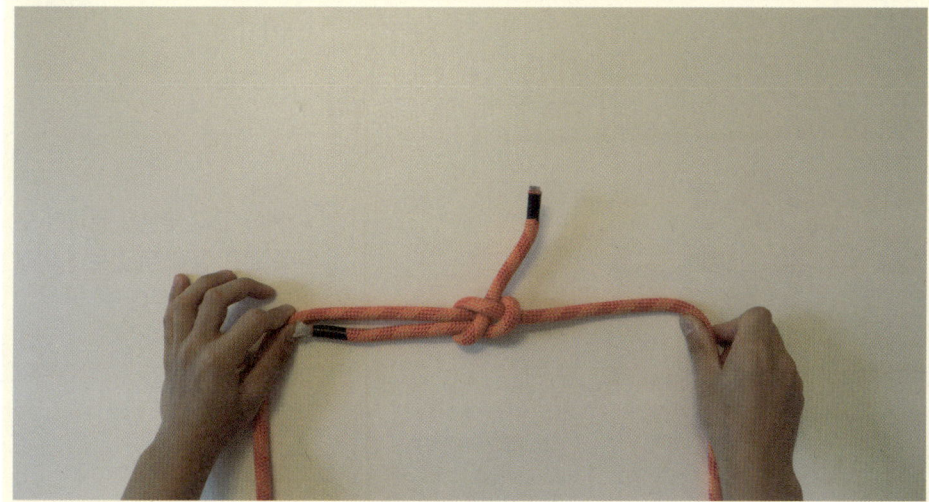

▶ 양쪽 로프를 적당히 당겨주면 한겹 매듭이 된다.

🔍 2종목 이어 매기 – 두겹 매듭

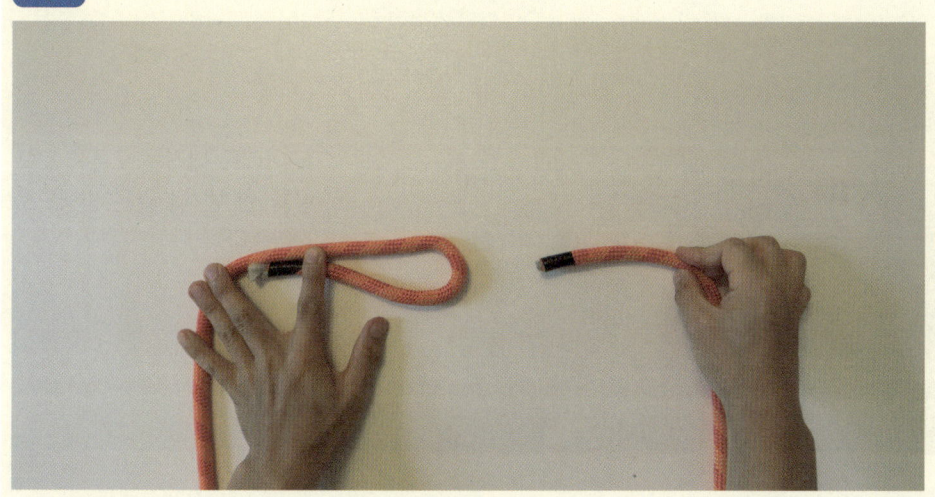

▶ 왼쪽의 로프를 적당히 접어 고리 모양을 만들어 준비한다.

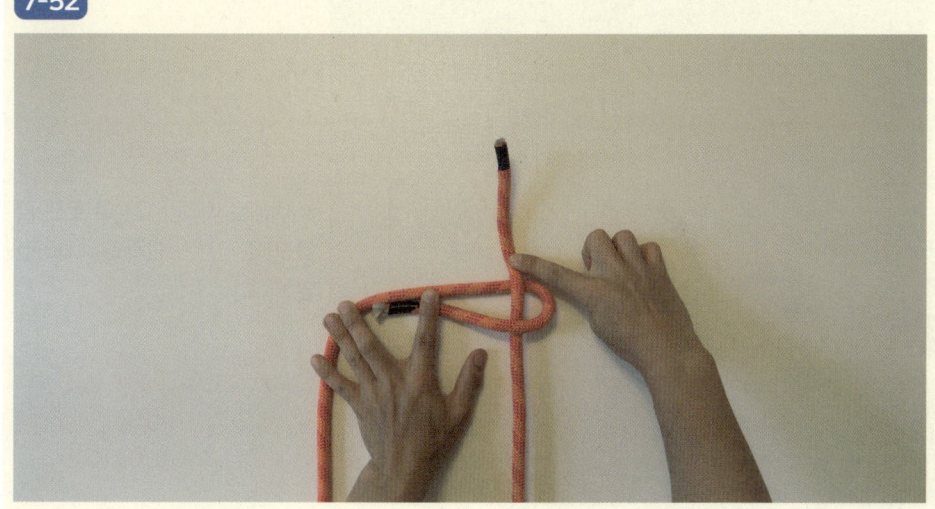

▶ 왼쪽의 고리 모양으로 오른쪽 로프 끝을 넣어준다.

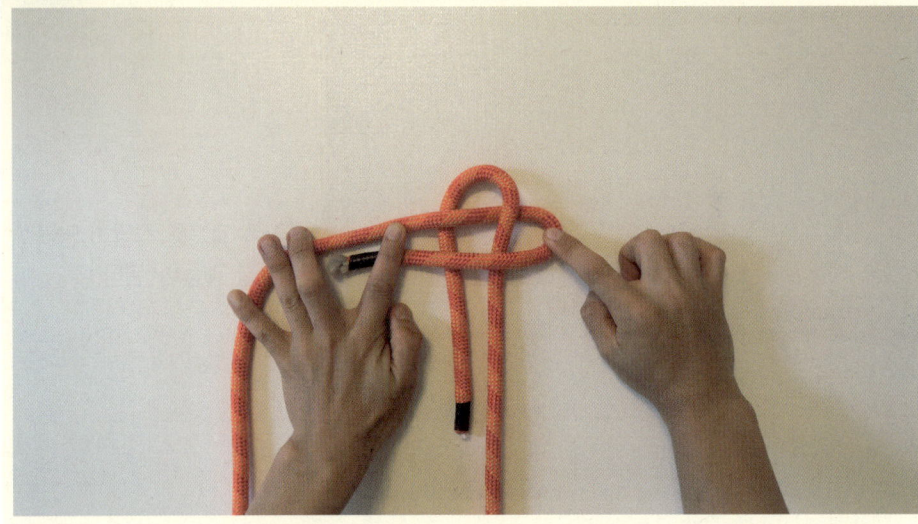

7-53

▶ 왼쪽 고리 부분을 통과한 오른쪽 로프 끝을 뒤로 보내 아래 방향으로 내려준다.

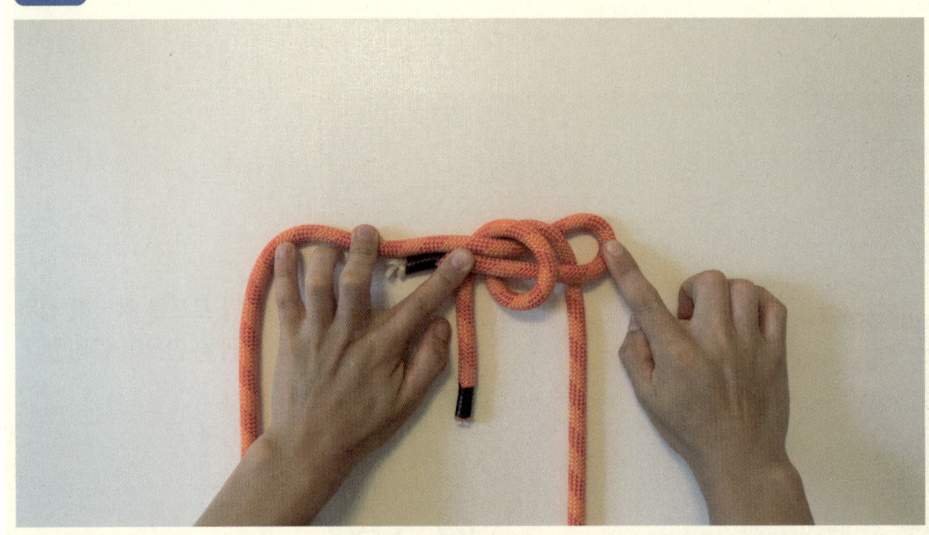

7-54

▶ 아래로 내려온 오른쪽 로프 끝을 한 번 더 같은 방향으로 감아준다.

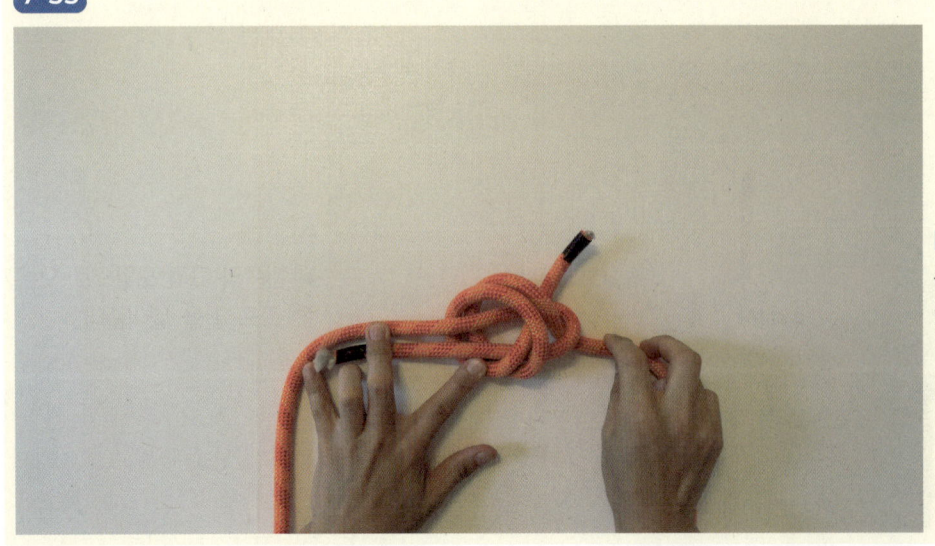

7-55

▶ 아래로 내려간 오른쪽 로프 끝을 양쪽 로프가 교차되는 사이로 넣어준다.

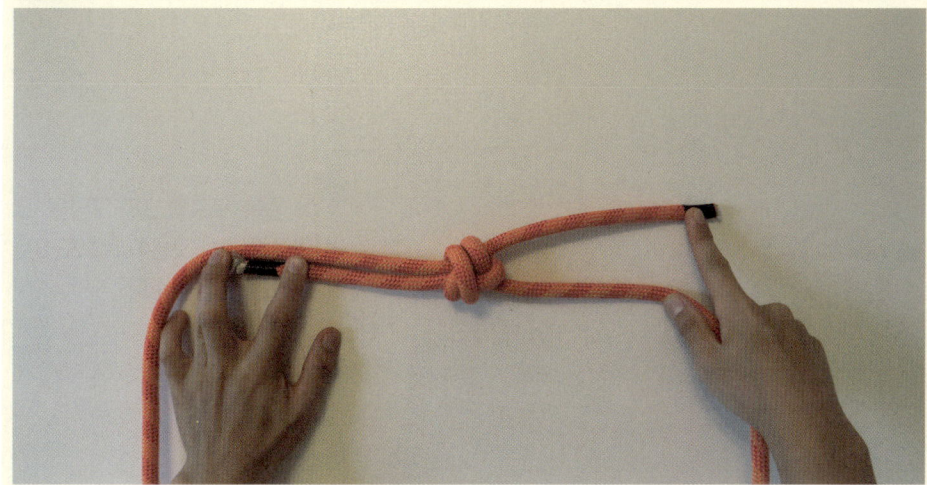

7-56

▶ 양쪽 로프를 잡고 적당히 당겨주면 두겹 매듭이 된다.

🔍 2종목 이어 매기 – 8자 연결 매듭

7-57

▶ 왼쪽 로프로 8자 매듭을 약간 느슨하게 만들어 준비한다.

7-58

▶ 왼쪽 로프의 8자 모양을 따라서 오른쪽 로프를 넣어준다.

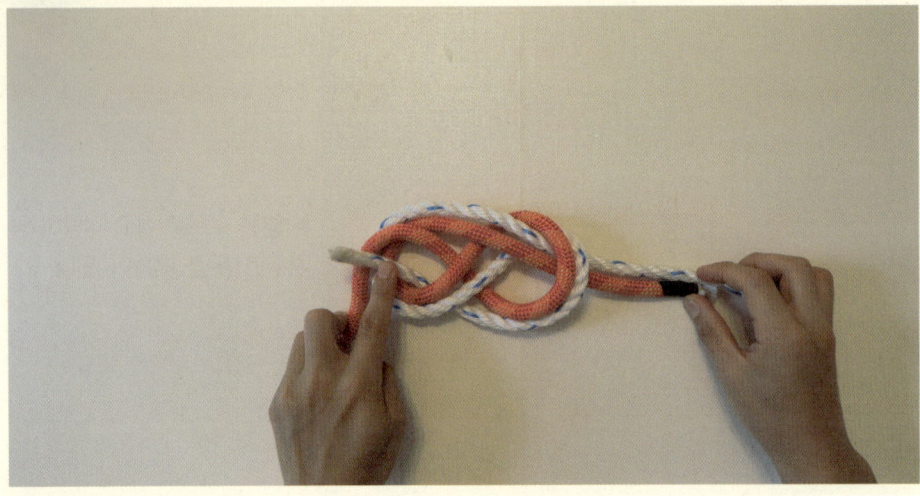

▶ 왼쪽 로프의 8자 모양을 그 대로 따라서 오른쪽 로프도 8자 모양을 만들어준다.

▶ 오른쪽에서 시작하여 왼쪽 8 자 모양 로프 끝으로 나온 로프 를 양쪽에서 잡고 당겨주면 8자 연결 매듭이 된다.

◎ 2종목 이어 매기 – 피셔맨 매듭

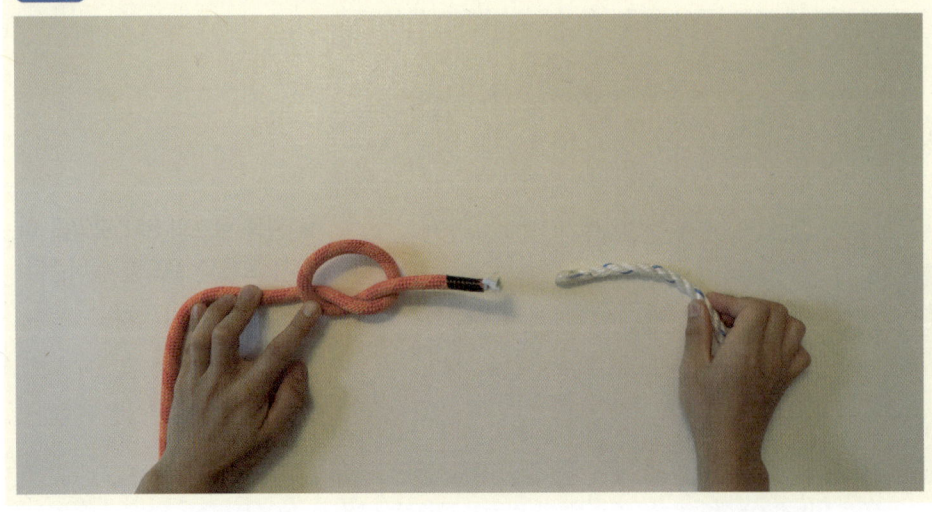

▶ 왼쪽의 로프를 한 번 감아 작 은 원을 만들어 준비한다.

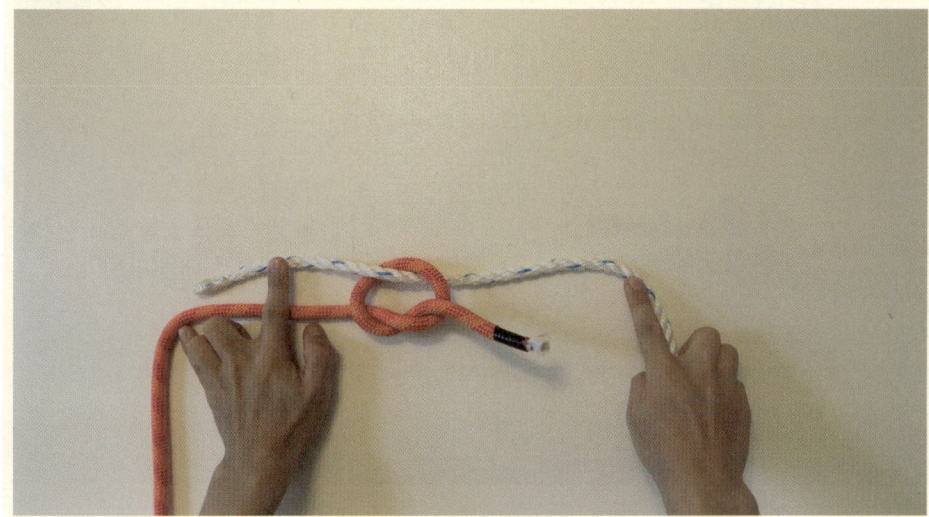

▶ 왼쪽의 작은 원으로 오른쪽 로프를 넣어준다.

▶ 원을 통과한 오른쪽 로프를 왼쪽 로프와 함께 감아준다.

▶ 양쪽에 감긴 로프를 당겨준다.

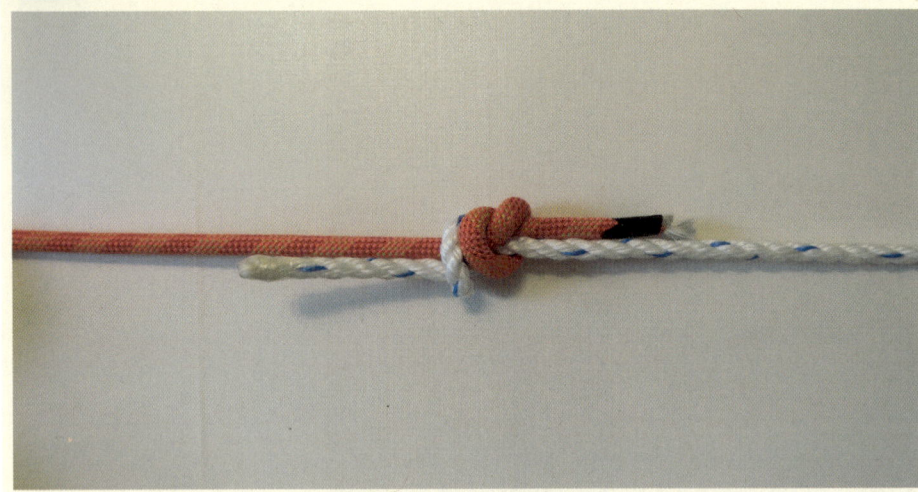

▶ 양쪽 로프 끈을 잡고 당겨주면 피셔맨 매듭이 된다.

🔍 3종목 움켜 매기 – 절반 매기

▶ 준비된 의자에 로프를 한 번 감아 준비한다.

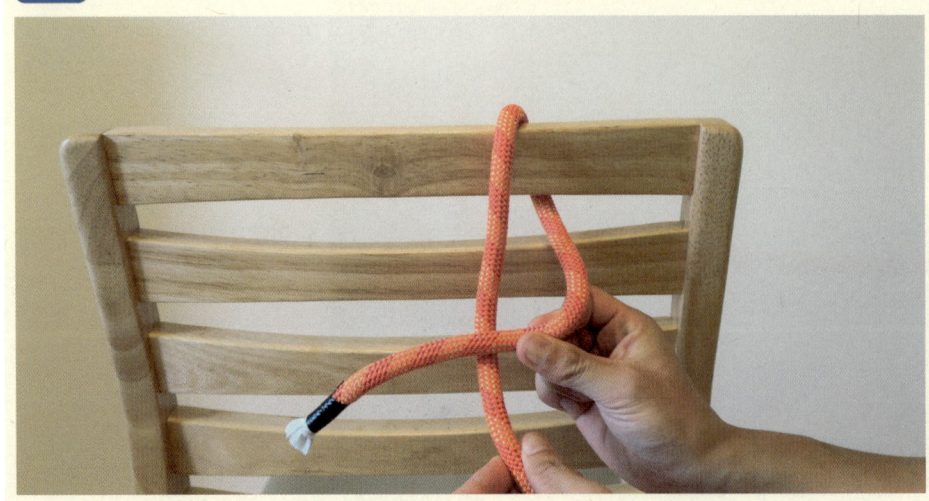

▶ 오른쪽의 로프 끝을 잡고 반대 로프로 감을 준비를 한다.

▶ 오른쪽의 로프 끝을 반대 로프와 감아준다.

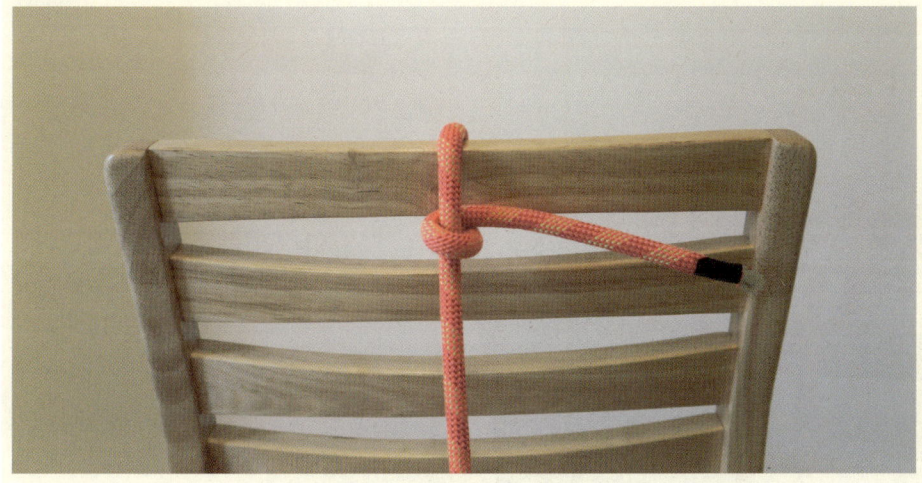

▶ 감아온 로프를 당겨주면 절반 매기가 된다.

🔍 3종목 움켜 매기 - 감아 매기(두겹)

▶ 준비된 의자에 로프를 한 번 감아 준비한다.

▶ 오른쪽 로프 끝을 잡고 한 번 더 감아준다.

▶ 오른쪽 로프 끝을 잡고 아래로 내려가 있는 로프 밑을 넣고 안쪽으로 한 번 감아준다.

▶ 안쪽으로 한 번 더 감아준다.

7-74

▶ 아래 내려온 양쪽 로프를 잡고 당겨주면 감아 매기가 된다.

🔍 3종목 움켜 매기 – 잡아 매기(두겹)

7-75

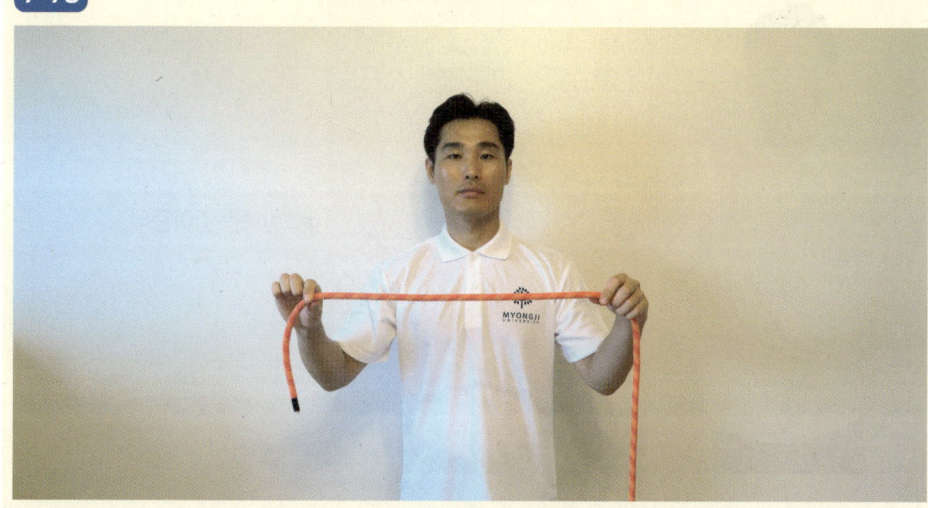

▶ 양쪽 로프를 잡고 준비한다.

7-76

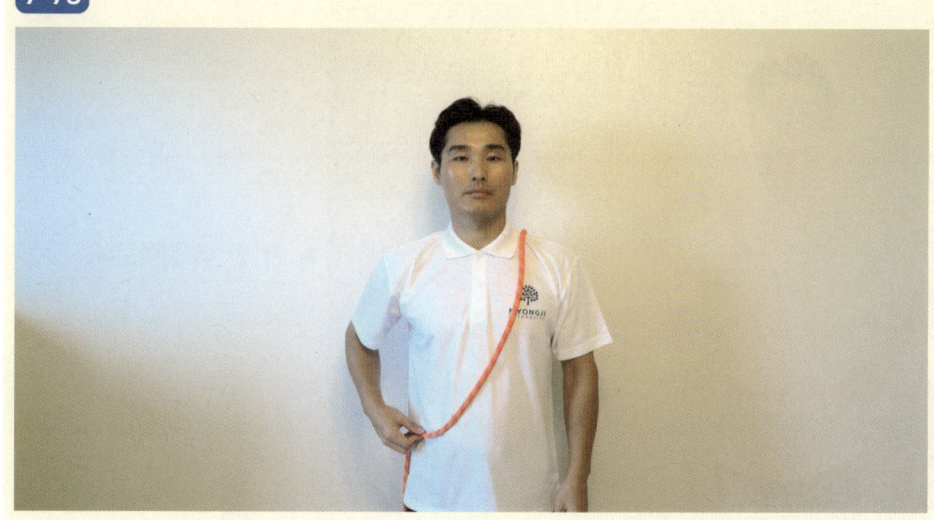

▶ 짧게 잡은 오른쪽 로프 끝을 왼쪽 어깨 위로 넘기고 오른손은 아래 로프를 잡아준다.

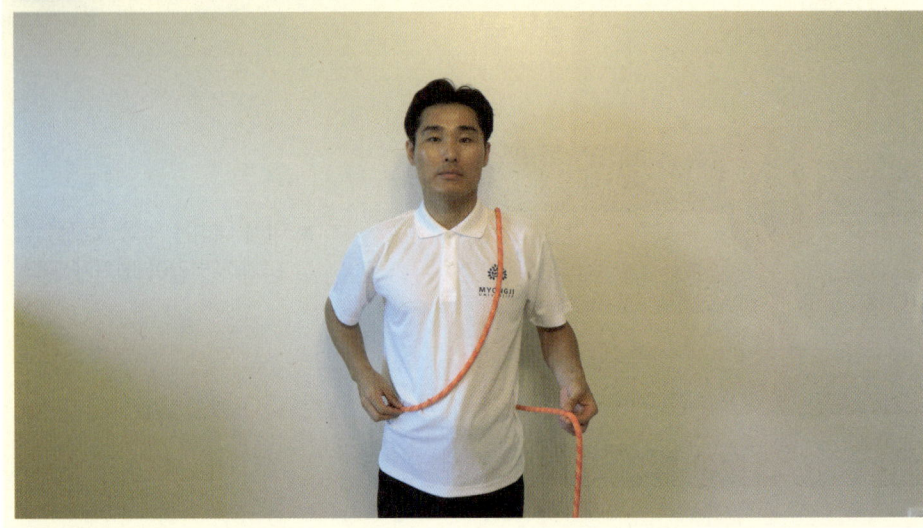

▶ 오른쪽 로프를 반대 방향으로 감을 준비를 한다.

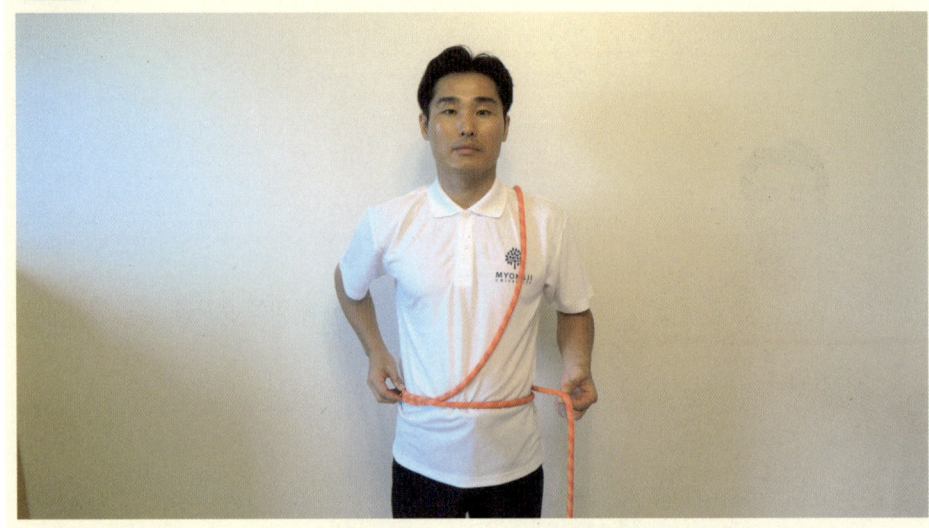

▶ 한 번 감아준다.

▶ 한 번 더 감아준다.

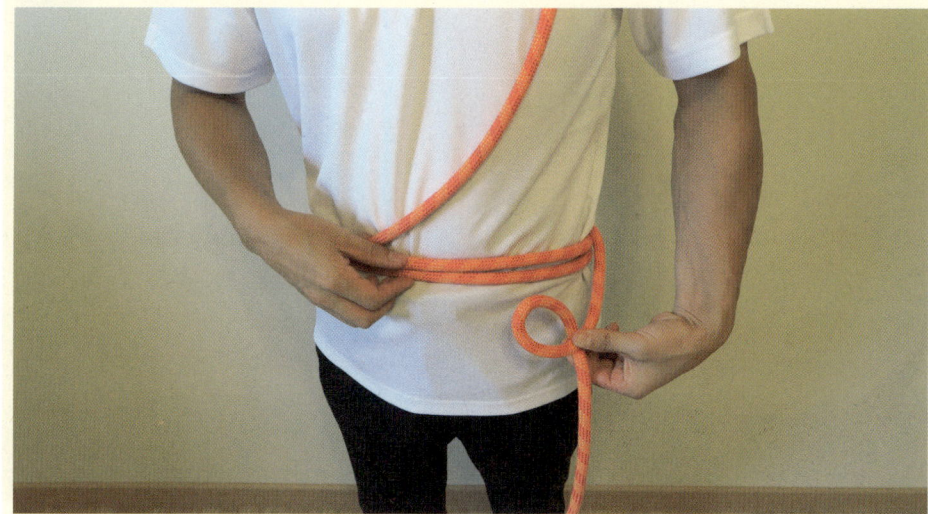

7-80

▶ 왼쪽으로 나온 로프로 작은 원을 만들어준다.

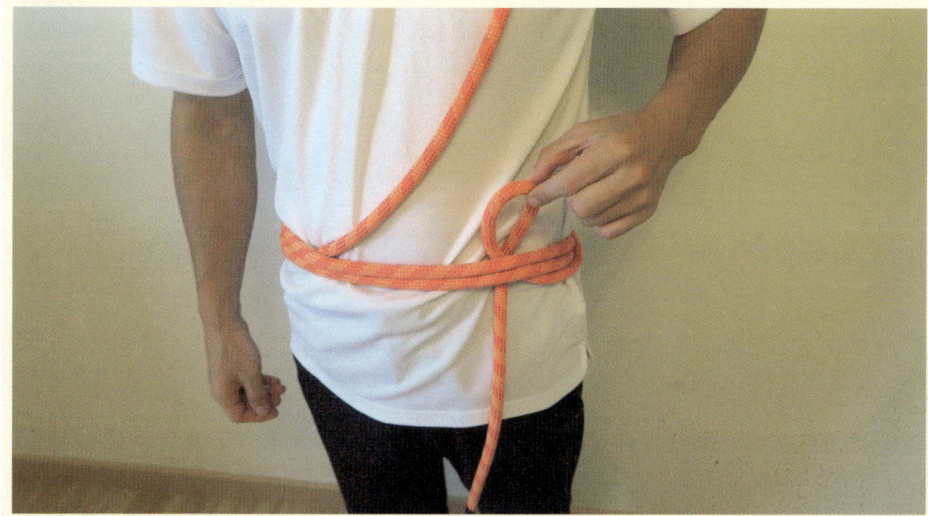

7-81

▶ 만들어준 원을 몸통에 감아 진 로프 안쪽으로 넣어준다.

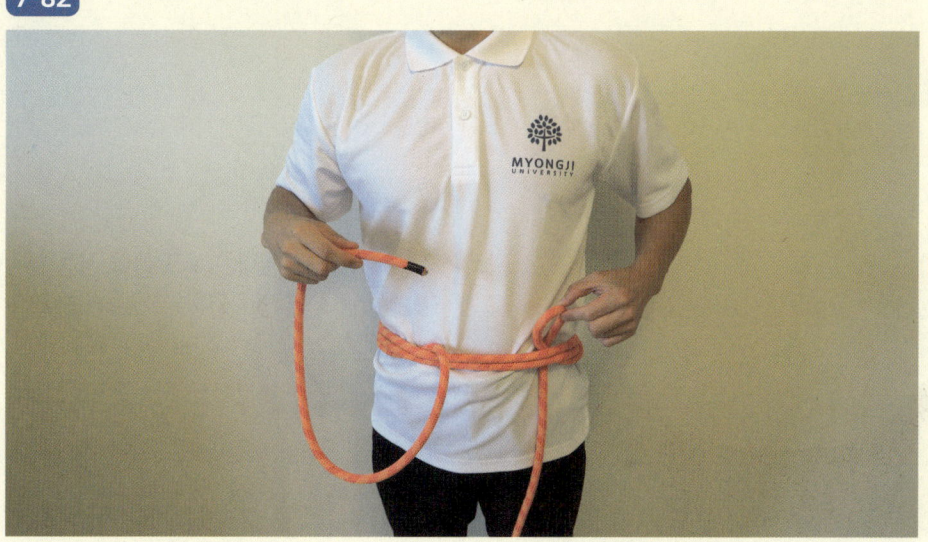

7-82

▶ 왼쪽 어깨 위에 있던 로프 끝을 잡는다.

7-83

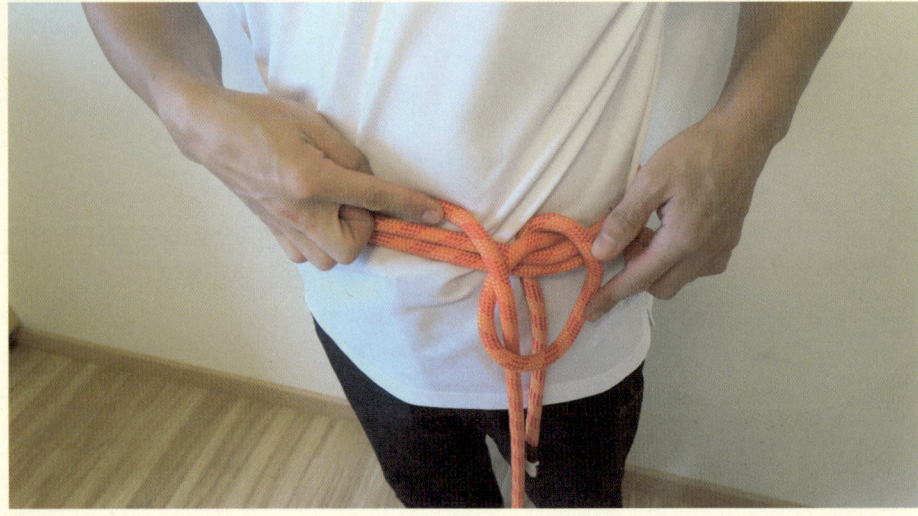

▶ 왼쪽 어깨 위에 있던 로프를 원으로 넣어준다.

7-84

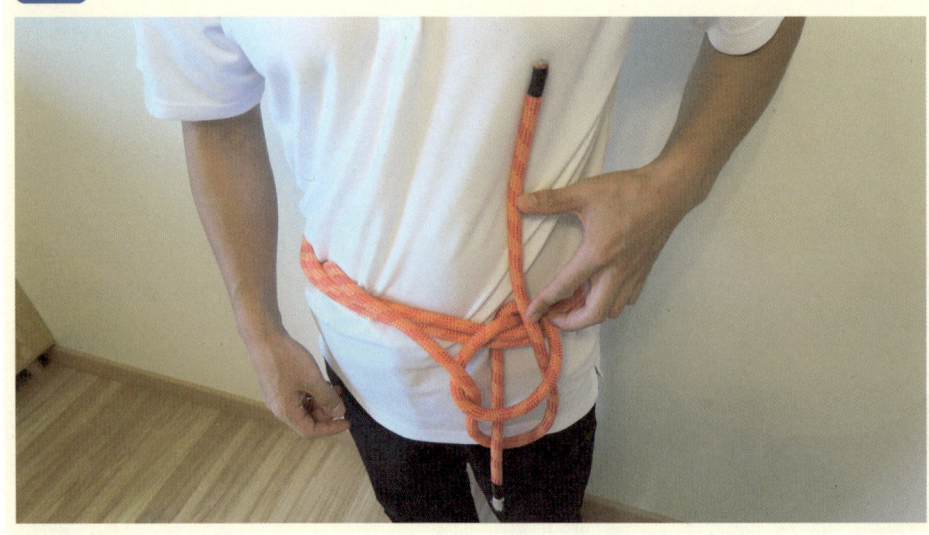

▶ 원을 통과한 로프를 밑에 내려가 있던 다른 로프 끝을 감아 다시 올려준다.

7-85

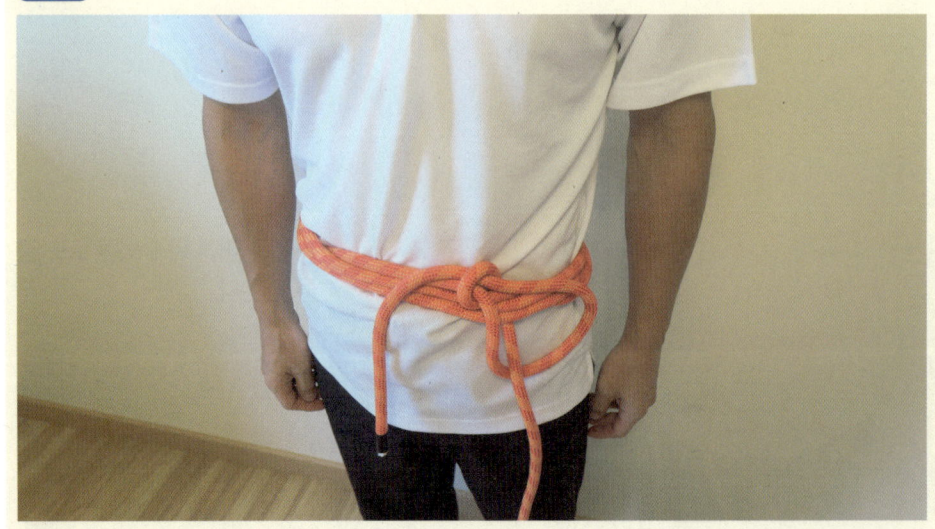

▶ 올라온 로프 끝을 잡고 살짝 당겨서 모양을 만들어준다.

7-86

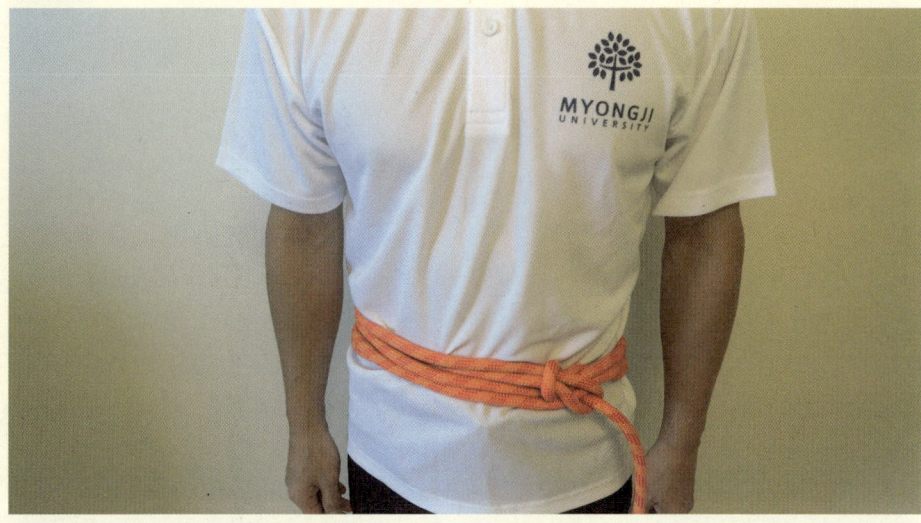

▶ 양쪽 로프 끝을 잡고 당겨주
면 잡아 매기가 된다.

Advice
① 로프법은 숙달 과정에 시간이 걸린다. 꾸준히 연습해야 한다.
② 로프법 설명이 행동요령으로 설명되어 이해하기 어렵다면 사진을 보고 연습하면 좋다.
③ 로프법 동영상이 네이버 카페 '스포츠레저교육'에 준비되어 있으니 참고하면 좋겠다.

로프매듭방법 채점기준
① 평가관이 지정한 로프매듭방법 5가지를 한 매듭 당 45초 이내에 할 수 있어야 한다.
② 각 매듭 45초 이내에 미실시 또는 매듭 상태 불량 시 감점(1점) 처리된다.
※ 주요 항목

마디 짓기(2가지 시험)	8자 매듭, 두겹 8자 매듭, 이중 8자 매듭, 줄사다리 매듭, 고정 매듭, 두겹 고정 매듭, 나비 매듭
이어 매기(2가지 시험)	바른 매듭, 한겹 매듭, 두겹 매듭, 8자 연결 매듭, 피셔맨 매듭
움켜 매기(1가지 시험)	절반 매기, 잡아 매기(두겹), 감아 매기(두겹)

3종목 움켜 매기 – 말뚝 매기

* 시험 주요 항목에는 없지만 사전교육 내용에 포함되어 있어 시험에 나오는 경우가 있다.

7-87

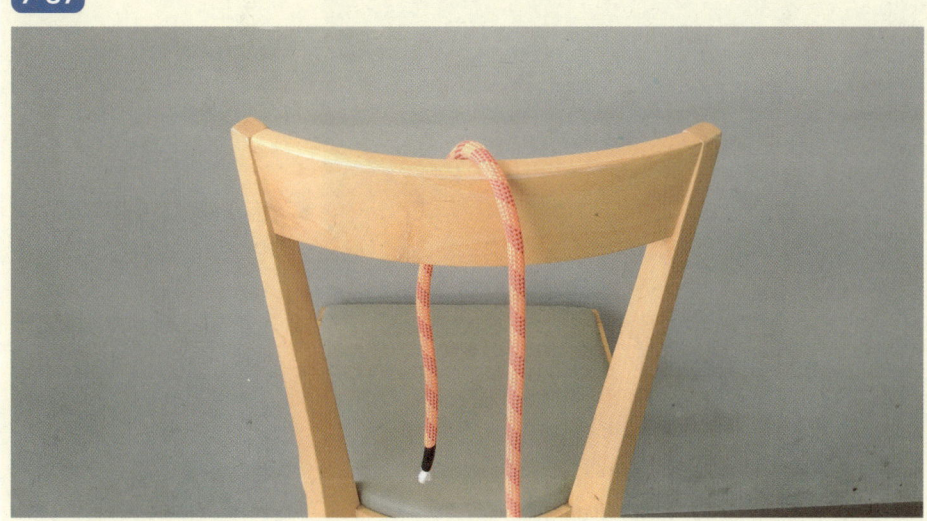

▶ 준비된 의자에 로프를 한 번
감아 준비한다.

7-88

▶ 감아진 로프 끝을 감겨있는 로프 반대로 넘겨준다.

7-89

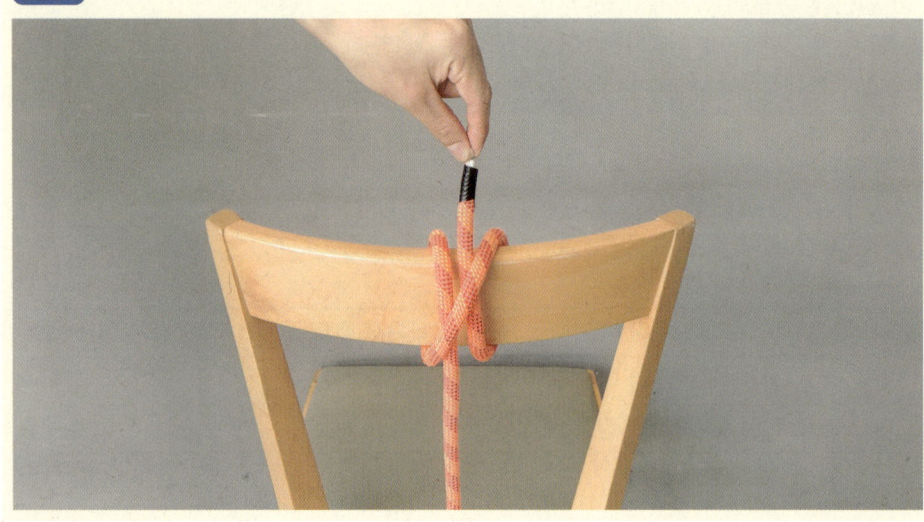

▶ 넘겨온 로프 끝을 로프가 감겨있는 중앙으로 넣어준다.

7-90

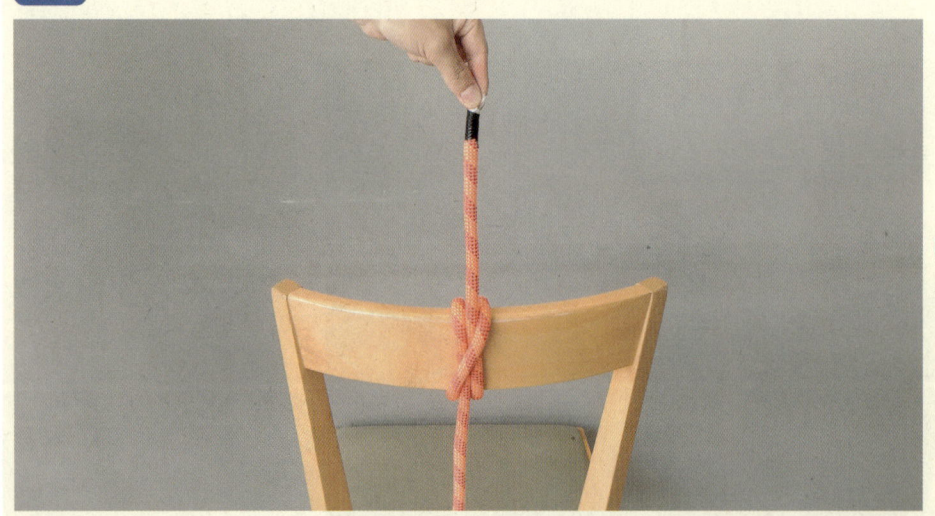

▶ 위로 나온 로프 끝을 잡고 당겨주면 말뚝 매기가 된다.

※ 수상구조사 2급 특례시험은 [부록 4]에 있으니 참고 바랍니다.

PART 04

수상구조사 실기시험 준비 훈련 방법

CHAPTER 01 수상구조사 대비 운동 방법

CHAPTER 01 수상구조사 대비 운동 방법

수상구조사 실기시험을 준비하려면 체력적인 부분을 사전에 준비하기 위하여 트레이닝을 할 필요가 있다. 수영만 잘한다고 해서 체력적인 부분이 완전히 준비되었다고 할 수 없고, 수상구조사 준비 중 일어날 수 있는 부상을 예상하는 차원에서 적절한 트레이닝 훈련은 필수라고 생각한다. 그리고 수상구조사 합격 후에도 2년마다 한 번씩 재평가를 받아야 하므로 수상구조사의 시작과 과정은 결국 끝없이 체력을 만들고, 유지하는 자신과의 싸움일 것이다.

수상에서 물에 빠진 사람을 구하고, 관리하는 것은 생각 이상으로 많은 체력이 필요하다. 그래서 수상구조사라는 전문분야의 도전을 준비하고 있는 분들을 위하여 평소 몇 가지 운동으로 체력을 관리하는 방법을 소개하려고 한다.

자신의 환경과 상황에 따라서 훈련장소와 트레이닝 방법은 변화를 주어 효과적으로 꾸준히 운동하길 바란다.

1 유산소 운동

🔍 걷기 / 준비운동

8-1

▶ 트레이닝 훈련 시작 전 걷기 10 ~ 15분과 체조로 준비운동을 한다.

🔍 달리기 / 심폐지구력 운동

8-2

▶ 준비운동이 끝나면 심폐지구력 향상을 위하여 달리기를 실시한다.
주 3 ~ 4회, 30 ~ 40분 정도 실시하며, 약 70 ~ 80% 강도로 하면 좋다.
자전거 또는 등산도 유산소 운동으로 심폐지구력 향상에 도움을 준다.

2 근력 운동

🔍 렛 풀 다운 / 광배근, 등 전체

8-3

▶ 손은 어깨너비보다 넓게 바를 잡고, 가슴과 팔을 편 상태에서 가슴까지 당긴다.
호흡법은 팔을 편 상태에서 마시고, 당겨오면서 호흡을 내쉰다.
주 2~3회, 4~6세트, 1회 8~15회 정도 하는 것이 좋다.
턱걸이도 같은 효과를 볼 수 있다.

8-4

8-5

▶ 어깨너비보다 넓게 바를 잡고, 가슴과 팔을 편 상태에서 최대한 내려왔다가 다시 원위치까지 가슴의 힘으로 밀어준다. 호흡법은 팔이 아래로 내려가면서 마시고, 다시 밀어주면서 호흡을 내쉰다.
주 2~3회, 4~6세트, 1회 8~15회 정도 하는 것이 좋다. 와이드 푸시업(넓게 팔굽혀펴기)도 같은 효과를 볼 수 있다.

8-6

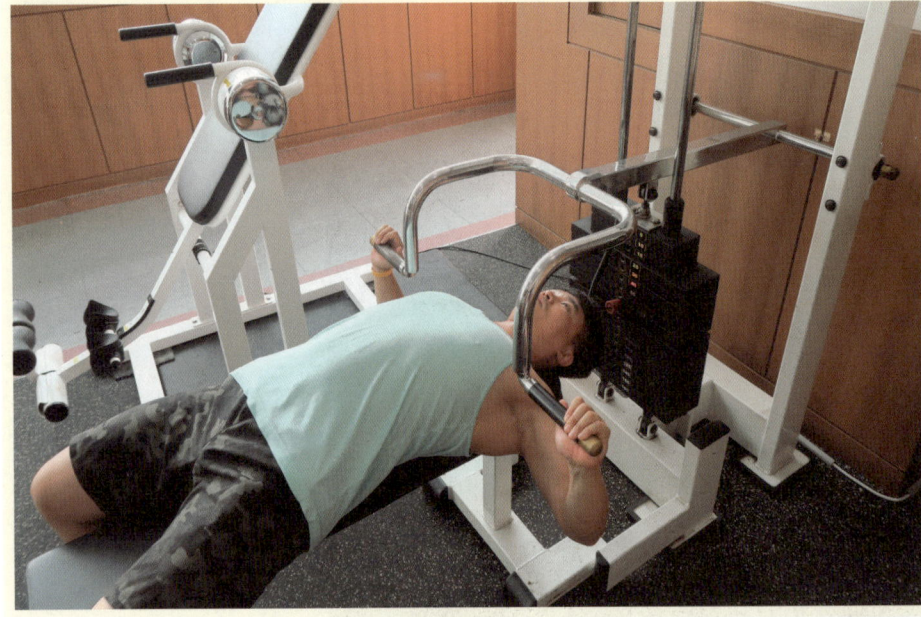

8-7

▶ 어깨너비보다 넓게 바를 잡고, 가슴과 팔을 편 상태에서 최대한 내려왔다가 다시 원위치까지 가슴과 어깨의 힘으로 밀어준다.

호흡법은 팔이 아래로 내려가면서 마시고, 다시 밀어주면서 호흡을 내쉰다.

주 2~3회, 4~6세트, 1회 8~15회 정도 하는 것이 좋다. 푸시업(팔굽혀펴기)도 같은 효과를 볼 수 있다.

8-8

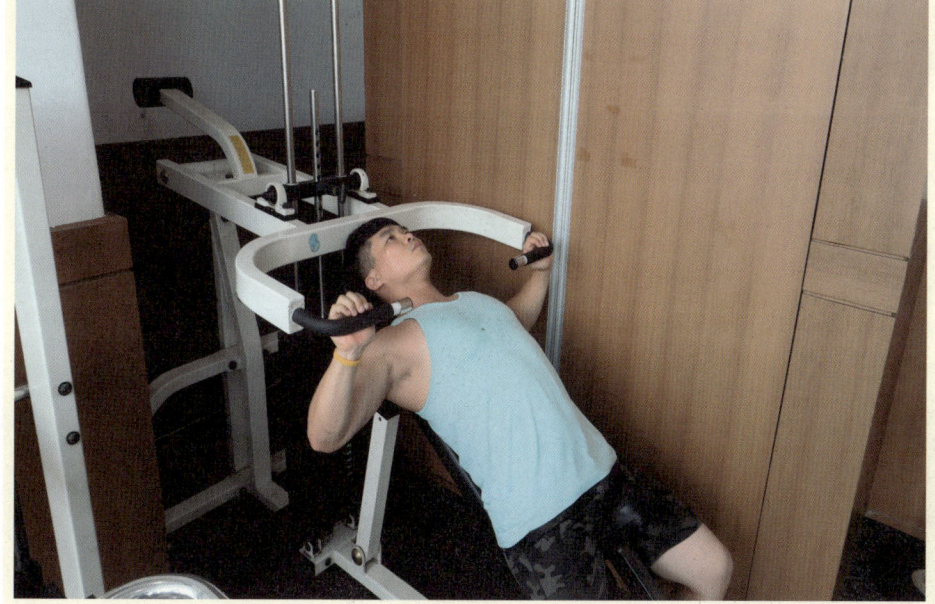

PART 04

🔍 덤벨 숄더 프레스 / 어깨

8-9

▶ 양손에 덤벨을 잡고, 90도 각도로 내려간 상태에서 다시 머리 위로 밀어 올린다.
호흡법은 팔이 90도로 내려가며 마시고, 다시 밀어 올릴 때 내쉰다.
주 2~3회, 4~6세트, 1회 10~16회 정도 하는 것이 좋다.
바벨 숄더 프레스 또는 밴드운동을 이용하여 같은 효과를 볼 수 있다.

8-10

🔍 케이블 프레스 다운 / 삼두근

▶ 어깨너비로 바를 잡고, 팔을 90도 각도로 만든 상태에서 팔을 수직이 되게 최대한 밀어 준다.

호흡법은 팔이 아래로 내려가면서 내쉬고, 다시 90도 각도로 원위치하며 마신다.

주 2~3회, 3~4세트, 1회 10~16회 정도 하는 것이 좋다.

내로우 푸시업(좁게 팔굽혀펴기)도 같은 효과를 볼 수 있다.

🔍 덤벨 킥백 / 후면 삼각근, 삼두근

8-13

▶ 양손에 덤벨을 잡고, 허리를 펴서 숙이고 90도 각도로 팔꿈치가 내려간 상태에서 다시 위로 밀어 준다.
호흡법은 팔이 90도로 내려가며 마시고, 다시 밀어 올릴 때 내쉰다.
주 2~3회, 3~4세트, 1회 10~15회 정도 하는 것이 좋다. 케이블 킥백 또는 밴드운동을 이용하여 같은 효과를 볼 수 있다.

8-14

🔍 덤벨 로우 / 능형근, 등

8-15

▶ 양손에 덤벨을 잡고, 허리를 펴서 숙인 상태에서 팔꿈치를 구부려 당긴다.
호흡법은 팔이 내려가며 마시고, 다시 당길 때 내쉰다.
주 2~3회, 4~6세트, 1회 8~15회 정도 하는 것이 좋다.
케이블 로우 또는 밴드운동을 이용하여 같은 효과를 볼 수 있다.

8-16

덤벨 컬 / 이두근

8-17

8-18

▶ 양손에 덤벨을 잡고, 팔꿈치를 구부려 당긴다.
호흡법은 팔이 내려가며 마시고, 다시 당길 때 내쉰다.
주 2~3회, 3~4세트, 1회 10~16회 정도 하는 것이 좋다.
케이블 컬 또는 바벨 컬을 이용하여 같은 효과를 볼 수 있다.

🔍 레그 프레스 / 대퇴사두근, 종아리

8-19

▶ 다리를 어깨너비로 벌려 허리를 세우고, 힘을 쓰며 다리를 펴준다.
호흡법은 다리를 구부리며 마시고, 다시 다리를 밀어서 펴줄 때 내쉰다.
주 2 ~ 3회, 4 ~ 6세트, 1회 8 ~ 15회 정도 하는 것이 좋다.
바벨 스쿼트 또는 덤벨 스쿼트를 이용하여 같은 효과를 볼 수 있다.

8-20

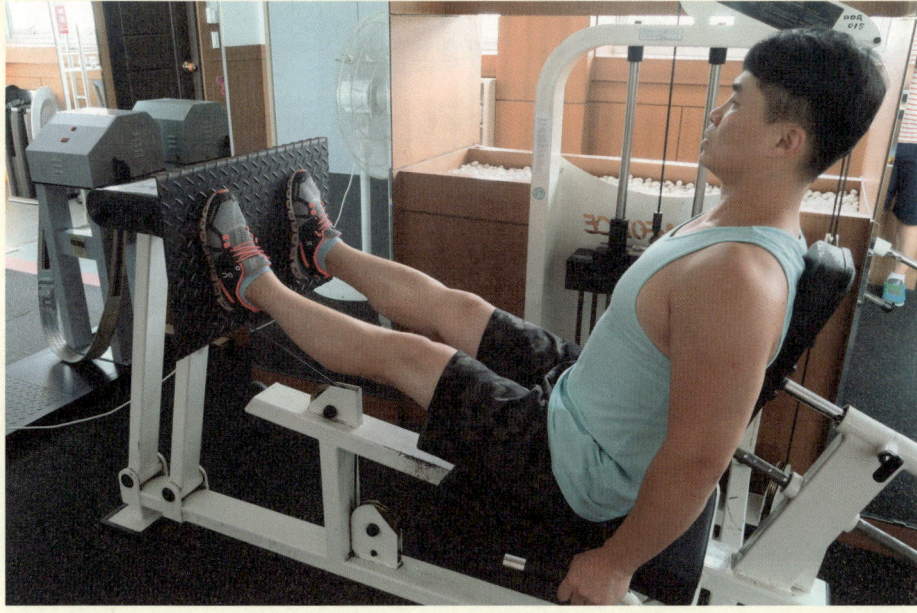

🔍 덤벨 런지 / 대퇴사두근, 대둔근, 슬굴곡근

8-21

8-22

▶ 다리를 어깨너비보다 넓게 앞뒤로 벌리고, 덤벨을 잡고 그대로 내려가는 동작으로, 세트가 끝나면 오른발과 왼발의 위치를 바꾸어서 더 해야 한 세트가 된다.
호흡법은 다리를 앞뒤로 구부리며 마시고, 다시 다리를 펴줄 때 내쉰다.
주 2~3회, 3~4세트, 1회 10~20회 정도 하는 것이 좋다. 바벨 런지 또는 워킹 런지를 이용하여 같은 효과를 볼 수 있다.

3 코어 운동

🔍 플랭크 / 복근, 척추기립근 등 몸의 중심

8-23

▶ 몸의 수평을 유지하여 팔꿈치와 발끝만으로 몸을 지탱한다. 호흡법은 몸을 지탱하는 동안 적당한 호흡을 유지한다.
주 2~3회, 4~6세트, 1회 1분 정도 하는 것이 좋다.
싯업 또는 크런치 운동을 이용하여 같은 효과를 볼 수 있다.

8-24

슈퍼맨 / 척추기립근, 대둔근, 대퇴이두근

8-25

▶ 상체와 하체를 펴서 배만 바닥에 붙인 상태에서 상체와 하체를 최대한 위로 끌어올린다. 호흡법은 상체와 하체를 올리고 호흡을 내쉬고, 상체와 하체를 내리며 마신다.

주 2~3회, 4~6세트, 1세트 15~25회 정도 하는 것이 좋다. 백 익스텐션(로만체어) 운동을 이용하여 같은 효과를 볼 수 있다.

8-26

4 기타 운동

🔍 전신 스트레칭 / 유연성

8-27

▶ 근력 운동 후 적당한 전신 스트레칭으로 근육의 가동범위를 늘려 주면 근력운동 효과를 극대화할 수 있으며, 근육의 피로를 풀어주어 부상을 예방할 수 있다.

🔍 명상 / 심리

8-28

▶ 운동이 끝나면 심리적 안정감을 찾고, 자신감을 증가시킬 수 있는 명상을 권하고 싶다. 조용한 장소에서 편안한 자세로 앉아 눈을 감고, 평상시 호흡보다 조금 더 천천히 호흡을 하며 5 ~ 10분 정도 아무런 생각 없이 고요함을 느낀다면 몸과 마음의 스트레스가 풀린다.

스파르타
수상
구조사

부록

부록 01 수상구조사 국가자격 관련 법령

수상구조사 홈페이지 수상구조사 관련 법령을 일부 발췌하여 수상구조사의 역할과 자격시험에 대한 근거를 명확히 하고, 수상구조사 자격증의 활용 분야를 소개하고자 한다. 수상구조사는 대한민국의 수상안전을 책임지는 중요한 국가자격 제도로서 법률에 따라 활약할 수 있는 분야가 넓어 전망이 밝은 자격증 중 하나로 기대를 받고 있다.

1 수상구조사 자격 관련 법령 일부(개념 및 법적 근거)

수상구조사란 수상에서 조난된 사람을 구조하기 위한 전문적인 능력을 갖추었다고 인정되어 해양경찰청장에게 수상구조사 자격을 부여받은 자를 말한다.

> 수상에서의 수색·구조 등에 관한 법률 제30조의2(수상구조사)
> ① 해양경찰청장은 수상에서 조난된 사람을 구조하고 안전사고 예방 활동 및 교육을 수행하기 위한 전문적인 능력을 갖추었다고 인정되는 사람에게 수상구조사 자격을 부여할 수 있다.
> ② 수상구조사가 되려는 사람은 해양경찰청장이 지정하는 관련 단체 또는 기관(이하 "교육기관"이라 한다)에서 교육과정을 이수한 후 해양경찰청장이 실시하는 시험에 합격하여야 한다.
> ③ 수상구조사의 등급은 지도사·1급·2급으로 하고 등급별 자격기준 및 업무수행 범위 등은 대통령령으로 정한다.
> ④ 해양경찰청장은 수상구조사 시험에 합격한 사람에 대하여 해양수산부령으로 정하는 바에 따라 수상구조사 자격증(이하 "자격증"이라 한다)을 발급하여야 한다.
> ⑤ 수상구조사 자격의 효력은 자격증을 발급받은 날부터 발생한다.
> ⑥ 수상구조사 시험의 시행일을 기준으로 제30조의3의 결격사유에 해당하는 사람은 수상구조사 시험에 응시할 수 없다.
> ⑦ 제2항에 따른 수상구조사 시험의 시험과목, 시험방법, 그 밖에 시험에 필요한 사항은 대통령령으로 정하고, 교육기관의 지정 및 취소, 교육과정, 관리·감독 등에 필요한 사항은 해양수산부령으로 정한다.
> ⑧ 해양경찰청장은 수상구조사 시험의 실시에 관한 업무를 대통령령으로 정하는 바에 따라 시험관리 능력이 있다고 인정되는 관계 전문기관에 위탁할 수 있다.

「자격기본법」에 따라 "국민의 생명·건강·안전에 직결되는 분야는 국가자격으로 신설"되어야 하며, 대한민국 국민의 수상안전강화를 위하여 수상구조사 자격제도를 신설하였다.

> 자격기본법 제11조(국가자격의 신설 등)
> ① 중앙행정기관의 장은 다음 각 호의 어느 하나에 해당하는 분야에 대하여 국가자격관련법령으로 국가자격을 신설할 수 있다.
>   1. 국민의 생명·건강 및 안전에 직결되는 분야
>   2. 국방·치안·교육 및 국가기간산업 등 공익에 직결되는 분야
>   3. 자격 취득수요가 적어 민간자격의 운영이 곤란한 분야
>   4. 그 밖에 국가가 필요하다고 인정하는 분야

2 자격요건

① 필수 요건

수상구조사 자격시험에 응시하려는 사람은 해양경찰청장이 지정하는 관련 단체 또는 기관에서 64시간(1급), 40시간(2급) 이상의 교육과정을 이수하여야 한다.

② 기타 요건
- 연령기준: 연령제한 없음
- 성별구분: 남녀 동일한 자격기준 적용

3 수상구조사의 역할

① 수상구조사는 전국의 해수욕장, 워터파크, 수상레저사업장 및 수영장 등에서 인명구조와 이용객 안전관리 업무에 종사할 수 있다.

② 관련 사업장
- 「수상레저안전법」상 레저사업장
- 「해수욕장 이용 및 관리에 관한 법률」상 해수욕장
- 「체육시설 설치 및 이용에 관한 법률」상 수영장
- 「유선 및 도선 사업법」상 사업장

4 수상구조사 준수사항

수상에서의 수색·구조 등에 관한 법률 제30조의5(준수사항)

① 수상구조사는 다음 각 호에서 정하는 사항을 준수하여야 한다.

1. 구조 완료 후 구조된 사람에게 법령에 의하지 않은 금품 등의 대가를 요구하지 않을 것
2. 다른 사람에게 자기의 명의를 사용하게 하거나 그 자격증을 대여(貸與)하지 않을 것

② 누구든지 수상구조사 자격을 취득하지 아니하고 그 명의를 사용하거나 자격증을 대여받아서는 아니 되며, 명의의 사용이나 자격증의 대여를 알선하여서도 아니 된다.

수상에서의 수색·구조 등에 관한 법률 제30조의6(비밀 준수 의무)

수상구조사는 조난된 사람의 구조 과정에서 알게 된 비밀을 누설하거나 공개하여서는 아니 된다.

5 자격취득절차

응시자격 확인	• 수상구조사 지도사: 수상구조사 1급 취득 후 수상구조 경력 3년 이상 • 수상구조사 1급: 2급 취득 후 수상구조 경력 2년 이상 또는 1급 교육과정(64시간) 이수자 • 수상구조사 2급: 수상구조사 2급 교육과정(40시간) 이수자
교육이수	교육수료 증명서류 발급(교육기관 → 교육생) ※ 발급서류: 수상구조사 교육수료증
자격시험응시	응시수수료: 필기시험 10,000원, 실기시험 30,000원, 면접시험 50,000원
	〈자격시험 합격 후〉
자격증 발급	합격자가 정부24 홈페이지에서 온라인 신청 및 발급(출력)

6 수상구조사 교육

① **사전교육**: 자격시험에 응시하려는 사람은 1급 64시간, 2급 40시간 이상의 교육과정을 이수하여야 한다.

과목	세부 교육 내용	강의 및 실습시간	
		수상구조사 1급	수상구조사 2급
수상구조사의 자세(이론)	• 수상구조사의 임무와 책임	1	1
	• 수상구조사의 자질과 정신	1	1
	소계	2	2
조난사고의 이해(이론)	• 재난상황의 이해	1	1
	• 수난사고 다발지역 분석	1	1
	• 해양환경 및 수상일반	2	2
	• 안전사고 예방·순찰 활동 계획 수립 및 점검	2	–
	• 사고의 대응 및 의사결정	2	–
	소계	8	4
관련 법령(이론)	• 「수상에서의 수색·구조 등에 관한 법률」	0.5	0.5
	• 「선박안전법」	0.5	0.5
	• 「유선 및 도선 사업법」	0.5	0.5
	• 「수상레저안전법」	0.5	0.5
	소계	2	2
응급처치(이론 및 실습)	• 기본 응급처치술(심폐소생술, AED 등)	5	5
	• 외상환자 응급처치(출혈, 골절, 고정 등)	5	5
	• 응급의료 장비 사용(환자 고정 및 운반법)	3	–
	소계	13	10
구조기술(실습)	• 구조영법(헤드업 자유형, 평영 등)	7	6
	• 수영구조, 장비구조(레스큐 튜브)	8	7
	• 선상안전과 비상대응(퇴선방법 등)	7	–
	• 부상자 구조법	4	–
	• 생존수영	5	5
	소계	31	18
종합구조(실습)	• 종합구조(구조방법 등 반복교육)	6	4
	• 로프사용법, 매듭법	2	–
	소계	8	4
총계(Total)		64	40

② **보수교육**: 수상구조사 자격을 취득한 사람은 자격유지를 위한 보수교육을 받아야 한다.

보수교육 (8시간)	이론교육 (2시간)	• 사전교육 관련법상 대상 주요내용(1시간) • 기본 응급처치술(1시간)
	실기교육 (6시간)	• 심폐소생술 및 응급의료장비 사용법(2시간) • 종합구조 및 선박 구명설비(4시간)(구명벌, 신호탄 등 사용법)

수상에서의 수색·구조 등에 관한 법률 시행규칙 제12조의11(수상구조사 보수교육)

① 법 제30조의7 제1항에 따른 보수교육은 8시간 이상으로 한다.

수상에서의 수색·구조 등에 관한 법률 제30조의7(자격유지)

① 수상구조사 자격을 취득한 사람은 다음 각 호의 구분에 따른 기간(이하 "보수교육 기간"이라 한다)에 총리령으로 정하는 바에 따라 해양경찰청장이 실시하는 보수교육을 받아야 한다.

1. 최초 수상구조사 자격을 취득한 경우 자격증을 발급 받은 날부터 기산하여 3년이 되는 날이 속하는 해의 1월 1일부터 12월 31일까지

2. 제1호 이외의 경우 직전의 보수교육을 받은 날부터 기산하여 3년이 되는 날이 속하는 해의 1월 1일부터 12월 31일까지

② 다음 각 호의 어느 하나에 해당하는 사유로 인하여 보수교육 대상자가 보수교육 기간 중 보수교육을 받을 수 없다고 인정되는 경우 해양경찰청장은 해양수산부령으로 정하는 바에 따라 보수교육을 미리 받게 하거나 6개월의 범위에서 연기하도록 할 수 있다.

1. 보수교육 기간 중 해외에 체류가 예정되어 있거나 체류 중인 경우 또는 재해·재난을 당한 경우

2. 질병이나 부상으로 인하여 거동이 불가능한 경우

3. 법령에 따라 신체의 자유를 구속당한 경우

4. 군복무 중인 경우

5. 그 밖에 보수교육 기간에 보수교육을 받을 수 없는 부득이한 사유라고 인정되는 경우

7 결격사유 및 자격취소

① 결격사유

수상에서의 수색·구조 등에 관한 법률 제30조의3(결격사유)

다음 각 호의 어느 하나에 해당하는 사람은 수상구조사가 될 수 없다.

1. 피성년후견인·피한정후견인

2. 「정신보건법」 제3조 제1호에 따른 정신질환자

3. 「마약류 관리에 관한 법률」 제2조 제2호부터 제4호까지의 규정에 따른 마약·향정신성의약품 또는 대마 중독자

4. 이 법 또는 다음 각 목의 어느 하나에 해당되는 죄에 의하여 금고 이상의 실형을 선고받고 그 집행이 끝나지 아니하거나 면제되지 아니한 사람

　가. 이 법 제43조부터 제45조까지의 죄

　나. 「형법」 제268조(수상에서의 안전관리 및 인명구조 업무와 관련한 과실만 해당한다)의 죄

　다. 「아동·청소년의 성보호에 관한 법률」 제7조 및 제8조의 죄

② 자격의 취소

수상에서의 수색·구조 등에 관한 법률 제30조의8(자격의 취소 등)

① 해양경찰청장은 수상구조사가 다음 각 호의 어느 하나에 해당하는 경우에는 그 자격을 취소하거나 1년의 범위에서 자격의 효력을 정지시킬 수 있다. 다만, 제1호부터 제3호까지의 어느 하나에 해당하면 자격을 취소하여야 한다.

1. 거짓이나 그 밖의 부정한 방법으로 자격을 취득한 사실이 드러난 경우

2. 제30조의3 제1호부터 제4호까지의 결격사유 중 어느 하나에 해당하게 된 경우

3. 보수교육을 받지 않아 자격이 정지된 날부터 1년이 경과한 경우

4. 제30조의5 제1항에 다른 준수사항을 위반한 경우

5. 제30조의6에 따른 비밀 준수 의무를 위반한 경우

② 제1항 제1호에 따라 자격이 취소된 사람은 그 처분이 있는 날부터 2년간 수상구조사 시험에 응시할 수 없다.

③ 제1항에 따라 자격이 취소된 사람은 취소된 날부터 15일 이내에 자격증을 해양경찰청장에게 반납하여야 한다.

8 수상구조사 배치관련 법령

① 수상레저안전법

수상레저안전법 제44조(사업자의 안전점검 등 조치)
① 수상레저사업자와 그 종사자는 수상레저활동의 안전을 위하여 다음 각 호의 조치를 하여야 한다.
  1. 수상레저기구와 시설의 안전점검
  2. 영업구역의 기상·수상 상태의 확인
  3. 영업구역에서 사고가 발생하는 경우 구호조치 및 해양경찰관서·경찰관서·소방관서 등 관계 행정기관에 통보
  4. 이용자에 대한 안전장비 착용조치 및 탑승 전 안전교육
  5. 사업장 내 인명구조요원이나 래프팅가이드의 배치 또는 탑승
  6. 비상구조선(수상레저사업장과 그 영업구역의 순시 및 인명구조를 위하여 사용되는 동력레저기구를 말한다. 이하 이 조에서 같다)의 배치
② 수상레저사업자와 그 종사자는 영업구역에서 다음 각 호의 행위를 하여서는 아니 된다.
  1. 14세 미만인 자(보호자를 동반하지 아니한 자로 한정한다), 술에 취한 자 또는 정신질환자를 수상레저기구에 태우거나 이들에게 수상레저기구를 빌려 주는 행위
  2. 수상레저기구의 정원을 초과하여 태우는 행위
  3. 수상레저기구 안에서 술을 판매·제공하거나 수상레저기구 이용자가 수상레저기구 안으로 이를 반입하도록 하는 행위
  4. 영업구역을 벗어나 영업을 하는 행위
  5. 제26조에 따른 수상레저활동시간 외에 영업을 하는 행위
  6. 대통령령으로 정하는 폭발물·인화물질 등의 위험물을 이용자가 타고 있는 수상레저기구로 반입·운송하는 행위
  7. 수상레저기구의 등록 및 검사에 관한 법률 제15조에 따른 안전검사를 받지 아니한 동력수상레저기구를 영업에 사용하는 행위
  8. 비상구조선을 그 목적과 다르게 사용하는 행위
③ 제1항 제5호에 따른 인명구조요원이나 래프팅가이드의 자격 및 배치기준, 제1항 제6호에 따른 비상구조선의 배치에 필요한 사항 등은 대통령령으로 정한다.

수상레저안전법 시행령 제26조(인명구조요원·래프팅가이드의 자격기준 등)
① 법 제44조 제1항 제5호에 따른 인명구조요원 및 래프팅가이드는 다음 각 호의 구분에 따른 자격을 갖춘 사람이어야 한다.
  1. 인명구조요원: 「수상에서의 수색·구조 등에 관한 법률」 제30조의2에 따른 수상구조사 자격을 갖춘 사람
  2. 래프팅가이드: 별표 12에 따른 레프팅가이드 교육기관의 지정기준을 갖춘 기관·단체 또는 법인 중 해양경찰청장이 지정하는 기관·단체 또는 법인(이하 이 조에서 "교육기관"이라 한다)이 운영하는 인명구조 교육과정을 이수한 후 래프팅가이드 자격을 취득한 사람
② 교육기관의 지정·지정취소, 관리·감독, 인명구조 교육과정의 운영 등에 필요한 사항은 해양경찰청장이 정하여 고시한다.

② 연안사고 예방에 관한 법률

연안사고 예방에 관한 법률 제16조(연안순찰대의 편성·운영)
① 해양경찰청장은 연안사고 예방을 위한 순찰·지도 등의 업무를 수행하기 위하여 연안순찰대를 편성하여 운영할 수 있다.
② 연안순찰대원의 자격기준, 복무 등에 필요한 사항은 대통령령으로 정한다.

연안사고 예방에 관한 법률 시행령 제8조(연안순찰대원의 자격)
법 제16조 제2항에 따른 연안순찰대원(이하 "연안순찰대원"이라 한다)은 「수상레저안전법 시행령」 제26조 제1항 제1호에 따른 인명구조요원의 자격을 갖춘 해양경찰청 및 그 소속기관의 경찰공무원(이하 "해양경찰공무원"이라 한다)으로서 다음 각 호의 요건을 모두 갖춘 사람으로 한다.

1. 다음 각 목의 어느 하나에 해당하는 사람일 것
   가. 연안순찰대원으로 배치하려는 지역을 관할하는 해양경찰 파출소·출장소에서 2년 이상 근무한 사람
   나. 연안순찰대원으로 배치하려는 지역을 관할하는 「수상에서의 수색·구조 등에 관한 법률 시행령」 제16조 제1항 제1호에 따른 해양경찰구조대의 구조대원으로 2년 이상 근무한 사람
   다. 100톤 미만의 함정으로서 해양경찰청 소속 함정에서 2년 이상 근무한 사람
   라. 「응급의료에 관한 법률」 제36조에 따른 응급구조사 자격을 갖춘 사람
2. 다음 각 목의 어느 하나에 해당하는 면허가 있는 사람일 것
   가. 「도로교통법」 제80조 제2항 제1호에 따른 제1종 운전면허 중 대형면허 또는 보통면허
   나. 「수상레저안전법」 제5조 제2항 제1호에 따른 일반조종면허

③ 유선 및 도선 사업법

유선 및 도선 사업법 제22조(인명구조용 장비의 비치 등)

① 유·도선사업자는 유·도선의 사고 시에 대비할 수 있는 인명구조용 장비를 갖추지 아니하거나 인명구조요원을 배치하지 아니하고는 영업을 할 수 없다.

② 제1항의 인명구조용 장비의 기준과 인명구조요원의 자격 및 배치기준은 대통령령으로 정한다.

유선 및 도선 사업법 시행령 제20조(인명구조요원)

① 법 제22조 제2항에 따라 유·도선사업자가 배치하여야 하는 인명구조요원은 다음 각 호의 어느 하나에 해당하는 사람이어야 한다.

1. 「수상레저안전법 시행령」 제26조 제1항 제1호에 따른 인명구조요원 자격을 취득한 사람
2. 해군 또는 해양경찰로 복무한 자로서 수상인명구조에 경험이 있는 사람
3. 「한국해양수산연수원법」에 따른 한국해양수산연수원에서 안전 및 해양사고방지교육을 이수한 사람
4. 그 밖에 제1호 및 제3호에 상당하는 자격이 있다고 관할관청이 인정하는 사람

② 제1항에 따른 인명구조요원의 최소인원수는 다음 각 호의 구분에 따른다.

1. 유선사업
   가. 승객 정원이 13명 미만인 유선: 30척까지는 1명으로 하되, 30척을 초과하는 경우에는 30척을 초과하는 20척마다 1명을 추가한 인원수
   나. 승객 정원이 13명 이상인 유선: 승객 정원 50명까지는 1명, 51명 이상 100명까지는 2명으로 하되, 100명을 초과하는 경우에는 100명을 초과하는 100명마다 1명을 추가한 인원수
2. 도선사업
   가. 승객 정원이 50명 이하인 도선: 1명
   나. 승객 정원이 51명 이상인 도선: 승객 정원이 100명까지는 2명으로 하되, 100명을 초과하는 경우에는 100명을 초과하는 100명마다 1명을 추가한 인원수

③ 유·도선의 선원이 제1항에 따른 자격을 갖춘 경우에는 인명구조요원의 임무를 겸할 수 있고, 제2항에 따른 인명구조요원 최소인원수에 포함하여 산정할 수 있다.

④ 해수욕장의 이용 및 관리에 관한 법률

해수욕장의 이용 및 관리에 관한 법률 제24조(안전관리지침)

① 해양경찰청장은 해수욕장에서의 안전사고를 예방하고 효과적으로 대처하기 위하여 시·도지사의 의견을 듣고 관계 중앙행정기관의 장과 협의를 거쳐 해수욕장 안전관리에 관한 지침을 정하고 이를 관계 중앙행정기관의 장 및 관리청에 통보하여야 한다.

해수욕장 안전관리에 관한 지침 제6조(안전관리자)

① 관리청은 해수욕장 안전관리의 전문성 확보를 위하여 해수욕장별 안전관리를 총괄하는 안전관리자(이하 "안전관리자"라 한다)를 지정·운영해야 한다.

② 안전관리자는 다음의 업무를 담당한다.
   1. 해수욕장 안전관리계획 이행 관리
   2. 해수욕장 안전시설, 구조장비 확보·운영 및 점검
   3. 해수욕장 안전관리요원 교육·훈련, 배치·운영, 복무관리
   4. 해수욕장 안전사고 대응 및 재발 방지대책 마련
   5. 그 밖에 관리청이 지정한 사항
③ 안전관리자는 관리청 소속 직원 또는 민간전문가 중에서 다음 각 호의 어느 하나에 해당하는 자로 지정한다.
   1. 법령에 따른 인명구조자격 보유자
   2. 해수욕장 관련 업무경력이 1년 이상인 자로서 관리청의 장이 지정하는 자

⑤ 청소년활동 진흥법

청소년활동 진흥법 제36조(청소년수련활동의 인증 절차)
① 국가와 지방자치단체 또는 개인·법인·단체 등은 청소년수련활동에 필요한 프로그램을 개발하여 실시하려는 경우에는 인증위원회에 그 인증을 신청할 수 있다.
② 제1항에도 불구하고 위탁·재위탁을 포함하여 성평등가족부령으로 정하는 바에 따라 참가 인원이 일정 규모 이상이거나 위험도가 높은 청소년수련활동을 주최하려는 자는 그 청소년수련활동에 대하여 미리 인증위원회의 인증을 받아야 한다. 다만, 다음 각 호의 어느 하나에 해당하는 단체가 회원을 대상으로 수련활동을 실시하는 경우에는 그러하지 아니하다.
   1. 「스카우트활동 육성에 관한 법률」에 따른 스카우트주관단체
   2. 「스카우트활동 육성에 관한 법률」에 따른 걸스카우트주관단체
   3. 「한국청소년연맹 육성에 관한 법률」에 따라 운영되는 한국청소년연맹
   4. 「한국해양소년단연맹육성에관한법률」에 따라 운영되는 한국해양소년단연맹
   5. 「한국4에이치활동 지원법」에 따라 운영되는 4에이치활동 주관단체
   6. 「대한적십자사 조직법」에 따라 운영되는 청소년적십자
   7. 그 밖에 성평등가족부령으로 정하는 단체
③ 제1항 및 제2항에 따라 인증을 신청하려는 자는 청소년지도자와 다음 각 호의 어느 하나에 해당하는 인력을 갖추어야 한다. 다만, 청소년지도자가 전문인력에 해당하는 경우에는 전문인력을 갖춘 것으로 본다.
   1. 성평등가족부령으로 정하는 응급처치에 관한 교육을 이수한 사람
   2. 청소년활동의 안전에 필요한 전문자격이나 전문지식을 가진 사람으로서 성평등가족부령으로 정하는 사람

청소년활동 진흥법 시행규칙 제15조의4(전문인력 요건)
법 제36조 제3항 제1호 및 제2호에 따른 전문인력은 다음 각 호와 같다.
1. 「응급의료에 관한 법률」 제14조에 따른 교육 수료자 및 같은 법 제36조에 따른 응급구조사
2. 「대한적십자사 조직법」 제7조 제4호에 따라 대한적십자사가 수행하는 응급구호사업 전문 종사자 및 관련 교육과정을 이수한 사람
3. 「재난 및 안전관리기본법 시행령」 제66조의3 제1항 제1호 다목에 해당하는 전문인력
4. 「수상레저안전법」 제44조 제1항 제5호에 따른 인명구조요원
5. 그 밖에 인증위원회에서 지정하는 응급처치 또는 청소년수련활동의 안전에 필요한 전문자격이나 전문자격에 관한 분야의 교육과정을 이수한 사람

부록 02 수상구조사 1급 실기시험 평가 종목별 세부 기준

공통사항 수상구조사 실기시험 응시자 주의사항

① 시험에 방해되는 행동을 하는 자는 감점 처리 및 퇴장 조치한다.
② 정해진 영법으로 헤엄치지 않거나 코스를 이탈할 경우 감점 처리한다.
③ 평가 전반에 있어 부력에 도움을 줄 만한 장비/용품을 착용해서는 안 된다.
  (무릎 이하 수영복 착용 제한)
④ 시험 대상자는 시험 전반에 관련된 사항에 대해서 평가관의 지시에 따라야 한다.

1 영법(잠영, 머리 들고 자유형, 평영, 트러젠) 100m(제한시간 1분 45초)

※ 주요 항목(영법 완주시간별 감점기준)

1분 30초 이내	1분 35초 이내	1분 40초 이내	1분 45초 이내	1분 45초 초과
0점	-3점	-6점	-9점	-15점

제1과목 잠영(25m) ※ 영법에 제한을 두지 않는다.

① 출발자세는 수면에서 벽면(턴월)에 한 손과 두 발을 대고 준비, 출발 시 몸을 부상시키지 않고 입수하여 잠영 진행, 출발신호와 동시에 신체 모든 면이 수중에 위치하여야 한다.
② 출발신호*는 평가관의 신호에 따라야 한다.
  *출발신호: 짧은 호각 2회 준비, 짧은 호각 1회 출발
③ 수면 아래에서 잠영이 이루어져야 하며, 신체 부위가 수면 위로 부상하게 되는 거리*에 따라 감점이 부여된다.
  *잠영 중 수면부상지점에 따른 감점기준

20 ~ 25m	15 ~ 20m	15m 미만
-1점	-2점	-3점

④ 신체가 수면 위로 부상하게 되면 부상한 지점에서 재출발하여야 하며, 부상한 범위를 벗어나 영법을 임의 변경할 수 없다(수면 위에서 영법 진행 금지).
⑤ 잠영 중 구조물을 잡거나 발이 바닥에 닿아서는 안 된다.
⑥ 신체 일부가 벽면(턴월)에 닿는 순간을 턴 동작의 종료 시점으로 본다.
  (턴 동작이 끝나기 전까지는 몸이 수면 위로 부상하여서는 안 된다.)

제2과목 머리 들고 자유형(25m)

① 턴 동작 후 잠영거리*는 15m를 초과할 수 없다.
  *잠영거리는 국제수영연맹(FINA)에서 정의하는 15m로 규정한다.
② 머리 들고 자유형은 크롤 영법을 기본으로 하며, 영법을 임의 변경할 수 없다.
  (시선은 전방을 바라보아야 하며, 유영 중 얼굴의 모든 면이 수면 아래로 가라앉아서는 안 된다.)
③ 유영 중 구조물을 잡거나 발이 바닥에 닿아서는 안 된다.
④ 턴은 한 팔 또는 양팔로 터치해도 무관하다. 다만, 다리는 양발이 벽면(턴월)에 닿아야 한다.

제3과목   평영(25m)

① 턴 동작 후 잠영거리는 15m를 초과할 수 없다.
② 영법은 평영을 기본으로 하며, 영법을 임의 변경할 수 없다.
③ 유영 중 구조물을 잡거나 발이 바닥에 닿아서는 안 된다.
④ 턴은 양손이 벽면(턴월)에 닿아야 하며, 양발도 마찬가지로 동시에 벽면(턴월)에 닿아야 한다.

제4과목   트러젠(25m)

* 트러젠 영법은 팔동작 한 번에 발차기 한 번으로 한다.
① 턴 동작 후 잠영거리는 15m를 초과할 수 없다.
② 트러젠 영법 이 외 다른 영법으로 임의 변경할 수 없다.
  (시선은 전방을 바라보아야 하며, 유영 중 얼굴의 모든 면이 수면 아래로 가라앉아서는 안 된다.)
③ 유영 중 구조물을 잡거나 발이 바닥에 닿아서는 안 된다.
④ 결승점 도달은 신체 일부가 벽면(턴월)에 터치한 경우로 본다.

2 수영구조

제1과목   입수법(다리 벌려 들어가기)

① 입수 전 구조요청 멘트*를 실시하여 주위에 도움을 청한다.
  * 구조요청 멘트: "전방 요구조자 발견, 도와주세요."
② 입수 동작에서 시선은 전방 요구조자를 바라보아야 하며, 입수 시 얼굴의 모든 면이 수면 아래로 가라앉아서는
  안 된다(요구조자의 상태 및 위치 등을 파악하기 위함).

제2과목   접근법(머리 들고 자유형/빠른 수면 다이빙/수하 접근)

① 접근 영법은 머리 들고 자유형이며, 영법을 임의 변경할 수 없다.
② 접근 과정에서 시선은 전방 요구조자를 바라보아야 하며, 유영 중 얼굴 전면이 가라앉아서는 안 된다.
③ 구조자는 요구조자 전방 2m 이상 거리에서 빠른 수면 다이빙하여 수하 접근한다. 이때 기본 배영으로 요구조자
  의 위치 및 행동을 주시하여야 하며, 요구조자의 후방으로 접근하게 된다.

제3·4과목   구조·운반법(〈의식 있는 요구조자〉/겨드랑이 끌기/기본배영)

① 수하 접근이 완료되면 요구조자의 발아래 위치하여 밀어올리기를 통해 요구조자의 신체를 수면 위로 부상시킨
  다(밀어올리기: 종아리 → 허리 → 등 순).
② 신체 부상이 완료되면 요구조자의 양 겨드랑이를 잡아 안전지대(입수지점)로 이동시켜야 한다.
③ 요구조자 운반 영법은 기본배영이며, 운반 중 구조자 및 요구조자 얼굴의 모든 면이 수면 아래로 가라앉아서는
  안 된다.
④ 안전지대(입수위치)로 이동 중 구조자는 구조자 멘트*를 실시하여 요구조자가 안정을 찾게끔 도와야 한다.
  * "저는 수상구조사입니다. 도와드릴테니 침착하십시오."
⑤ 안전지대(입수지점)로 운반 중 수시(5회 이상)로 시선을 전방(입수지점)에 두어 진행 방향이 똑바른지 확인해야
  하며, 그 외 시선은 요구조자를 향해 행동 사항을 주시하여야 한다.

제5과목   풀기(앞목, 뒷목, 손목)

■ 앞목 풀기

① 입수 전 구조요청 멘트*를 실시하여 주위에 도움을 청한다.

  * 구조요청 멘트: "전방 요구조자 발견, 도와주세요."

② 입수 동작에서 시선은 전방 요구조자를 바라보아야 하며, 입수 시 얼굴의 모든 면이 수면 아래로 가라앉아서는 안 된다(요구조자의 상태 및 위치 등을 파악하기 위함).

③ 접근 영법은 트러젠이며, 영법을 임의 변경할 수 없다.

④ 접근 과정에서 시선은 전방 요구조자를 바라보아야 하며, 유영 중 얼굴의 전면이 가라앉아서는 안 된다.

⑤ 구조자는 요구조자에게 접근하게 되면 안전거리(2m)를 확보하고 준비서기를 통해 언제든지 요구조자로부터 멀어질 준비가 되어 있어야 한다.

⑥ 구조자는 준비서기 자세에서 구조자 멘트*를 실시하여 요구조자에게 구조 의사를 전달하고 안정을 찾게끔 도와야 한다.

  * 구조자 멘트: "수상구조사입니다. 도와드릴테니 침착하십시오."

⑦ 구조자는 요구조자에게 잡혔을 경우 고개를 옆으로 돌리고 턱을 앞가슴 쪽으로 끌어당겨 기도를 확보하고 다리 먼저 다이빙을 이용하여 요구조자를 물속으로 가라앉게 만든 다음 수중에서 풀기를 시도한다.

⑧ 구조자는 시야 확보가 힘든 상황이므로 양손을 요구조자의 어깨에서부터 타고 내려와 팔꿈치 안쪽을 찾아 강하게 누르고 밀쳐낸 다음 요구조자의 행동을 주시하며 기본배영으로 빠져나온다.

⑨ 풀기 동작은 수중에서 이루어져야 하며, 구조자 및 요구조자 중 어느 누구라도 신체 일부가 수면 위로 부상하여서는 안 된다.

⑩ 구조자는 풀기 동작이 끝나면 기본배영으로 요구조자와의 거리를 충분히 두어 안전거리(2m 이상)를 확보하여야 하며, 요구조자의 행동을 주시하여 2차로 잡힐 경우에 대비한다.

■ 뒷목 풀기

※ 뒷목 풀기에서 준비서기와 구조멘트는 생략한다. 평가관의 지시에 따라 구조자는 표시된 안전거리(2m) 선에서 요구조자의 등을 지고 위치하게 되며, 평가관의 호각 신호에 따라 풀기가 시작된다.

① 구조자는 요구조자에게 잡혔을 경우 고개를 옆으로 돌리고 턱을 앞가슴 쪽으로 끌어당겨 기도를 확보한 다음 다리 먼저 다이빙을 통해 요구조자를 물속으로 가라앉게 만든 다음 수중에서 풀기를 시도한다.

② 구조자는 시야 확보가 힘든 상황이므로 양손을 요구조자의 어깨에서부터 타고 내려와 팔꿈치 안쪽을 찾아 강하게 누르고 밀쳐낸 다음 요구조자의 행동을 주시하며 기본배영으로 빠져나온다.

③ 풀기 동작은 수중에서 이루어져야 하며, 구조자 및 요구조자 중 어느 누구라도 신체 일부가 수면 위로 부상하여서는 안 된다.

④ 구조자는 풀기 동작이 끝나면 기본배영으로 요구조자와의 거리를 충분히 두어 안전거리(2m 이상)를 확보하여야 하며, 요구조자의 행동을 주시하여 2차로 잡힐 경우에 대비한다.

■ 손목 풀기

※ 구조자는 표시된 안전거리(2m) 선 위치, 평가관의 신호에 따라 평가가 시작된다.

① 구조자는 요구조자에게 접근하게 되면 안전거리(2m)를 확보하고 준비서기를 통해 언제든지 요구조자로부터 멀어질 준비가 되어 있어야 한다.

② 구조자는 구조자 멘트*를 실시하여 요구조자에게 구조의사를 전달하고 요구조자가 안정을 찾게끔 도와야 한다.

  * 구조자 멘트: "저는 수상구조사입니다. 도와드릴테니 침착하십시오."

③ 구조자는 요구조자에게 잡혔을 경우 잡힌 손을 구조자의 몸 쪽으로 잡아당겨 요구조자와의 거리를 좁히고 반대쪽 손을 이용하여 요구조자의 어깨를 눌러 수면 아래로 가라앉게 만든 다음 수중에서 풀기를 시도한다.

  * 누르기 동작에서 요구조자와 함께 입수 시 다리차기는 가위차기를 이용한다.

④ 요구조자가 수중에 위치하게 되면 잡힌 손을 몸 쪽으로 끌어당겨 팔을 뿌리치게 되는데, 한 팔로 불가능할 경우 다른 한 손을 이용해도 무관하다.

⑤ 풀기 동작은 수중에서 이루어져야 하며, 구조자 및 요구조자 중 어느 누구라도 신체 일부가 수면 위로 부상하여서는 안 된다.

⑥ 구조자는 풀기 동작이 끝나면 기본배영으로 요구조자와의 거리를 충분히 두어 안전거리(2m 이상)를 확보하여야 하며, 요구조자의 행동을 주시하여 2차로 잡힐 경우에 대비한다.

3 장비구조

제1과목　입수법(다리 벌려 들어가기)

① 입수 전 구조요청 멘트*를 실시하여 주위에 도움을 청한다.
　* 구조요청 멘트: "전방 요구조자 발생, 도와주세요."

② 입수 전 레스큐 튜브를 전방 45도 각도로 투척하여 입수 시 신체 부위에 걸리거나 접촉되지 않도록 주의하여야 한다.

③ 입수 동작에서 시선은 전방 요구조자를 바라보아야 하며, 입수 시 얼굴의 모든 면이 수면 아래로 가라앉아서는 안 된다(요구조자의 상태 및 위치 등을 파악하기 위함).

제2과목　접근법(트러젠/준비서기)

① 접근 영법은 트러젠이며, 영법을 임의 변경할 수 없다.
　※ 트러젠 영법은 팔동작 한 번에 발차기 한 번으로 한다.

② 접근 과정에서 시선은 전방 요구조자를 바라보아야 하며, 유영 중 얼굴 전면이 가라앉아서는 안 된다.

③ 구조자는 요구조자에게 도달 시 준비서기(최소 2m) 자세에서 레스큐 튜브를 전방에 위치하여 구조자세를 취한다. 이때 시선은 요구조자를 향해 있어야 한다.

④ 구조자는 요구조자의 손등 부분을 두드려 의식 여부를 확인하여야 한다.

제3과목　구조 · 운반법(〈의식 없는 요구조자〉/손목 끌기/횡영)

① 구조자는 레스큐 튜브를 요구조자의 겨드랑이 부위에 위치하도록 밀어 넣으면서 의식 없는 요구조자의 손목을 잡아 요구조자의 호흡기가 수면 상에 위치하도록 뒤집는다.

② 구조자는 요구조자의 겨드랑이에 레스큐 튜브가 위치하게 되면 버클을 장착하여 요구조자의 이탈을 방지하고 레스큐 튜브에 연결된 끈을 잡고 횡영으로 안전지대(입수지점)까지 운반하게 된다.
　(레스큐 튜브 끈을 이용하여 운반하여야 한다. 그 외 운반법*은 사용할 수 없다.)
　* 가슴잡이, 겨드랑이 끌기 등

③ 운반 영법은 횡영이며, 영법을 임의 변경할 수 없다.
　* 구조 횡영 시 가위차기 외 발차기 동작 금지

④ 요구조자 운반 중 구조자 및 요구조자 얼굴의 모든 면이 수면 아래로 가라앉아서는 안 된다.

⑤ 안전지대(입수지점)로 운반 중 수시로(5회 이상) 시선을 전방(입수지점)에 두어 진행 방향이 똑바른지 확인해야 하며, 그 외 시선은 요구조자를 향하여 행동 사항을 주시하여야 한다.

4 기본구조

제1과목 입영

① 평가 범위(2.5 ~ 3m × 2.5 ~ 3m)를 벗어나거나 구조물을 접촉하여서는 안 된다.
② 손목 및 턱선/양쪽 귀 중 어느 일부라도 수면 아래로 가라앉을 경우 종료 시점으로 간주되며, 종료된 시간에 따라 감점이 부여된다.

  ※ 시간에 따른 감점기준

5분 이상	4분 50초 ~ 5분 미만	4분 40초 ~ 4분 50초 미만	4분 30초 ~ 4분 40초 미만	4분 30초 미만
0점	-3점	-6점	-9점	-15점

제2과목 스컬링〈20초〉

① 스컬링 유지 시간이 20초이며, 팔 동작만으로 부상되어야 한다.

  ※ 발차기 사용 금지
② 턱선과 양쪽 귀가 물에 잠겨서는 안 된다.
③ 평가 범위를 넘어서 구조물을 잡거나 접촉해서는 안 된다.

5 종합구조

제1과목 머리지지/머리 턱 고정〈경추부상자구조〉

① 입수 전 구조요청 멘트*를 실시하여 주위에 도움을 청한다.
  * 구조요청 멘트: "전방 요구조자 발생, 도와주세요."
② 입수 동작에서 물결을 일으킬 경우 추가 부상이 발생할 수 있으므로 입수 동작은 최대한 조심히 들어간다. 이때 시선은 전방 요구조자를 향해 있어야 한다.
③ 접근법 또한 조심접근법을 사용하여 추가 부상을 방지하여야 하며, 시선은 요구조자를 향해 있어야 한다(물결이 일어나서는 안 된다).
④ 요구조자에게 도달하게 되면 구조자는 요구조자의 측면에 위치하여 머리지지/턱 고정을 이용하여 요구조자의 호흡기가 수면 상에 떠오르게끔 조치한다(머리와 목이 일렬로 정렬되도록 고정시킨 다음 한 손바닥은 턱을, 같은 아래팔은 앞가슴에 밀착하고, 나머지 손바닥은 뒷통수, 아래팔은 등 척추부에 밀착하여야 한다).
⑤ 구조자는 수면 하에서 요구조자의 머리와 목을 지지한 상태로 요구조자의 신체 비틀림 없이 한 번에 회전시켜 호흡기가 수면 상에 노출되도록 한다.

제2과목 요구조자 운반(가라앉은 익수자: 5kg)

① 영법의 제한은 없으며, 운반 중 중량물이 수면 아래로 가라앉아서는 안 된다.
② 진행 중 얼굴의 전면이 수면 아래로 가라앉아서는 안 된다.
③ 평가 범위를 벗어나 구조물을 잡거나 접촉할 수 없다.
④ 중량물을 운반한 거리에 따라 감점이 부여된다(평가 범위를 벗어나 구조물을 지속하여 잡거나 운반 중 중량물을 떨어뜨릴 경우 운반된 중량물의 이동 거리로 평가한다).

  ※ 운반거리별 감점기준

25m 이상	23m 이상	21m 이상	19m 이상	19m 미만
0점	-3점	-6점	-9점	-15점

제3과목　구명조끼 착용법

① 구명조끼에 연결된 모든 끈과 버클을 체결한 다음 구명조끼 양측면 및 다리 끈의 조임 상태를 확인한다.

제4과목　퇴선방법

① 양손 중 한 손은 턱을 지지하고 코를 막고 있어야 하며, 한 손은 중요 신체 부위(남성-낭심, 여성-가슴)를 안전하게 보호하여야 한다.
② 낙하 지점까지 두 다리가 벌어지지 않도록 유지되어야 한다.

제5과목　자동팽창식 구명뗏목 사용법

※ 원활한 평가 진행을 위해 모든 절차는 행동 과정과 멘트로 진행된다.
　(실제 구명뗏목을 작동시켜서는 안 된다.)
① 안전핀 위치를 확인하고 고리를 젖혀서 핀을 제거하여야 한다.
　* 평가 멘트: ㉠ 안전핀 위치 확인, ㉡ 안전핀 제거
② 연결 줄이 자동 이탈 장치에 묶여 있는지 확인한다.
　* 평가 멘트: "안전핀 연결 줄 확인"
③ 작동 줄을 확인하고 구명뗏목 이탈 작동 레버를 정확히 잡아당겨 구명뗏목을 이탈(팽창)시킨다.
　* 평가 멘트: "구명 뗏목 이탈 작동레버 해제"

제6과목　로프매듭법

① 응시자가 무작위로 선택한 로프 매듭법 5가지를 한 매듭 당 45초 이내에 할 수 있어야 한다.
　※ 주요 항목

마디 짓기(2가지)	8자 매듭, 두겹 8자 매듭, 이중 8자 매듭, 줄사다리 매듭, 고정 매듭, 두겹 고정 매듭, 나비 매듭
이어 매기(2가지)	바른 매듭, 한겹 매듭, 두겹 매듭, 8자 연결 매듭, 피셔맨 매듭
움켜 매기(1가지)	말뚝 매기 ,절반 매기, 잡아 매기(두겹), 감아 매기(두겹)

6 응급처치

제1과목　성인 CPR(심장충격기(AED) 포함)

① 구조자가 심정지 환자의 반응확인 및 신고를 정확히 하는가?
　• 양쪽 어깨를 두드리면서 "괜찮으세요?"라고 소리쳐 반응을 확인하는가?
　• 119 또는 응급의료요원의 도움을 요청(신고)하고 심장충격기를 요청하는가?
　• 전반적인 구조대상자의 호흡을 확인하는가(5~10초 이내)?
② 기도열기(머리기울임-턱들어올리기)가 정확히 되었는가?
　• 한 손으로 환자의 이마를 뒤로 젖혀주는가?
　• 나머지 손으로 환자의 아래턱을 들어올리며, 이때 손가락의 위치는 적절한가?
　　(아래턱 아래 부위의 연부조직을 누르지 않아야 함)
　• 기도가 열린 상태를 그대로 유지하고 있는가?

③ 인공호흡이 정확히 되었는가?
- 숨을 불어넣을 때 이마를 지지한 손으로 환자의 코를 막은 다음 구조자의 입을 밀착시켜 입-입 인공호흡을 정확히 하는가?
- 공기가 제대로 유입되어 환자의 가슴이 올라오고 있는가?
  (환자의 가슴이 올라오는 것을 확인하는가?)
- 인공호흡 시 너무 많은 양으로 불어넣지 않는가?
  [보통(평상시의)의 호흡으로 불어넣는가?]
- 1초에 걸쳐 총 2회 실시하는가?
④ 압박위치와 자세, 깊이가 적절한가?
- 환자의 가슴뼈 아래쪽 1/2지점 중앙에 한 손을 위치하고 나머지 손으로 깍지를 끼워 고정시키는가?
- 팔을 곧게 펴서 수직으로 압박하고 있는가?
- 압박속도(분당 약 100~120회, 30회 기준 15~18초)는 적절한가?
- 약 5cm(최대 6cm 넘지 말 것) 깊이로 압박을 하는가?
- 각각의 가슴압박 후 가슴이 완전히 올라오도록 이완시키는가?
⑤ 심폐소생술을 정확히 시행하는가?
- 가슴압박: 인공호흡의 비율이 30 : 2로 실시하는가?
- 가슴압박 중단 시간이 10초를 넘기지 않는가?
⑥ 의료장비(심장충격기) 평가
- 심장충격기 도착 즉시 CPR을 보조자에게 인계하고 보조자가 CPR을 멈추지 않도록 말하는가?
  (심장충격기 도착은 3주기 1번째 호흡 불어넣는 시점, 호흡은 2회 모두 불어넣고 인계해도 인정)
- 심장충격기의 사용 순서가 정확한가?
  (심장충격기 전원을 켠다. → 두 개의 패드를 환자 가슴에 붙인다. → 시작 리듬 분석을 위해 구조자 및 주변 사람들에게 손을 떼도록 지시한다. → 제세동이 필요하다면 충격버튼 누르기 전 구조자와 주변사람들에게 환자에게서 떨어지도록 지시한다. → 전기 충격 후 즉시 심폐소생술을 다시 시작한다.)
- 가슴에 물기를 제거하는가?
- 환자용 패드를 정해진 위치*에 부착하는가?
  * 오른쪽 빗장뼈 아래, 왼쪽 젖꼭지 아래의 바깥쪽, 즉 중간겨드랑이선
- 심장충격기의 분석 및 제세동 실시 지령 시에 주변을 환기시키는가?

제2과목 소아 / 영아 중(선택 1) – 영아기준 평가표

① 구조자가 심정지 환자의 반응확인 및 신고를 정확히 하는가?
- 환자의 발바닥을 가볍게 두드리며 "아가야 괜찮니?"라고 소리쳐 의식을 확인하는가?
- 119 또는 응급의료요원의 도움을 요청(신고)하고 심장충격기를 요청하는가?
- 전반적인 구조대상자의 호흡을 확인하는가(5~10초 이내)?
② 기도열기(머리기울임-턱들어올리기)가 정확히 되었는가?
- 한 손으로 환자의 이마를 뒤로 젖혀주는가?
- 나머지 손으로 환자의 아래턱을 들어올리며, 이때 손가락의 위치는 적절한가?
  (아래턱 아래 부위의 연부조직을 누르지 않아야 함)
- 기도가 열린 상태를 그대로 유지하고 있는가?
- 영아의 기도가 과도하게 젖혀지지 않는가?(얼굴이 전면을 바라보는 자세)
③ 인공호흡이 정확히 되었는가?
- 숨을 불어넣을 때 환자의 코를 막은 다음 구조자의 입을 밀착시켜 입-입 인공호흡을 정확히 하는가?

(또는 환자의 입과 코를 동시에 입으로 덮고 해도 가능)
- 공기가 제대로 유입되어 환자의 가슴이 올라오고 있는가?
  (환자의 가슴이 올라오는 것을 확인하는가?)
- 인공호흡 시 너무 많은 양으로 불어넣지 않는가?
- 1초에 걸쳐 총 2회 실시하는가?

④ 압박위치와 자세, 깊이가 적절한가?
- 환자의 젖꼭지를 연결한 선 바로 아래 가슴뼈(복장뼈)를 두 손가락으로 압박하는가?
  (칼돌기뼈와 갈비뼈를 압박하지 않아야 함)
- 손가락을 곧게 펴서 수직으로 압박하고 있는가?
- 압박속도(분당 약 100~120회, 30회 기준 15~18초)는 적절한가?
- 영아: 약 4cm(또는 흉곽 직경의 적어도 1/3) 깊이로 압박을 하는가?
- 각각의 가슴압박 후 가슴이 완전히 올라오도록 이완시키는가?

⑤ 심폐소생술을 정확히 시행하는가?
- 가슴압박: 인공호흡의 비율을 30 : 2로 실시하는가?
- 가슴압박 중단 시간이 10초를 넘기지 않는가?

《첨부1》 로프매듭법 세부 설명자료

마디 짓기	8자 매듭		매듭이 8자 모양을 닮아서 '8자 매듭'이라고 한다. 옭매듭보다 매듭부분이 커서 다루기 편하고 풀기도 쉽다.
	두겹 8자 매듭		두겹 8자 매듭은 간편하고 튼튼하기 때문에 로프에 고리를 만드는 경우 가장 많이 활용된다. 로프에 고리를 만들어 카라비너에 걸거나 나무, 기둥 등에 확보하고자 하는 경우 폭넓게 활용한다.
	이중 8자 매듭		로프 끝에 두 개의 고리를 만들 수 있어 두 개의 확보물에 로프를 고정하는 경우에 매우 유용하다.
	줄사다리 매듭		로프에 일정한 간격을 두고 수개의 옭매듭을 만들어 로프를 타고 오르거나 내릴 때에 지지점으로 이용할 수 있도록 하는 매듭이다.
	고정 매듭		로프의 굵기에 관계없이 묶고 풀기가 쉬우며 조여지지 않으므로 로프를 물체에 묶어 지지점을 만들거나 유도 로프를 결착하는 경우 등에 활용한다. 구조활동은 물론이고 어디서든 자주 사용되는 중요한 매듭이어서 '매듭의 왕'이라고 까지 부른다.
	두겹 고정 매듭		로프의 끝에 두 개의 고리를 만들어 활용하는 매듭이다. 수직맨홀 등 좁은 공간으로 진입하거나 요구조자를 구출하는 경우 유용하게 활용하며, 특히 완만한 경사면에서 확보물 없이 3명 이상이 한 줄 로프를 잡고 등반하는 경우 중간에 위치한 사람들이 이 매듭을 어깨와 허리에 걸면 로프가 벗겨지지 않고 활용이 용이하다.

마디 짓기	나비 매듭		로프 중간에 고리를 만들 필요가 있을 경우에 사용하며, 다른 매듭에 비하여 충격을 받는 경우에도 풀기가 쉬운 것이 장점이다. 중간 부분이 손상된 로프를 임시로 사용하고자 하는 경우에 손상된 부분이 가운데로 오도록 하여 매듭을 만들면 손상된 부분에 힘이 가해지지 않아 응급대처가 가능하다.
이어 매기	바른 매듭 (맞매듭)		바른 매듭은 묶고 풀기가 쉬우며 같은 굵기의 로프를 연결하기에 적합한 매듭이다. 로프 연결의 기본이 되는 매듭이며, 힘을 많이 받지 않는 곳에 사용하지만 굵기 또는 재질이 서로 다른 로프를 연결할 때에는 미끄러져 빠질 염려가 있어 직접 안전을 확보하는 매듭에는 적합하지 않다.
	한겹 매듭		한겹 매듭은 굵기가 다른 로프를 결합할 때에 사용한다. 주 로프는 접어둔 채 가는 로프를 묶는 것이 좋으며, 로프 끝을 너무 짧게 묶으면 쉽게 빠지므로 주의한다.
	두겹 매듭		두겹 매듭은 한겹 매듭에서 가는 로프를 한 번 더 돌려 감은 것으로 한겹 매듭보다 더 튼튼하게 연결할 때에 사용한다.
	8자 연결 매듭		많은 힘을 받을 수 있고 힘이 가해진 경우에도 풀기가 쉬워 포를 연결하거나 안전을 확보하기 위한 매듭으로 자주 사용한다. 주 로프로 8자 형태의 매듭을 만든 다음 연결하는 로프를 반대 방향에서 역순으로 진입시켜 이중 8자의 형태를 만든다. 매듭이 이루어지면 양쪽 끝의 로프를 당겨 완전한 형태의 매듭을 완성하고 옭매듭으로 마무리한다.
	피셔맨 매듭		두 로프가 서로 다른 로프를 묶고 당겨서 매듭부분이 맞물리도록 하는 방법이다. 신속하고 간편하게 묶을 수 있으며 매듭의 크기도 작다. 두 줄을 이을 때 연결 매듭으로 많이 활용되는 매듭이지만 힘을 받은 후에는 풀기가 매우 어려워 장시간 고정시켜 두는 경우에 주로 사용한다. 매듭 부분을 이중으로 하면(이중 피셔맨 매듭) 매듭이 더욱 단단하고 쉽사리 느슨해지지 않는다.
움켜 매기	말뚝 매기		로프의 한쪽 끝을 지지점으로 묶는 매듭으로 구조 활동을 위해 로프로 지지점을 설정하는 경우 많이 사용한다. 묶고 풀기는 쉬우나 반복적인 충격을 받는 경우에는 매듭이 자연적으로 풀릴 수 있으므로 매듭의 끝을 안전하게 처리하여야 한다. 말뚝 매기가 풀리지 않도록 끝 부분을 옭매듭하여 마감하는 방법을 많이 활용하고 주 로프에 2회 이상의 절반 매기를 하는 방법도 사용한다.
	절반매기		로프를 물체에 묶을 때 간편하게 사용하는 매듭이다. 묶고 풀기는 쉬우나 결속력이 매우 약하기 때문에 절반 매기 단독으로는 사용하지 않는다.
	잡아 매기 (두겹)		안전벨트가 없을 때 요구조자의 신체에 로프를 직접 결착하는 고정 매듭의 일종으로, 요구조자의 구출 또는 낙하훈련 등과 같이 충격이 심한 훈련이나, 신체에 주는 고통을 완화하기 위하여 사용된다. 긴급한 경우에만 사용하도록 한다.
	감아 매기 (두겹)		굵은 로프에 가는 로프를 감아매어 당기는 방법으로, 고리부분을 당기면 매듭이 고정되고 매듭부분을 잡고 움직이면 주로 로프를 상하로 이동시킬 수 있으므로 로프등반이나 고정 등에 많이 활용한다. 감는 로프는 주 로프의 절반정도 굵기일 때 가장 효과적이며, 3회 이상 돌려 감아야 한다.

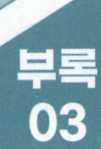

수상구조사 2급 실기시험 평가 종목별 세부 기준

부록 03

공통사항 수상구조사 실기시험 응시자 주의사항

① 시험에 방해되는 행동을 하는 자는 감점 처리 및 퇴장 조치한다.
② 정해진 영법으로 헤엄치지 않거나 코스를 이탈할 경우 감점 처리한다.
③ 평가 전반에 있어 부력에 도움을 줄 만한 장비/용품을 착용해서는 안 된다.
   (무릎 이하 수영복 착용 제한)
④ 시험 대상자는 시험 전반에 관련된 사항에 대해서 평가관의 지시에 따라야 한다.

1 영법(잠영, 머리 들고 자유형, 평영, 트러젠) 100m(제한시간 2분 05초)

※ 주요 항목(영법 완주시간별 감점기준)

1분 50초 이내	1분 55초 이내	2분 00초 이내	2분 05초 이내	2분 05초 초과
0점	-3점	-6점	-9점	-15점

제1과목 잠영(25m) ※ 영법에 제한을 두지 않는다.

① 출발자세는 수면에서 벽면(턴월)에 한 손과 두 발을 대고 준비, 출발 시 몸을 부상시키지 않고 입수하여 잠영 진행, 출발신호와 동시에 신체 모든 면이 수중에 위치하여야 한다.
② 출발신호*는 평가관의 신호에 따라야 한다.
   *출발신호: 짧은 호각 2회 준비, 짧은 호각 1회 출발
③ 수면 아래에서 잠영이 이루어져야 하며, 신체 부위가 수면 위로 부상하게 되는 거리*에 따라 감점이 부여된다.
   *잠영 중 수면부상지점에 따른 감점기준

20 ~ 25m	15 ~ 20m	15m 미만
-1점	-2점	-3점

④ 신체가 수면 위로 부상하게 되면 부상한 지점에서 재출발 하여야 하며, 부상한 범위를 벗어나 영법을 임의 변경할 수 없다(수면 위에서 영법 진행 금지).
⑤ 잠영 중 구조물을 잡거나 발이 바닥에 닿아서는 안 된다.
⑥ 신체 일부가 벽면(턴월)에 닿는 순간을 턴 동작의 종료 시점으로 본다.
   (턴 동작이 끝나기 전까지는 몸이 수면 위로 부상하여서는 안 된다.)

제2과목 머리 들고 자유형(25m)

① 턴 동작 후 잠영거리*는 15m를 초과할 수 없다.
   *잠영거리는 국제수영연맹(FINA)에서 정의하는 15m로 규정한다.
② 머리 들고 자유형은 크롤 영법을 기본으로 하며, 영법을 임의 변경할 수 없다.
   (시선은 전방을 바라보아야 하며, 유영 중 얼굴의 모든 면이 수면 아래로 가라앉아서는 안 된다.)
③ 유영 중 구조물을 잡거나 발이 바닥에 닿아서는 안 된다.
④ 턴은 한 팔 또는 양팔로 터치해도 무관하다. 다만, 다리는 양발이 벽면(턴월)에 닿아야 한다.

제3과목 평영(25m)

① 턴 동작 후 잠영거리는 15m를 초과할 수 없다.
② 영법은 평영을 기본으로 하며, 영법을 임의 변경할 수 없다.
③ 유영 중 구조물을 잡거나 발이 바닥에 닿아서는 안 된다.
④ 턴은 양손이 벽면(턴월)에 닿아야 하며, 양발도 마찬가지로 동시에 벽면(턴월)에 닿아야 한다.

제4과목 트러젠(25m)

* 트러젠 영법은 팔동작 한 번에 발차기 한 번으로 한다.
① 턴 동작 후 잠영거리는 15m를 초과할 수 없다.
② 트러젠 영법 이 외 다른 영법으로 임의 변경할 수 없다.
   (시선은 전방을 바라보아야 하며, 유영 중 얼굴의 모든 면이 수면 아래로 가라앉아서는 안 된다.)
③ 유영 중 구조물을 잡거나 발이 바닥에 닿아서는 안 된다.
④ 결승점 도달은 신체 일부가 벽면(턴월)에 터치한 경우로 본다.

2 수영구조

제1과목 입수법(다리 벌려 들어가기)

① 입수 전 구조요청 멘트*를 실시하여 주위에 도움을 청한다.
   * 구조요청 멘트: "전방 요구조자 발견, 도와주세요."
② 입수 동작에서 시선은 전방 요구조자를 바라보아야 하며, 입수 시 얼굴의 모든 면이 수면 아래로 가라앉아서는 안 된다(요구조자의 상태 및 위치 등을 파악하기 위함).

제2과목 접근법(머리 들고 자유형/준비서기)

① 접근 영법은 머리 들고 자유형이며, 영법을 임의 변경할 수 없다.
② 접근 과정에서 시선은 전방 요구조자를 바라보아야 하며, 유영 중 얼굴 전면이 가라앉아서는 안 된다.
③ 구조자는 요구조자에게 도달 시 준비서기(최소 2m) 자세를 취한다. 이때 시선은 요구조자를 향해 있어야 한다.
④ 구조자는 요구조자의 손등 부분을 두드려 의식여부를 확인하여야 한다.

제3과목 구조·운반법(〈의식 없는 요구조자〉/손목 끌기/횡영)

① 준비서기 접근이 완료되면 요구조자의 반대쪽 손목 아래를 잡아 몸 안쪽에서 바깥쪽으로 돌려 요구조자의 얼굴을 수면 위로 부상시킨다.
   (손목 끌기: 손목 아래쪽 → 구조자 몸쪽 안 → 구조자 몸쪽 바깥쪽 순으로 돌리면서 요구조자의 모든 얼굴이 수면 위에 유지하여야 한다.)
② 신체 부상이 완료되면 요구조자의 손목을 잡은 채 안전지대(입수지점)로 이동시켜야 한다.
③ 요구조자 운반 영법은 횡영이며, 운반 중 구조자 및 요구조자 얼굴의 모든 면이 수면 아래로 가라앉아서는 안 된다.
   * 구조 횡영 시 가위차기 외 발차기 동작 금지
④ 안전지대(입수지점)로 운반 중 수시(5회 이상)로 시선을 전방(입수지점)에 두어 진행 방향이 똑바른지 확인해야 하며, 그 외 시선은 요구조자를 향해 행동 사항을 주시하여야 한다.

■ **앞목 풀기**

① 입수 전 구조요청 멘트*를 실시하여 주위에 도움을 청한다.

   * 구조요청 멘트: "전방 요구조자 발견, 도와주세요."

② 입수 동작에서 시선은 전방 요구조자를 바라보아야 하며, 입수 시 얼굴의 모든 면이 수면 아래로 가라앉아서는 안 된다(요구조자의 상태 및 위치 등을 파악하기 위함).

③ 접근 영법은 트러젠이며, 영법을 임의 변경할 수 없다.

④ 접근 과정에서 시선은 전방 요구조자를 바라보아야 하며, 유영 중 얼굴의 전면이 가라앉아서는 안 된다.

⑤ 구조자는 요구조자에게 접근하게 되면 안전거리(2m)를 확보하고 준비서기를 통해 언제든지 요구조자로부터 멀어질 준비가 되어 있어야 한다.

⑥ 구조자는 준비서기 자세에서 구조자 멘트*를 실시하여 요구조자에게 구조 의사를 전달하고 안정을 찾게끔 도와야 한다.

   * 구조자 멘트: "수상구조사입니다. 도와드릴테니 침착하십시오."

⑦ 구조자는 요구조자에게 잡혔을 경우 고개를 옆으로 돌리고 턱을 앞가슴 쪽으로 끌어당겨 기도를 확보하고 다리 먼저 다이빙을 이용하여 요구조자를 물속으로 가라앉게 만든 다음 수중에서 풀기를 시도한다.

⑧ 구조자는 시야 확보가 힘든 상황이므로 양손을 요구조자의 어깨에서부터 타고 내려와 팔꿈치 안쪽을 찾아 강하게 누르고 밀쳐낸 다음 요구조자의 행동을 주시하며, 기본배영으로 빠져나온다.

⑨ 풀기 동작은 수중에서 이루어져야 하며, 구조자 및 요구조자 중 어느 누구라도 신체 일부가 수면 위로 부상하여서는 안 된다.

⑩ 구조자는 풀기 동작이 끝나면 기본배영으로 요구조자와의 거리를 충분히 두어 안전거리(2m 이상)를 확보하여야 하며, 요구조자의 행동을 주시하여 2차로 잡힐 경우에 대비한다.

■ **뒷목 풀기**

※ 뒷목 풀기에서 준비서기와 구조멘트는 생략한다. 평가관의 지시에 따라 구조자는 표시된 안전거리(2m) 선에서 요구조자의 등을 지고 위치하게 되며, 평가관의 호각 신호에 따라 풀기가 시작된다.

① 구조자는 요구조자에게 잡혔을 경우 고개를 옆으로 돌리고 턱을 앞가슴 쪽으로 끌어당겨 기도를 확보한 다음 다리 먼저 다이빙을 통해 요구조자를 물속으로 가라앉게 만든 다음 수중에서 풀기를 시도한다.

② 구조자는 시야 확보가 힘든 상황이므로 양손을 요구조자의 어깨에서부터 타고 내려와 팔꿈치 안쪽을 찾아 강하게 누르고 밀쳐낸 다음 요구조자의 행동을 주시하며, 기본배영으로 빠져나온다.

③ 풀기 동작은 수중에서 이루어져야 하며, 구조자 및 요구조자 중 어느 누구라도 신체 일부가 수면 위로 부상하여서는 안 된다.

④ 구조자는 풀기 동작이 끝나면 기본배영으로 요구조자와의 거리를 충분히 두어 안전거리(2m 이상)를 확보하여야 하며, 요구조자의 행동을 주시하여 2차로 잡힐 경우에 대비한다.

■ **손목 풀기**

※ 구조자는 표시된 안전거리(2m) 선 위치, 평가관의 신호에 따라 평가가 시작된다.

① 구조자는 요구조자에게 접근하게 되면 안전거리(2m)를 확보하고 준비서기를 통해 언제든지 요구조자로부터 멀어질 준비가 되어 있어야 한다.

② 구조자는 구조자 멘트*를 실시하여 요구조자에게 구조의사를 전달하고 요구조자가 안정을 찾게끔 도와야 한다.

   * 구조자 멘트: "저는 수상구조사입니다. 도와드릴테니 침착하십시오."

③ 구조자는 요구조자에게 잡혔을 경우 잡힌 손을 구조자의 몸 쪽으로 잡아당겨 요구조자와의 거리를 좁히고 반대쪽 손을 이용하여 요구조자의 어깨를 눌러 수면 아래로 가라앉게 만든 다음 수중에서 풀기를 시도한다.

   * 누르기 동작에서 요구조자와 함께 입수 시 다리차기는 가위차기를 이용한다.

④ 요구조자가 수중에 위치하게 되면 잡힌 손을 몸 쪽으로 끌어당겨 팔을 뿌리치게 되는데, 한 팔로 불가능할 경우 다른 한 손을 이용해도 무관하다.

⑤ 풀기 동작은 수중에서 이루어져야 하며, 구조자 및 요구조자 중 어느 누구라도 신체 일부가 수면 위로 부상하여서는 안 된다.

⑥ 구조자는 풀기 동작이 끝나면 기본배영으로 요구조자와의 거리를 충분히 두어 안전거리(2m 이상)를 확보하여야 하며, 요구조자의 행동을 주시하여 2차로 잡힐 경우에 대비한다.

3 장비구조

제1과목 입수법(다리 모아 들어가기)

① 입수 전 구조요청 멘트*를 실시하여 주위에 도움을 청한다.
   * 구조요청 멘트: "전방 요구조자 발생, 도와주세요."
② 입수 전 레스큐 튜브를 양 겨드랑이에 끼워 고정하여 입수 시 빠지지 않도록 하며, 끈이 신체에 걸리거나 꼬임이 발생하여서는 안 된다.
③ 입수 동작에서 시선은 전방 요구조자를 바라보아야 하며, 입수 후 얼굴의 모든 면이 수면 아래로 가라앉아서는 안 된다(요구조자의 상태 및 위치 등을 파악하기 위함).

제2과목 접근법(머리 들고 자유형/준비서기/후방접근)

① 접근 영법은 머리 들고 자유형이며, 영법을 임의 변경할 수 없다.
② 접근 과정에서 시선은 전방 요구조자를 바라보아야 하며, 유영 중 얼굴 전면이 가라앉아서는 안 된다.
③ 구조자는 요구조자에게 도달 시 준비서기(최소 2m) 자세에서 요구조자의 손등 부분을 두드려 의식 여부를 확인 후 요구조자 후방으로 이동하여 구조 자세를 취한다.
④ 구조자는 요구조자의 손등 부분을 두드려 의식 여부를 확인하여야 한다.

제3과목 구조·운반법[〈의식 없는 요구조자〉/뒤집기/기본배영]

① 구조자는 레스큐 튜브를 요구조자 등 뒤에 밀착하여 빠지지 않게 하고 구조자의 양손을 요구조자의 양쪽 겨드랑이 부위에 위치하도록 밀어 넣으면서 의식 없는 요구조자의 호흡기가 수면 상에 위치하도록 뒤집는다.
② 구조자는 요구조자의 양 겨드랑이에 양팔을 완전히 끼운 상태로 기본배영으로 안전지대까지 운반하여야 한다.
③ 요구조자 운반 중 구조자 및 요구조자 얼굴의 모든 면이 수면 아래로 가라앉아서는 안 된다.
④ 안전지대(입수지점)로 운반 중 수시로(5회 이상) 시선을 전방(입수지점)에 두어 진행 방향이 똑바른지 확인해야 하며, 그 외 시선은 요구조자를 향하여 행동 사항을 주시하여야 한다.

4 기본구조

제1과목 입영

① 평가 범위(2.5 ~ 3m × 2.5 ~ 3m)를 벗어나거나 구조물을 접촉하여서는 안 된다.
② 손목 및 턱선/양쪽 귀 중 어느 일부라도 수면 아래로 가라앉을 경우 종료 시점으로 간주되며, 종료된 시간에 따라 감점이 부여된다.

※ 시간에 따른 감점기준

2분 이상	1분 50초 ~ 2분 미만	1분 40초 ~ 1분 50초 미만	1분 30초~ 1분 40초 미만	1분 30초 미만
0점	-3점	-6점	-9점	-15점

제2과목　스컬링〈20초〉

① 스컬링 유지 시간이 20초이며, 팔 동작만으로 부상되어야 한다.
　※ 발차기 사용 금지
② 턱선과 양쪽 귀가 물에 잠겨서는 안 된다.
③ 평가 범위를 넘어서 구조물을 잡거나 접촉해서는 안 된다.

5 종합구조

제1과목　머리지지/머리 턱 고정〈경추부상자구조〉

① 입수 전 구조요청 멘트*를 실시하여 주위에 도움을 청한다.
　* 구조요청 멘트: "전방 요구조자 발생, 도와주세요."
② 입수 동작에서 물결을 일으킬 경우 추가 부상이 발생할 수 있으므로 입수 동작은 최대한 조심히 들어간다. 이때 시선은 전방 요구조자를 향해 있어야 한다.
③ 접근법 또한 조심접근법을 사용하여 추가 부상을 방지하여야 하며, 시선은 요구조자를 향해 있어야 한다(물결이 일어나서는 안 된다).
④ 요구조자에게 도달하게 되면 구조자는 요구조자의 측면에 위치하여 머리지지/턱 고정을 이용하여 요구조자의 호흡기가 수면 상에 떠오르게끔 조치한다.
　(머리와 목이 일렬로 정렬되도록 고정시킨 다음 한 손바닥은 턱을, 같은 아래팔은 앞가슴에 밀착하고, 나머지 손바닥은 뒷통수, 아래팔은 등 척추부에 밀착하여야 한다.)
⑤ 구조자는 수면 하에서 요구조자의 머리와 목을 지지한 상태로 요구조자의 신체 비틀림 없이 한 번에 회전시켜 호흡기가 수면 상에 노출되도록 한다.

제2과목　요구조자 운반(가라앉은 익수자: 3kg)

① 영법의 제한은 없으며, 운반 중 중량물이 수면 아래로 가라앉아서는 안 된다.
② 진행 중 얼굴의 전면이 수면 아래로 가라앉아서는 안 된다.
③ 평가 범위를 벗어나 구조물을 잡거나 접촉할 수 없다.
④ 중량물을 운반한 거리에 따라 감점이 부여된다(평가 범위를 벗어나 구조물을 지속하여 잡거나 운반 중 중량물을 떨어뜨릴 경우 운반된 중량물의 이동 거리로 평가한다).
　※ 운반거리별 감점기준

25m 이상	23m 이상	21m 이상	19m 이상	19m 미만
0점	-3점	-6점	-9점	-15점

제3과목　구명조끼 착용법

① 구명조끼에 연결된 모든 끈과 버클을 체결한 다음 구명조끼 양측 면 및 다리 끈의 조임 상태를 확인한다.

6 응급처치

① 구조자가 심정지 환자의 반응확인 및 신고를 정확히 하는가?
- 양쪽 어깨를 두드리면서 "괜찮으세요?"라고 소리쳐 반응을 확인하는가?
- 119 또는 응급의료요원의 도움을 요청(신고)하고 심장충격기를 요청하는가?
- 전반적인 구조대상자의 호흡을 확인하는가(5~10초 이내)?

② 기도열기(머리기울임-턱들어올리기)가 정확히 되었는가?
- 한 손으로 환자의 이마를 뒤로 젖혀주는가?
- 나머지 손으로 환자의 아래턱을 들어올리며, 이때 손가락의 위치는 적절한가?
  (아래턱 아래 부위의 연부조직을 누르지 않아야 함)
- 기도가 열린 상태를 그대로 유지하고 있는가?

③ 인공호흡이 정확히 되었는가?
- 숨을 불어넣을 때 이마를 지지한 손으로 환자의 코를 막은 다음 구조자의 입을 밀착시켜 입-입 인공호흡을 정확히 하는가?
- 공기가 제대로 유입되어 환자의 가슴이 올라오고 있는가?
  (환자의 가슴이 올라오는 것을 확인하는가?)
- 인공호흡 시 너무 많은 양으로 불어넣지 않는가?
  [보통(평상시의)의 호흡으로 불어넣는가?]
- 1초에 걸쳐 총 2회 실시하는가?

④ 압박위치와 자세, 깊이가 적절한가?
- 환자의 가슴뼈 아래쪽 1/2지점 중앙에 한 손을 위치하고 나머지 손으로 깍지를 끼워 고정시키는가?
- 팔을 곧게 펴서 수직으로 압박하고 있는가?
- 압박속도(분당 약 100~120회, 30회 기준 15~18초)는 적절한가?
- 약 5cm(최대 6cm 넘지 말 것) 깊이로 압박을 하는가?
- 각각의 가슴압박 후 가슴이 완전히 올라오도록 이완시키는가?

⑤ 심폐소생술을 정확히 시행하는가?
- 가슴압박 : 인공호흡의 비율이 30 : 2로 실시하는가?
- 가슴압박 중단 시간이 10초를 넘기지 않는가?

⑥ 의료장비(심장충격기) 평가
- 심장충격기 도착 즉시 CPR을 보조자에게 인계하고 보조자가 CPR을 멈추지 않도록 말하는가?
  (심장충격기 도착은 3주기 1번째 호흡 불어넣는 시점, 호흡은 2회 모두 불어넣고 인계해도 인정)
- 심장충격기의 사용 순서가 정확한가?
  (심장충격기 전원을 켠다. → 두 개의 패드를 환자 가슴에 붙인다. → 시작 리듬 분석을 위해 구조자 및 주변 사람들에게 손을 떼도록 지시한다. → 제세동이 필요하다면 충격버튼 누르기 전 구조자와 주변사람들에게 환자에게서 떨어지도록 지시한다. → 전기 충격 후 즉시 심폐소생술을 다시 시작한다.)
- 가슴에 물기를 제거하는가?
- 환자용 패드를 정해진 위치*에 부착하는가?
  * 오른쪽 빗장뼈 아래, 왼쪽 젖꼭지 아래의 바깥쪽, 즉 중간겨드랑이선
- 심장충격기의 분석 및 제세동 실시 지령 시에 주변을 환기시키는가?

① 구조자가 심정지 환자의 반응확인 및 신고를 정확히 하는가?
  • 환자의 발바닥을 가볍게 두드리며 "아가야 괜찮니?"라고 소리쳐 의식을 확인하는가?
  • 119 또는 응급의료요원의 도움을 요청(신고)하고 심장충격기를 요청하는가?
  • 전반적인 구조대상자의 호흡을 확인하는가(5~10초 이내)?
② 기도열기(머리기울임-턱들어올리기)가 정확히 되었는가?
  • 한 손으로 환자의 이마를 뒤로 젖혀주는가?
  • 나머지 손으로 환자의 아래턱을 들어올리며, 이때 손가락의 위치는 적절한가?
    (아래턱 아래 부위의 연부조직을 누르지 않아야 함)
  • 기도가 열린 상태를 그대로 유지하고 있는가?
  • 영아의 기도가 과도하게 젖혀지지 않는가?(얼굴이 전면을 바라보는 자세)
③ 인공호흡이 정확히 되었는가?
  • 숨을 불어넣을 때 환자의 코를 막은 다음 구조자의 입을 밀착시켜 입-입 인공호흡을 정확히 하는가?
    (또는 환자의 입과 코를 동시에 입으로 덮고 해도 가능)
  • 공기가 제대로 유입되어 환자의 가슴이 올라오고 있는가?
    (환자의 가슴이 올라오는 것을 확인하는가?)
  • 인공호흡 시 너무 많은 양으로 불어넣지 않는가?
  • 1초에 걸쳐 총 2회 실시하는가?
④ 압박위치와 자세, 깊이가 적절한가?
  • 환자의 젖꼭지를 연결한 선 바로 아래 가슴뼈(복장뼈)를 두 손가락으로 압박하는가?
    (칼돌기뼈와 갈비뼈를 압박하지 않아야 함)
  • 손가락을 곧게 펴서 수직으로 압박하고 있는가?
  • 압박속도(분당 약 100~120회, 30회 기준 15~18초)는 적절한가?
  • 영아: 약 4cm(또는 흉곽 직경의 적어도 1/3) 깊이로 압박을 하는가?
  • 각각의 가슴압박 후 가슴이 완전히 올라오도록 이완시키는가?
⑤ 심폐소생술을 정확히 시행하는가?
  • 가슴압박: 인공호흡의 비율을 30 : 2로 실시하는가?
  • 가슴압박 중단 시간이 10초를 넘기지 않는가?

부록 04 수상구조사 2급 특례 실기시험 평가 종목별 세부 기준

공통사항 수상구조사 실기시험 응시자 주의사항

① 시험에 방해되는 행동을 하는 자는 감점 처리 및 퇴장 조치한다.
② 정해진 영법으로 헤엄치지 않거나 코스를 이탈할 경우 감점 처리한다.
③ 평가 전반에 있어 부력에 도움을 줄만한 장비/용품을 착용해서는 안 된다.
   (무릎 이하 수영복 착용 제한)
④ 시험 대상자는 시험 전반에 관련된 사항에 대해서 평가관의 지시에 따라야 한다.

1 영법(잠영, 머리 들고 자유형, 평영, 트러젠)
※ 주요 항목(각 영법별 감점기준)

25m 이상	23m 이상	21m 이상	19m 이상	19m 미만
0점	-1점	-2점	-3점	-5점

제1과목 잠영(25m) ※ 영법에 제한을 두지 않는다.

① 출발자세는 수면에서 벽면(턴월)에 한 손과 두 발을 대고 준비, 출발 시 몸을 부상시키지 않고 입수하여 잠영 진행, 출발신호와 동시에 신체 모든 면이 수중에 위치하여야 한다.
② 출발신호*는 평가관의 신호에 따라야 한다.
   *출발신호: 짧은 호각 2회 준비, 짧은 호각 1회 출발
③ 수면 아래에서 잠영이 이루어져야 하며, 신체 부위가 수면 위로 부상하게 되는 거리에 따라 감점이 부여된다.
④ 잠영 중 구조물을 잡거나 발이 바닥에 닿아서 일어서서는 안 된다.
⑤ 결승점 도달은 신체 일부가 벽면(턴월)에 터치한 경우로 본다.

제2과목 머리 들고 자유형(25m)

① 출발자세 및 출발신호는 [제1과목 잠영]과 동일하다.
② 잠영거리*는 15m를 초과할 수 없다.
   *잠영거리는 국제수영연맹(FINA)에서 정의하는 15m로 규정한다.
③ 머리 들고 자유형은 크롤 영법을 기본으로 하며, 영법을 임의 변경할 수 없다.
   (시선은 전방을 바라보아야 하며, 유영 중 얼굴의 모든 면이 수면 아래로 가라앉아서는 안 된다.)
④ 유영 중 구조물을 잡거나 발이 바닥에 닿아서는 안 된다.
⑤ 결승점 도달은 신체 일부가 벽면(턴월)에 터치한 경우로 본다.

제3과목 평영(25m)

① 출발자세 및 출발신호는 [제1과목 잠영]과 동일하다.
② 잠영거리*는 15m를 초과할 수 없다.
③ 영법은 평영을 기본으로 하며, 영법을 임의 변경할 수 없다.
④ 유영 중 구조물을 잡거나 발이 바닥에 닿아서는 안 된다.
⑤ 결승점 도달은 신체 일부가 벽면(턴월)에 터치한 경우로 본다.

제4과목 　트러젠(25m)

*트러젠 영법은 팔동작 한 번에 발차기 한 번으로 한다.

① 출발자세 및 출발신호는 [제1과목 잠영]과 동일하다.

② 잠영거리*는 15m를 초과할 수 없다.

③ 트러젠 영법 이 외 다른 영법으로 임의 변경할 수 없다.

　(시선은 전방을 바라보아야 하며, 유영 중 얼굴의 모든 면이 수면 아래로 가라앉아서는 안 된다.)

④ 유영 중 구조물을 잡거나 발이 바닥에 닿아서는 안 된다.

⑤ 결승점 도달은 신체 일부가 벽면(턴월)에 터치한 경우로 본다.

2 장비구조

제1과목 　입수법(다리 벌려 들어가기)

① 입수 전 구조요청 멘트*를 실시하여 주위에 도움을 청한다.

　* 구조요청 멘트: "전방 요구조자 발생, 도와주세요."

② 입수 전 레스큐 튜브를 전방 45도 각도로 투척하여 입수 시 신체 부위에 걸리거나 접촉되지 않도록 주의하여야 한다.

③ 입수 동작에서 시선은 전방 요구조자를 바라보아야 하며, 입수 시 얼굴의 모든 면이 수면 아래로 가라앉아서는 안 된다(요구조자의 상태 및 위치 등을 파악하기 위함).

제2과목 　접근법(트러젠/준비서기)

① 접근 영법은 트러젠이며, 영법을 임의 변경할 수 없다.

② 접근 과정에서 시선은 전방 요구조자를 바라보아야 하며, 유영 중 얼굴 전면이 가라앉아서는 안 된다.

③ 구조자의 시선은 전방 요구조자를 주시하여야 하고, 준비서기(최소 2m) 자세에서 요구조자의 상태를 확인하며, 요구조자에게 멘트*로 안정을 취할 수 있도록 하면서 레스큐 튜브를 신속하게 끌어당겨 구조 자세를 취하여야 한다.

　* 구조요청 멘트: "저는 수상구조사입니다. 침착하세요."

제3 · 4과목 　구조 · 운반법[〈의식 있는 요구조자〉/뻗어돕기(전달하기)/횡영]

① 구조자는 요구조자의 위치 확인 후 신속하고 정확하게 레스큐 튜브를 뻗어 요구조자에게 전달하여야 한다.

② 구조자는 요구조자에게 레스큐 튜브를 전달하여 요구조자가 몸 중심을 잡을 수 있도록 하고 멘트*로 안정을 취할 수 있게 하여야 한다

　* 구조요청 멘트: "레스큐 튜브를 편안하게 잡으세요."

③ 구조자는 레스큐 튜브에 연결된 끈을 잡고 요구조자를 횡영으로 안전지대(입수지점)까지 운반하게 된다.

④ 운반 영법은 횡영이며, 영법을 임의 변경할 수 없다.

　* 구조 횡영 시 가위차기 외 발차기 동작 금지

⑤ 요구조자 운반 중 구조자 및 요구조자 얼굴의 모든 면이 수면 아래로 가라앉아서는 안 된다.

⑥ 안전지대(입수지점)로 운반 중 수시로(5회 이상) 시선을 전방(입수지점)에 두어 진행 방향이 똑바른지 확인해야 하며, 그 외 시선은 요구조자를 향하여 행동 사항을 주시하여야 한다.

3 **응급처치**

① 구조자가 심정지 환자의 반응확인 및 신고를 정확히 하는가?
- 양쪽 어깨를 두드리면서 "괜찮으세요?"라고 소리쳐 반응을 확인하는가?
- 119 또는 응급의료요원의 도움을 요청(신고)하고 심장충격기를 요청하는가?
- 전반적인 구조대상자의 호흡을 확인하는가(5~10초 이내)?

② 기도열기(머리기울임-턱들어올리기)가 정확히 되었는가?
- 한 손으로 환자의 이마를 뒤로 젖혀주는가?
- 나머지 손으로 환자의 아래턱을 들어올리며, 이때 손가락의 위치는 적절한가?
  (아래턱 아래 부위의 연부조직을 누르지 않아야 함)
- 기도가 열린 상태를 그대로 유지하고 있는가?

③ 인공호흡이 정확히 되었는가?
- 숨을 불어넣을 때 이마를 지지한 손으로 환자의 코를 막은 다음 구조자의 입을 밀착시켜 입-입 인공호흡을 정확히 하는가?
- 공기가 제대로 유입되어 환자의 가슴이 올라가고 있는가?
  (환자의 가슴이 올라오는 것을 확인하는가?)
- 인공호흡 시 너무 많은 양으로 불어넣지 않는가?
  〔보통(평상시의) 호흡으로 불어넣는가?〕
- 1초에 걸쳐 총 2회 실시하는가?

④ 압박위치와 자세, 깊이가 적절한가?
- 환자의 가슴뼈 아래쪽 1/2지점 중앙에 한 손을 위치하고 나머지 손으로 깍지를 끼워 고정시키는가?
- 팔을 곧게 펴서 수직으로 압박하고 있는가?
- 압박속도(분당 약 100~120회, 30회 기준 15~18초)는 적절한가?
- 약 5cm(최대 6cm 넘지 말 것) 깊이로 압박을 하는가?
- 각각의 가슴압박 후 가슴이 완전히 올라오도록 이완시키는가?

⑤ 심폐소생술을 정확히 시행하는가?
- 가슴압박 : 인공호흡의 비율이 30 : 2로 실시하는가?
- 가슴압박 중단 시간이 10초를 넘기지 않는가?

⑥ 의료장비(심장충격기) 평가
- 심장충격기 도착 즉시 CPR을 보조자에게 인계하고 보조자가 CPR을 멈추지 않도록 말하는가?
  (심장충격기 도착은 3주기 1번째 호흡 불어넣는 시점, 호흡은 2회 모두 불어넣고 인계해도 인정)
- 심장충격기의 사용 순서가 정확한가?
  (심장충격기 전원을 켠다. → 두 개의 패드를 환자 가슴에 붙인다. → 시작 리듬 분석을 위해 구조자 및 주변 사람들에게 손을 떼도록 지시한다. → 제세동이 필요하다면 충격버튼 누르기 전 구조자와 주변사람들에게 환자에게서 떨어지도록 지시한다. → 전기 충격 후 즉시 심폐소생술을 다시 시작한다.)
- 가슴에 물기를 제거하는가?
- 환자용 패드를 정해진 위치*에 부착하는가?
  * 오른쪽 빗장뼈 아래, 왼쪽 젖꼭지 아래의 바깥쪽, 즉 중간겨드랑이선
- 심장충격기의 분석 및 제세동 실시 지령 시에 주변을 환기시키는가?

① 구조자가 심정지 환자의 반응확인 및 신고를 정확히 하는가?
- 환자의 발바닥을 가볍게 두드리며, "아가야 괜찮니?"라고 소리쳐 의식을 확인하는가?
- 119 또는 응급의료요원의 도움을 요청(신고)하고 심장충격기를 요청하는가?
- 전반적인 구조대상자의 호흡을 확인하는가(5~10초 이내)?

② 기도열기(머리기울임-턱들어올리기)가 정확히 되었는가?
- 한 손으로 환자의 이마를 뒤로 젖혀주는가?
- 나머지 손으로 환자의 아래턱을 들어올리며, 이때 손가락의 위치는 적절한가?
  (아래턱 아래 부위의 연부조직을 누르지 않아야 함)
- 기도가 열린 상태를 그대로 유지하고 있는가?
- 영아의 기도가 과도하게 젖혀지지 않는가?
  (얼굴이 전면을 바라보는 자세)

③ 인공호흡이 정확히 되었는가?
- 숨을 불어넣을 때 환자의 코를 막은 다음 구조자의 입을 밀착시켜 입-입 인공호흡을 정확히 하는가?
  (또는 환자의 입과 코를 동시에 입으로 덮고 해도 가능)
- 공기가 제대로 유입되어 환자의 가슴이 올라오고 있는가?
  (환자의 가슴이 올라오는 것을 확인하는가?)
- 인공호흡 시 너무 많은 양으로 불어넣지 않는가?
- 1초에 걸쳐 총 2회 실시하는가?

④ 압박위치와 자세, 깊이가 적절한가?
- 환자의 젖꼭지를 연결한 선 바로 아래 가슴뼈(복장뼈)를 두 손가락으로 압박하는가?
  (칼돌기뼈와 갈비뼈를 압박하지 않아야 함)
- 손가락을 곧게 펴서 수직으로 압박하고 있는가?
- 압박속도(분당 약 100~120회, 30회 기준 15~18초)는 적절한가?
- 영아: 약 4cm(또는 흉곽 직경의 적어도 1/3) 깊이로 압박을 하는가?
- 각각의 가슴압박 후 가슴이 완전히 올라오도록 이완시키는가?

⑤ 심폐소생술을 정확히 시행하는가?
- 가슴압박: 인공호흡의 비율을 30 : 2로 실시하는가?
- 가슴압박 중단 시간이 10초를 넘기지 않는가?

글을 마치며

수상구조사 교재를 출간하며 다소 부족한 내용은 여러분들의 의견과 조언을 격려 삼아 계속 보완하면서 점차 발전적인 방향으로 완성해 가도록 하겠습니다. 그런 마음가짐으로 언제라도 다양한 의견과 진실된 조언을 감사하게 수렴하려고 하니 앞으로도 아낌없는 조언을 부탁합니다.

다른 분야도 마찬가지겠지만 무엇보다 안전과 관련된 분야에서 모든 국민, 특히 어린이들이 안전하게 성장할 수 있는 국가가 되길 누구보다 기원하고 있습니다. 따라서 수상구조와 연관된 기관과 단체들이 함께 고민하고 협의하면서 보다 발전할 수 있기를 누구보다 염원합니다.

앞으로 수상구조사 국가자격 제도가 수상구조사의 역할을 기대하는 국민들의 기대에 부흥할 수 있는 국가자격 제도로 발전해 나가길 기대하며, 수상구조사 자격을 준비하는 분들께 많은 도움이 되길 바라는 마음으로 항상 연구하며 더욱 노력하겠습니다.

끝으로 이 책을 위하여 여러 도움을 아낌없이 주신 분들께 머리 숙여 감사의 인사를 드리며, 본 저자 역시 수상구조와 안전에 관련된 일이라면 언제 어디에서든 작은 힘이나마 함께할 것을 약속드리면서 글을 마칩니다.

감사합니다.

유동균 올림

도움을 주신 분들

김 범(경동대학교)	김종걸(FA스포츠)
김병윤(극동대학교)	김영주(삼계고등학교)
박경민(명지대학교)	박경희(명지대학교)
서영국(해양경찰특공대)	안성준(우주스쿠버)
이상준(일산 피플몬스터키즈풀)	윤병도(대전대학교)
정수봉(명지대학교)	최승국(명지대학교)

참고문헌

〈단행본〉
• 수상구조사(2019. 시대고시. 유동균)
• 수상구조 NCS 학습모듈(2018. 교육부)
• 쉬운 수영(2016. 진영사. 유동균, 정수봉)

〈웹사이트〉
• 해양경찰청 수상구조사 종합정보 홈페이지
• 네이버지식백과 수상구조사 홈페이지

| 초판인쇄 | **2026. 3. 25.** |
| 초판발행 | **2026. 3. 30.** |

편 저 자	유동균, 이승재, 이우진
발 행 인	박 용
출판총괄	김현실
개발책임	이성준
편집개발	김태희, 윤혜진
마 케 팅	김치환, 최지희

발 행 처	㈜ 박문각출판
출판등록	등록번호 제2019-000137호
주 소	06654 서울시 서초구 효령로 283 서경B/D 6층
전 화	(02) 6466-7202
팩 스	(02) 584-2927
홈페이지	www.pmgbooks.co.kr

| ISBN | 979-11-7519-845-6 |
| 정 가 | 22,000원 |

저 자 와 의
협 의 하 에
인 지 생 략